ORCHESTRATING TRANSFORMATION

How to Deliver Winning Performance with a Connected Approach to Change

DX実行戦略

デジタルで稼ぐ組織をつくる

マイケル・ウェイド、ジェイムズ・マコーレー、アンディ・ノロニャ、ジョエル・バービア

根来龍之 監訳、武藤陽生、デジタルビジネス・イノベーションセンター 訳

日本経済新聞出版社

ORCHESTRATING TRANSFORMATION
How to Deliver Winning Performance
with a Connected Approach to Change

by Michael Wade, James Macaulay, Andy Noronha and Joel Barbier

Japanese translation and electronic rights arranged with
IMD – International Institute for Management Development,
Lausanne, Switzerland
through Tuttle-Mori Agency, Inc., Tokyo

人生のトランスフォーメーションのあいだ、
いつも完璧なパートナーでいてくれたハイジに――M・W

ジェン、エレン、キャメロン、キャロル、
私の一番大切な結びつきに――J・M

変化のない冒険などないと教えてくれた両親、
パスカルとスニタに――A・N

妻のレベッカと子供たち、アナ、エレーヌ、ラファエル、クレアに。
君たちは私のインスピレーションと強さの源だ――J・B

DX実行戦略　デジタルで稼ぐ組織をつくる　—　目次

装丁——松田行正

序章　なぜいまDXなのか
The Context for Transformation

新たな課題

２０１７年11月15日、アン＝クリスティン・アンデルセンは予想外の役職をオファーされた。「会社初のＣＤＯ（最高デジタル責任者）になってくれ」と頼まれたのだ。テクニップＦＭＣ（TechnipFMC）は評価額１５０億ドルの油田サービス企業で、48カ国に３万７０００人の従業員を抱えており、その事業分野には精油所の建設や、海底へのポンプおよびパイプの設置などが含まれている。

自社とデジタルがどう関係するのか、彼女にはよくわからなかったし、その役職に何が求められているのか、どうして自分が指名されたのかもわからなかった。アンデルセンはこれまでＩＴ部門やハイテク部門で働いたことはなかった。エンジニアとしてのトレーニングは積んでいたが、過去に担当した業務のほとんどは自社取引に関することで、最近はノルウェーでおこなわれている自社最大規模の事業でＣＯＯ（最高執行責任者）を務めていた。

「ＣＤＯ」という名称は何度も聞いたことがあった。デジタル技術とその破壊的な力を取り巻く熱狂は嫌でも耳に入ってきたからだ。けれど、CDOが実際に何をしているかについてはほとんど何も知らなかったし、自分にその役職をオファーしたテクニップFMCの経営陣がちゃんと理解しているのかどうかも定かではなかった。

少し調べてみたところ、会社が最近いくつかの大型案件の入札で競り負けていて、その原因の一端が、デジタル能力と明確なデジタル戦略の欠如にあったことがわかった。会社の経営陣は顧客からのこのフィードバックに驚いた。テクニップFMCはこの分野では誰もが認めるリーダー企業であり、世界最大級の石油・ガス業者の多くから信頼できるパートナーと認められていたからだ。機械的な技術とシステムが君臨するこの業界で、デジタルのツールや解析、アプリケーションが重要な意味を持ったことなど、これまでにいちどもなかった。だからデジタル能力の不足という理由で取引を失ったことは、社内のリーダーたちに衝撃を与えた。興味をそそられたアンデルセンはこのオファーを受けることにした。が、そのあとが大変だった。自分が次に何をすればいいのか、どのような責任を負っているのかもわからず、彼女には自分のチームも、予算も、決められた目標もなかった。

こうした状況は決して珍しいものではない。今日、上級エグゼクティブたちは、デジタルに機会と脅威を見出し、行動を起こさなければならないと感じている。市場に強力なポジションを持っていたとしても、新しいライバル企業や技術、ビジネスモデルによって一瞬のうちに業界の力学がひっくり返されかねないのだ。

彼らが不安に思うのも無理はない。

「デジタル・ディスラプション（デジタルによる創造的破壊）」の第1波で最も大きな打撃をこうむったのは、メディアやエンターテイメント、金融サービス、通信、ハイテクなど、主力製品やサービスが容易にデジタル化される業界だった。これらの業界の企業は新しい能力を獲得し、経営資源と組織構造をシフトさせ、従来のビジネスを再構築する必要に迫られた。

うまくいった企業があれば、そうでなかった企業もある。

いま、ディスラプションの第2波が私たちを呑み込もうとしている。この波は、製品やサービスだけでなく、ビジネスモデルやプロセス、バリューチェーンまでをもデジタル化しようとしている。その結果、製品やサービスのデジタル化が起こりやすい業界のみならず、テクニップFMCのようなB2B（企業間取引）分野にまで影響がおよんでいる。

テクニップFMCはきわめて典型的なB2B企業だ。石油・ガス業界の大手にサービスを提供しており、自らガスを掘り当てることはないが、ガスを次に運ぶべき場所まで運ぶサポートをしている。また、自ら石油を精製することはないが、精油所の建設や管理、メンテナンスをサポートしており、マージンが少なく、複雑で専門性の高い長期の汚れ仕事に特化している。

ハードな事業だが、比較的安定はしている。多くの企業が「ウーバー化」「アマゾン化」しようと躍起になっている世界にあって、テクニップFMCが事業を展開している領域が消滅するようなことはないだろう。会社を取り巻く環境としては、新規参入企業が数社ある程度で、デジタルの巨人と呼べるような企業は皆無だ（石油・ガス業界のサービス分野にネットフリックスのような企業は、いまのところ存在しない）。これまで、テクニップFMCにとっての一番大きな懸念は石油の価格だった。石油価格は顧客の投資に影響を与え、ひいては自社の収益と利益につながるからだ。

にもかかわらず、テクニップFMCは実に率直な物言いで「デジタル化についてもっとよく考えたほうがいい」と顧客から言われてしまったのだ。でなければ、ライバル企業に仕事を奪われてしまうだろうと。変化が求められていることは明らかだったが、「どのように」となると、雲をつかむような話だった。

自社の「トランスフォーメーション（変革）」というタスクに直面したビジネスリーダーが得てしてそうであるように、アンデルセンも途方に暮れてしまった。エグゼクティブとして成功を収めてきた彼女にとって、こういう感情はあまり味わったことがなかった。過去にいくつもの役職を経験し、複雑な状況にも何度となく直面してきたが、それらはどれも対処可能なレベルの複雑さだった。

新しいポジションに就いても、気持ちは少しも落ち着かなかった。彼女はデジタル技術にくわしくなかった。石油・ガス分野のエンジニアだったため、コンパクト多様体やフレキシブルジャンパーについては精通していたが、クラウド・コンピューティングやＡＲ（拡張現実）となるとお手上げだった。

もっと初歩的なこととして、自分の役職にどのような権限があるのか、自分の業績がどのように評価されるのかさえ判然としなかった。経営陣は果たしてどの程度関与し、サポートしてくれるのだろうか。ＣＤＯという役職を設けるくらいだから、もちろんデジタルに関心はあるのだろうが、抜本的な変革に本当に協力してくれるのだろうか。組織を変革する手段をちゃんと自分に与えてくれるのだろうか。

一番大きな恐怖は、「パワーポイントの女王」と呼んでいるような存在に自らなり果ててしまうことだった。ただひたすらスピーチし、「戦略」や「イネーブルメント（何かを実施可能な状態にすること）」といった言葉をちりばめたスライドを次から次へと作成するだけで、誰からも見向きもされない存在に。長らく会社に勤めていた彼女は、社内で居場所を失ってしまうことの危険性をよくわかっていた。

でも、いったいどうやって？

本書は、世のアン＝クリスティン・アンデルセンたちのために書かれた。

ある日、ぽんと肩を叩かれ、「君には、わが社のデジタル・トランスフォーメーションを主導してもらいたい」「わが社のデジタル能力を構築してほしい」「デジタルを使って収益をあげる新しい方法を考えてほしい」などと言われた人々のために。

世界中の１０３０名のエグゼクティブらを対象にしたＤＢＴセンター（コラム参照）の最新の調査によると、大中規模の組織の65％がＣＤＯを設けている（もちろんすべてのデジタル・エグゼクティブがこのような肩書を与えられているわけではない。「デジタル責任者」や「トランスフォーメーション統括責任者」といった肩書を与えられている場合もあれば、新しい肩書をまったく持たない場合もある）。

私たちの研究によれば、変革は大組織のすべてのリーダーに影響する仕事だ。しかし、ほとんどの場合、デジタルビジネス・トランスフォーメーション（ＤＸ）の実行を任された者は見事に失敗する。その原因は、そもそもこのタスクがどのように課されたかという点にある。デジタルビジネス・トランスフォーメーションは「デジタル」の部分ばかりが注目されがちだが、本当に注目すべきは「ビジネス・トランスフォーメーション」のほうなのだ。

私たちは前著『対デジタル・ディスラプター戦略』（日本経済新聞出版社）のなかで、デジタルビジネス・トランスフォーメーションとはなんなのか、なぜそれが必要なのかを掘り下げて論じた。その一方で、序章にこう書いた。「厳密に言えば、この本のテーマは古典的な意味での『変革』ではない」と。私たちは、変革のための設計図ではなく「競争力を高めるためのマニュアル」として前著を書いた。

今日、デジタルビジネス・トランスフォーメーションの実行は急務であり、企業のリーダーたちは大きな関心を寄せている。だから本書ではその課題に取り組むことにした。「どこから着手すればいいか？」「何をもって成功とするか？」「どうやってロードマップを策定すればいいか？」。本書で扱うのはこういった疑問だ。本書は、企業にとって重要かつ戦略的で大規模なデジタルビジネス・トランスフォーメーションを推進する「実践者」のために書かれた本であり、デジタル化やテクノロジー、企業変革にありがちな課題について説いた一般書ではない。

DBTセンターについて

IMDとシスコの共同プロジェクトとして、2015年6月23日に正式に発足した「グローバルセンター・フォー・デジタルビジネス・トランスフォーメーション（DBTセンター）」は、スイスのローザンヌにある世界有数のビジネススクール、IMDのキャンパスを拠点とし、シリコンバレーを本拠地とするハイテク業界のリーダー、シスコとIMDの研究者で構成される。「デジタル・ディスラプション」や「ビジネスモデル・イノベーション」「人やプロセス、テクノロジーの変化が関係する変革」などのテーマを中心にリサーチをおこなっている。ビジネス上の喫緊の課題に対処し、イノベーションを起こすため、世界中のエグゼクティブらがDBTセンターを訪れている。

前作からのアップデート

２０１５年に発足したDBTセンターでデジタル・ディスラプションについての調査を開始し、さまざまな企業とかかわりを持つようになってすぐ私たちは、デジタル・ディスラプションが企業の競争勢力図を一変させ、あらゆる業界の未来に大きく作用する可能性を秘めていることに気づいた。収集したデータを見直しているうちに「渦巻き（ボルテックス）」のイメージが浮かんできて、眼前に広がっている市場変化を説明するのに役立った。

竜巻と同じく渦巻きは、回転によって周囲の物体に力をおよぼし、渦の中心に引き寄せる。**「デジタル・ボルテックス」は市場に起きる破壊現象であり、「デジタル化できるものはすべてデジタル化される」という一点に向かって、企業を否応なしに引き寄せる性質を持っている。**製品やサービス、ビジネスモデル、バリューチェーンはデジタル化され、競争を阻害している物理的な構成要素（従来の投下資本や物理的なインフラ、人力によるプロセス）は取り除かれる。渦巻きのなかでは、物体はしばしば回転の力によって分解する。これが、まさに既存企業のバリューチェーン内で起きていることだ。破壊的な企業（ディスラプター）はデジタル技術とデジタル・ビジネスモデルによって、バリューチェーンのつながりを破壊（アンバンドル）し、その過程で新しいカスタマーバリュー（顧客価値）と市場の変化を生み出す。

デジタル化とディスラプションによって最も苛烈な渦巻きの中心に吸い寄せられていくにつれ、企業は互いに衝突し、新しい競争形態が創造される。銀行業と小売業、ヘルスケアと通信など、業種を問わない融合が多々発生する。テンセント（Tencent）やアマゾンといった破壊的な企業は、デジタル能力を使ってまたたく間に業界の境界線をまたぎ、「セクター」や「業種」といった従来的な概念の境目を曖昧にする。

エグゼクティブや変革に取り組んでいる実践者は、デジタル・ボルテックスがもたらすインパクトと、それが自社の競争力に対して持つ意味を理解しはじめている。DBTセンターが2017年からおこなっている調査では、エグゼクティブの約50%が「デジタル・ディスラプションは自分たちの業界で、すでにそれなりに発生している」と回答した。2015年時点でお

図表1　デジタル・ディスラプションによって市場に大きな変化が起きるまでの猶予

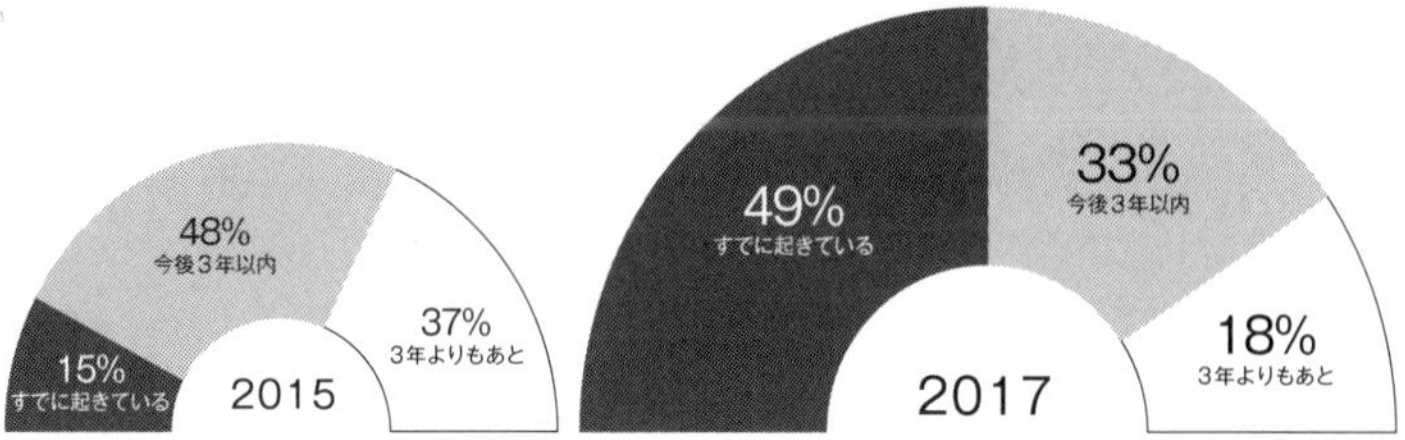

2015 N=941
2017 N=636

Source: Global Center for Digital Business Transformation, 2015-17

こなった調査では、たったの15%だった（図表1）。デジタルによって推進された市場変化は、経営幹部クラスのエグゼクティブらの注目も集めはじめている。2015年には45%の企業が「デジタル・ディスラプションは取締役会で取り上げるような話題ではない」と考えていたが、それから2年しか経っていないにもかかわらず、2017年には、同じように考えている企業は17%にまで減少した。

　また、2017年には、回答者の30%以上が「デジタル・ディスラプションは自社業界に変革をもたらすほどのインパクトを持つ」と考えるようになっていた。2015年にそのように感じていたエグゼクティブは1%にも満たなかった。2018年6月にアマゾンがピルパック（PillPack）というスタートアップ企業を10億ドルで買収して医薬品業界に参入した直後、医薬品小売業界の株式評価額は120億ドルも下落したが、こうしたニュースの嵐が彼らの目を覚まさせたのはまちがいないだろう（注1）。

　いまではエグゼクティブの75%が、デジタル・ディスラプションが自社業界に与える影響は「大きい」もしくは

「破壊的だ」と考えている。これは2年前とは比べものにならないほどの増加だ(図表2)。

ベンチャーキャピタルやプライベート・エクイティ・ファンドは、前例のない規模で破壊的な企業に資金を注入するようになっており(注2)、いますぐに自社を変革しなければならないという焦りは、企業のリーダーたちのあいだでかつてないほど高まっている。

デジタル・ディスラプションに対応しようとする企業の意欲にも、わずかではあるが改善の兆しが見られる。2015年時点では、「自社は積極的にデジタル・ディスラプションに対応している」と回答したエグゼクティブは25%だったが、2017年には31%に増加した。しかし同時に「自社はデジタル・ディスラプションを認識していない」もしくは「適切に対応していない」と回答したエグゼクティブも40%おり、これは2015年からほんのわずか改善されたにすぎない(図表3)。

これらのデータから、過去2年のあいだにデジタル・ディスラプションのスピードが加速したことがわかる。さまざまな業界のエグゼクティブたちは、より敏感にその影響を感じ取っている。デジタル能力が成熟してきたことで企業の対応能力は改善されつつあるが、私たちの分析によると、変革の必要性を認識することとデジタルビジネス・トランスフォーメーションを実際に成し遂げることのあいだには、いまなお深いギャップがある。

図表 2　デジタル・ディスラプションが自社業界に与えると思われるインパクト

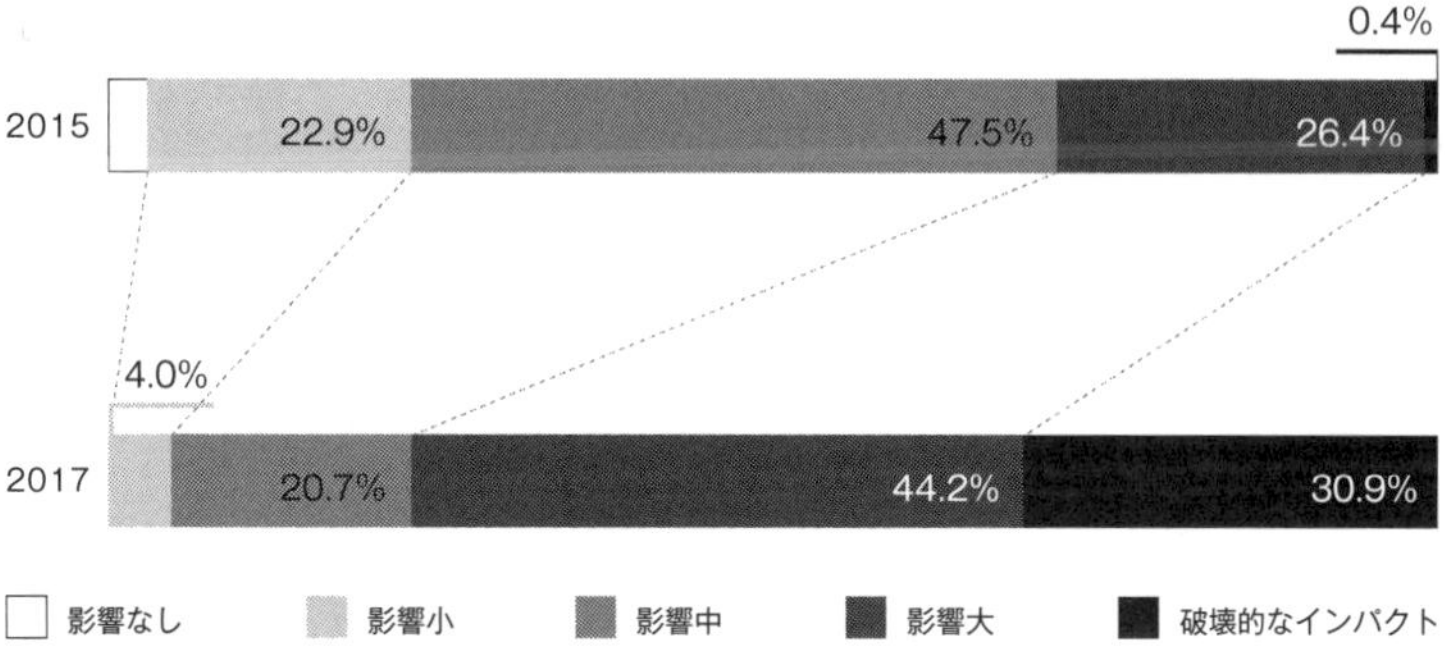

2015 N=941
2017 N=636

Source: Global Center for Digital Business Transformation, 2015-17

図表 3　デジタル・ディスラプションへの対応レベル

質問 デジタル・ディスラプションに対するあなたの会社のリーダーの態度は基本的にどのようなものですか？

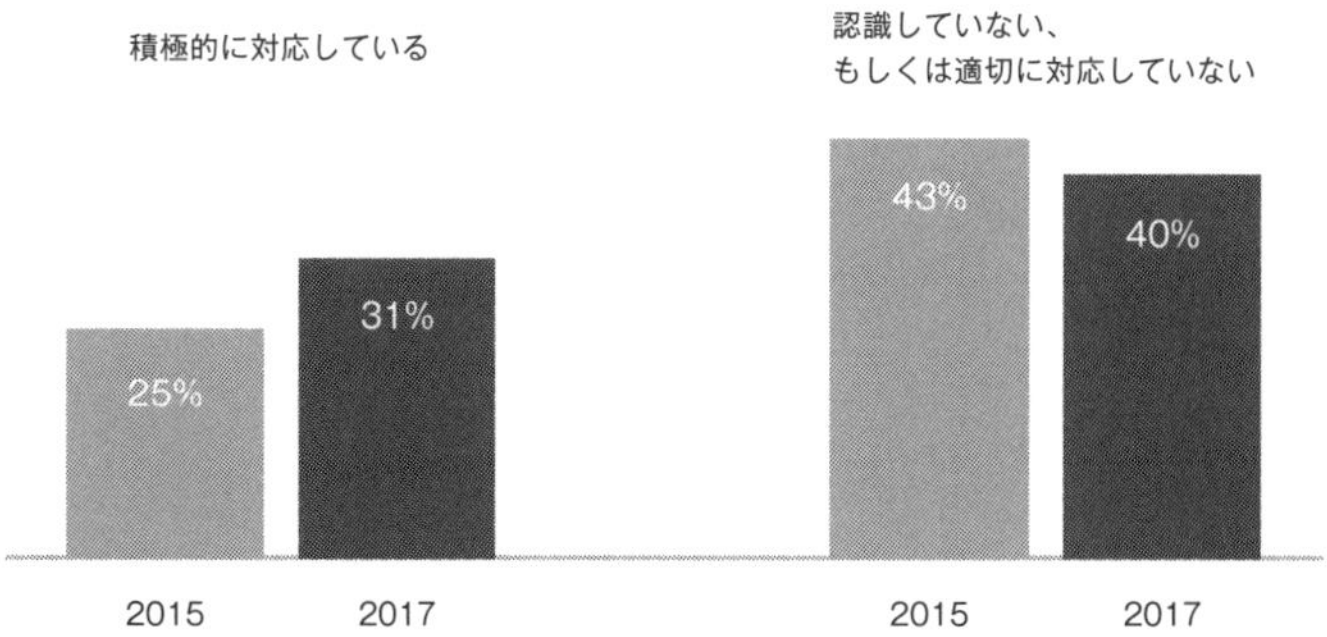

2015 N=941
2017 N=636

Source: Global Center for Digital Business Transformation, 2015-17

「市場リーダー」という幻想

前著『対デジタル・ディスラプター戦略』のなかで、既存企業は破壊的なライバル企業の持つ特定の能力（カスタマーバリュー創出能力や経営上の敏捷性など）を模倣すべきだと提唱した。加えて、闘志に満ちたスタートアップ企業であろうと、アリババ（Alibaba）やアマゾンのようなデジタルの巨人であろうと、私たちはディスラプターを「信奉」していないとも述べた。それどころか、２０１６年の時点でいみじくもこう予言していた。同書で取り上げたスタートアップ企業の多くは、買収されるか、あるいはその他の原因で廃業し、「失敗に終わる」だろうと。

ディスラプションを通して競争に変化を生み出す方法についてならともかく、デジタルビジネス・トランスフォーメーションのこととなると、スタートアップ企業やデジタルの巨人から学ぶべきことはほとんど何もない。評価額１１０億ドル、国際的な情報企業であるトムソン・ロイターのＣＤＯ、ジョー・ミランダは、私たちとの対話のなかでこう述べた。「デジタル・ネイティブや、アマゾンやエアビーアンドビーといったクラウドファースト（クラウド方式を最優先する考え方）の企業は、生まれつきデジタルです。そうした企業のほとんどが、単一の文化のなかの、単一のコードベースを持つ『ガレージ』で産声をあげました。買収を通して生まれたわけでも、市場に50年も１００年も存在していたわけでもありません。そのため、自分たちが積み重ねてきた技術的な負の遺産に対処する必要がありません」。つまり、こと変革に関しては、ディスラプターと既存企業を比較してもなんの意味もないのだ。

こうした理由から、既存企業が、フェイスブックやアマゾン、アップル、ネットフリックス、アリババ、グーグル、テスラといったデジタルの巨人を模倣しようとすることには危険が伴う。いま名前を挙げたような企業のマネジメントについては記事や書籍が世にあふれているが（注3）、パーシー・ビッシュ・シェリーが詩に詠んだ、砂漠で朽ち果てていく「王のなかの王」オジマンディアスの巨像のように、デジタルの巨人たちも2年前に比べていくぶん恐ろしさを失ったように見える。

たとえば2016年以来、ウーバーは苦難の連続だった。有害で差別的な企業文化が報道されたことが原因で、2017年7月にCEOは失脚した。ドライバーの労働環境に対する非難と規制機関とのせめぎ合いが連日の新聞の見出しを独占した。2016年から2018年のあいだにウーバーは、ロシアや中国、東南アジアから撤退した。

ウーバーだけではない。フェイスブックは消費者と政府系監視機関の双方から怒りを買い、ワイアード誌が言うところの「地獄のような2年間」を経験してきた。同社の首脳部は一貫して自己弁護に走り、「フェイスブックはフェイクニュースを発信している」「プライバシーを侵害している」といった報道と格闘している。また、こうした報道をきっかけに「フェイスブックを削除せよ」と呼びかける大衆運動が世界各地で発生している（注4）。

成功にばかり目を向けてしまうのも危険だ。不幸にも世のビジネス書の大半がそうなのだが。そうした書籍は成功している企業や個人に注目し、彼らの行動のなかから成功への「カギ」を探り出し、そこから得られる「教訓」を生かす方法を提案している。

企業や個人が成功する理由はいくつもある。マクロ経済的な力やその分野特有の力が、企業や個人の功績と同じくらい貢献している場合も多い。FRB（連邦準備制度理事会）の元議長、アラン・グリーンスパンの言葉を借りれば、株価が「不合理な活況」を呈することもあれば、その他の要素が成功の原因となっていることもある。高業績を誇る市場リーダーたちがおこなったビジネス・トランスフォーメーションは、たまたま成功した時期がかぶっただけで、それが真の要因ではなかったかもしれない。つまり、その企業が良好な業績をあげているからといって、企業変革の有意義な例になるわけではないのだ。

IMDの同僚であるフィル・ローゼンツヴァイクは、「ハロー効果」についてこう述べている。

ビジネスで日常的に使われる概念、たとえばリーダーシップや企業文化、コアコンピタンス、顧客志向といった概念は曖昧で定義が難しいため、私たちはその他の何か、より具体的で明らかだと思える何かから、それらの意味を類推してしまいがちです。その何かというのは、財務業績です。結果として、私たちが「会社の業績に多少なりとも貢献した」と考えている事柄の多くが、実際には「まさにそれが業績を左右した」という類いのものだったりします。別の言い方をすれば、アウトカム（成果）はインプットと混同されやすいということです（注5）。

この言葉は、優良企業から得られる教訓に疑問を投げかける。たとえば『エクセレント・カンパニー』（英治出版）や『ビジョナリーカンパニー2　飛躍の法則』（日経BP社）といった書籍の教えをあなたの会社に当てはめる方法について考えてみよう。「財務業績が良好な企業には、成功まちがいなしの戦略（あるいはデジタルビジネス・トランスフォーメーション・プログラム）が存在するはずだ」という思い込み（すなわちハロー効果）のせいで、多くの著者が最もイノベーティブな企業や業績良好な企業に潜む「隠れたＤＮＡ」の発掘に心血を注いでいる（注6）。

本書ではそういうことはしない。

この本では、最良の企業が他社より秀でている点について論じることはほとんどしない。その代わりに、誰もがまちがってしまうポイントと、それを修正する方法に焦点を当てる。まずは「ほとんどの企業で、デジタルビジネス・トランスフォーメーションはうまくいっていない」という前提から話をはじめる。私たちの調査と経験から、魔法のような構造や、変革の天才、秘められたＤＮＡなどというものは存在しないことがわかっている。あるのはただ「どこの企業でもうまくできない」ことと、成功や実行を可能にするアプローチをデザインするうえでありがちな失敗から得られる「教訓」だけだ。

変革に向けた取り組みが実際にどの程度失敗しているのかについては、いまなお議論の分かれるところだが（注7）、新たな研究で「変革のための投資は、悲惨なほど低いリターンしか得られない」ことが明らかになっている（注8）。そして、大企業の変革がどれだけ進退きわまっているかについては、証拠となる事例がふんだんにある。

大規模な変革に長けた企業はごくわずかしか存在しない。もしあなたの会社がそうなら、この本は、あなたのために書かれたものではないかもしれない。反対に、もしあなたの組織が、私たちが毎日目にしているような状態にあるなら——業績好調で成熟した大企業だが、デジタルビジネス・トランスフォーメーションをどのように推進してよいかわからず、幾度もチャレンジしてはみたものの、中途半端な結果しか得られていない（または何も得られていない）のなら、本書のフレームワークとツールが助けになるだろう。

企業は蝶の幼虫のように変身しない

前著『対デジタル・ディスラプター戦略』として実を結んだ調査を私たちが開始したとき、すぐにわかったことがある。「デジタル・ディスラプション」という言葉は当時、すでに流行語になっていたが、それが具体的にどのように発生しているかについて掘り下げた調査は存在しなかったということだ。同じように、私たちが今回の一大調査プロジェクトに取り組んでいた際、デジタルビジネス・トランスフォーメーションにまつわる陳腐な言葉が巷《ちまた》にあふれていることがわかった。いわく、「データは新しい石油である」「ソフトウェアは世界を食い尽くしている」などなど。デジタルビジネス・トランスフォーメーションの仕組みについて、こうした中身のない知恵からわかることはほとんど何もない。

前著の出版から本書が出版されるまでのあいだに、驚くべき事実が明らかになってきた。エグゼクティブたちは、今日の大組織における変革というものを根本から誤解しているということだ。

図表4　ビジネスモデル改革の頻度

質問 ▶ 将来、ライバル企業のプレッシャーを受けて、あなたの組織はどれくらいの頻度でビジネスモデル（収益をあげる方法、顧客に価値をもたらす方法）を改革しなければならないと思いますか？

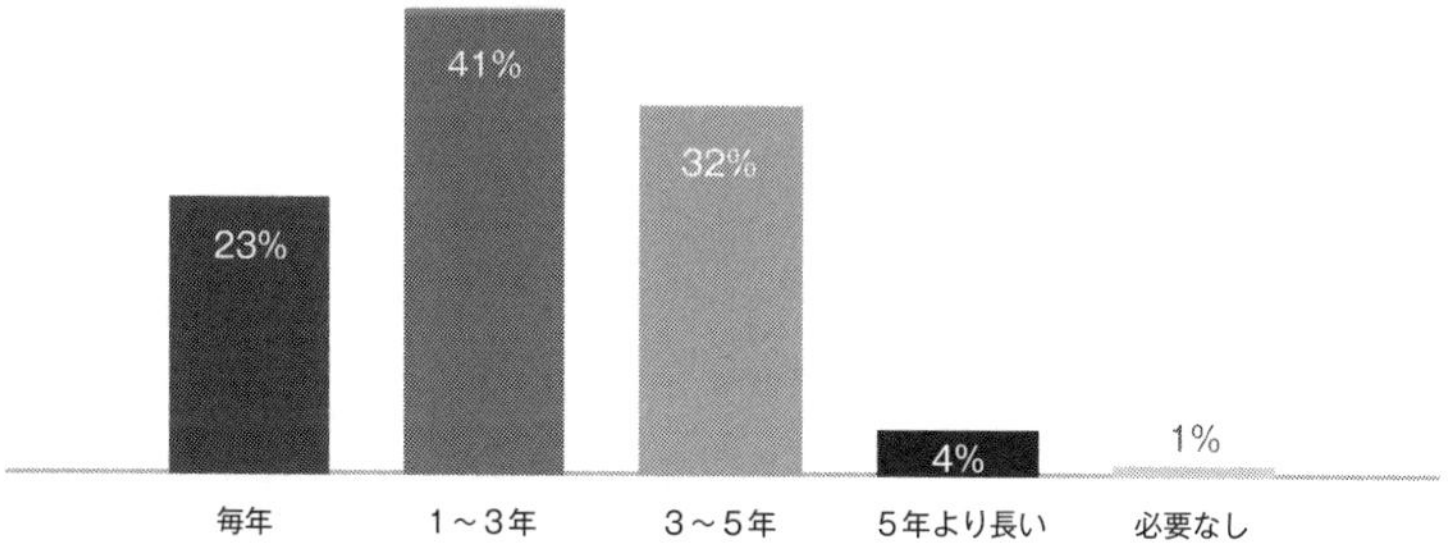

N=1,030

Source: Global Center for Digital Business Transformation, 2019

第1に、あまりに多くの企業が、「変革」を一過性の革命か何かのように捉えている。最もよくある誤解は、変革は自分たちが耐えなければならない病気か何かであり、そのプロセスをやり過ごせば、生まれ変わった姿で反対側から浮上できるというものだ。蝶の幼虫のように1回かぎりの変身を経験し、もしそれがうまくいけば、さなぎから美しい蝶になって羽ばたける。そして、成虫になった企業には、ただの幼虫にはできないことができると。

この比喩は、まちがいだし、既存企業が変革を成功させるうえで妨げになる。**「変革」は1回かぎりの出来事ではない。リーダーにとって最も重要で、かつ終わりのないタスクなのだ。**ベンジャミン・フランクリンはこう言っている。「変化を終わりにするとき、それはあなたが終わるときだ」

図表4からわかるとおり、DBTセンターの調査の対象になったエグゼクティブたちは、「ビジネスモデルの改革は、数世代や数十年ごとではなく、数

年ごとに起きるものだ」と認識していた。それどころか、約4分の1の企業が「毎年起きるものだ」と認識していた。彼らは、自分たちがデジタル・ボルテックスの渦の中心に猛スピードで吸い寄せられていることに気づいていたのだ。それでも彼らは「われわれは粉骨砕身して、この転換期を乗り切らなければならない」という考え方に凝り固まっている。

第2に、私たちの調査によれば、変化が持つ「結びつき」の性質に気づいているリーダーは数少ない。私たちは組織変革に対して、これまでとはまったく異なる光を当てて考えなければならない。デジタル・ディスラプションと同様、企業はおしなべて、この「結びつき」の難しさを感じ取ってはいるものの、どうやってそれに対処すればいいのか、どうやって利用すればいいのか、どうやって自社の優位性に変えればいいのか、わからずにいる。

「どうやって?」という疑問に向き合おうとすると、すぐにぶつかるのが「分析レベル」の問題だ。分析がマクロすぎては個々の企業にとって無意味だし、ミクロすぎても複雑で細かくなりすぎてしまうため、幅広い状況下での一般用途には適さない。私たちは、マクロレベルについては「どのようにデジタル・トランスフォーメーションを実行すべきか」を規定できる紋切り型のアプローチは存在しないと確信するようになった。ミクロレベルについては、微に入り細を穿《うが》ちすぎていることが(別の言い方をすれば、総合的なアプローチを持たないことが)、変革の失敗率が非常に高い原因となっている。総合的なアプローチを実現するためには、「デジタルはビジネスの変革をサポートする手段であって、それ自体が目的ではない」という認識が必要となる(コラム参照)。

変化が持つ「結びつき」の性質を論じるため、本書では「オーケストレーション」というコンセプトを用いて、さまざまな領域でオーケストラ化するためのアイデアや実用的な適用方法を探索する。組織が持つ「ネットワーク的」な性質を認識し、変化に求められる「高度な結びつき」を獲得するという課題を通して、デジタルビジネス・トランスフォーメーション・プログラムの実行が（連続的かつ総体的に）何を意味するのかを見直し、プログラムの成功確率をより高いレベルへと導く。

デジタルビジネス・トランスフォーメーションの定義

私たちは、デジタルビジネス・トランスフォーメーションを「デジタル技術とデジタル・ビジネスモデルを用いて組織を変化させ、業績を改善すること」と定義する。第1に、企業業績を改善することがその目的であり、第2にデジタルを土台にした変革であること。組織は絶えず変化しているが、ひとつ以上のデジタル技術が大きな影響をおよぼしているものでなければ、デジタルビジネス・トランスフォーメーションには分類されない。そして第3に、プロセスや人、戦略など、組織の変化を伴うものであること。デジタルビジネス・トランスフォーメーションには、テクノロジーよりもはるかに多くのものが関与している。

本書の構成

本書全体を通じて、現実の企業がいかにして「結びつきのアプローチ」で変革を推進したか（場合によっては失敗したか）について、実際のストーリーを紹介する。その過程で特定の方向性を示し、実行可能なツールを提供する。これらを組み合わせることで、大規模な組織変革を「オーケストレート（編成）」するための方法論ができあがる。さらに巻末には、実践者のためのツールとして4つの資料を掲載した。**〈巻末資料4〉では、私たちが最も強く推奨する21の実行可能なアクションがまとめられている。**

第1章では、今日の既存企業が持つ3つの組織的特徴（規模、相互依存性、ダイナミズム）について説明し、なぜこうした「組織のもつれ」が、従来の変革手法によるデジタルビジネス・トランスフォーメーションの達成をほぼ不可能にしているのか、その理由を示す。私たちはこれを、今日の既存企業が抱える「変革のジレンマ」と呼んでいる。

生態学や気候学、都市計画といった分野から例を引き、同じような課題に対して他の分野でどのようにオーケストレーションが進められているかを述べる。マネジメントとデジタルビジネス・トランスフォーメーションの領域外では、何年もまえから多くの賢人たちがオーケストレーションの方法について考えをめぐらせてきた。そこから何か学べることはあるだろうか。

オーケストレートの意味（望みどおりの効果を得るために、リソースを動員し、機能させること）を説明し、「結びつき」を重視したマインドセットを持つことで、従来とはまったく異なる新しい方法で変革に向けた課題に対処し、私たちが「オーケストレーション・ゾーン」と呼ぶ領域で活動できるようになることを述べる。

第2章では、前著『対デジタル・ディスラプター戦略』の主要コンセプトである「カスタマーバリュー創出」「ビジネスモデル」「対応戦略」などを見直す。前著で取り上げたいくつかの重要なアイデアとフレームワークは、本書でもふたたび取り上げられる。変化に必要な組織能力を生み出す方法について論じた前著と、変革を実行するための仕組みについて論じた本書の2つを合わせることでひとつになり、実践者のための手引きとなる。

第3章では、企業の戦略的方向性を定める際にきわめて重要となる課題と、変革を取り巻く状況について述べる。これらを正しく理解することが、変革を成功させるうえで不可欠である。どれだけ完璧にプログラムを実行したとしても、ビジネスモデルと戦略がまちがっていたら、変革は空振りに終わってしまう。ここでは、カスタマーバリュー創出を最優先事項とし、組織を変革に導く「変革目標（guiding objectives）」と、企業全体の取り組みを活性化させる「変革理念（transformation ambition）」を着想し設定するための方法を述べる。

第4章では、本書のコンセプトを支える「トランスフォーメーション・オーケストラ」について説明する。組織を「楽器（変革の推進に不可欠なリソース）」で構成された交響楽団になぞらえることで、組織変革の実行に対して従来とはまったく異なる光を当てる。

新たな顧客経験の創出であれ、企業文化の変革であれ、実践者にとって変革は本質的に「ネットワーク的」な活動であり、そこでは組織内の多種多様なリソースの協働が必要となる。リソースには、企業が持つ人やデータ、インフラが含まれる。特定の課題に取り組むために足並みをそろえた組織リソースを、私たちは「変革ネットワーク（transformation network）」と呼んでいる。この変革ネットワークは、組織が足並みをそろえて迅速に行動し、組織内の至るところからリソースをかき集めてくるうえでカギとなる。

第5章では、「オーケストレーター」によって推進される具体的な活動を通じて、リソースを動員し、機能させることの意味を考える。さらに、そのために必要な8つの「オーケストレーション能力」についても述べる。こうした能力を養えば、変革に取り組む実践者のやるべきことが明確になる。

第6章では、力強いオーケストレーションを推進するためにはどのような組織づくりをすべきかを分析し、変革に向けたプログラムが大中規模の組織でどのように管理されているかを俯瞰《ふかん》する。また「オーケストレーター（トランスフォーメーション・オーケストラを指揮し、変革に向けたプログラムの実行に責任を負う人物）」についても考察する。オーケストレーターの権限と、オーケストレーターが主導する「変革推進室（transformation office）」の責任についても述べる。

さらに、これまでの「部門指向のスタイル」から「ファブリック（結びつきが織り込まれた生地のようなもの）」が既存組織の階層を覆うスタイル」への移行を提唱する。このファブリックは、よりアジャイル（機敏）な組織構造である。実現すれば、リソースの動員と連結を動的におこない、変革に向けた取り組みをよりうまく実行できるようになる。最後に、変革ネットワークと、それが組織変革の実行において持つ意味を掘り下げ、ネットワーク化されたアジャイルな方法で社内のあちこちからリソースをかき集め、新しいプロセスとよりよい能力を創出する方法を説明する。

終章では、本書の核となるアイデアを振り返り、組織変革のための「結びつきのアプローチ」を総括する。架空の企業の例を引き、その企業が本書の教えとフレームワークをどのように実行したかを解説することで、実行可能なアプローチを提供する。併せて、私たちの調査で明らかになったベストプラクティスにもとづき、「結びつきのアプローチ」を採るにあたって企業がとるべき行動を明確なアクションとして提示する。

本書の結びでは、AI（人工知能）やブロックチェーンといったイノベーションがデジタルビジネス・トランスフォーメーションに与える影響と、デジタルビジネス・トランスフォーメーションが将来どのように実行されるようになるかを考察する。エピローグでは、アン＝クリスティン・アンデルセンの物語に立ち返り、テクニップFMCの変革のその後を述べる。

最前線からの報告書

本書は、デジタルビジネス・トランスフォーメーションをいかに実行すべきかについて、2年以上の歳月をかけておこなってきた調査の集大成だ（コラム参照）。私たちは調査や統計値の表作成に多大な労力を注ぎ、組織変革に関する文献を読み漁ってきたが、本書にまとめられた教訓の大半は、いま現にデジタルビジネス・トランスフォーメーションと格闘しているエグゼクティブたちとのワークショップや指導プログラムを通して得られた。

前著を出版してから本書を出版するまでのあいだ、DBTセンターのメンバー（IMDとシスコのメンバー）は1000社を超える組織のリーダーたちと会い、あるいはミーティングやエグゼクティブ教育セッションの場を持ち、デジタル・ディスラプションと彼らが直面している課題について議論してきた。私たちはIMDの「リーディング・デジタルビジネス・トランスフォーメーション（LDBT）」というコースと、デジタルをテーマにした自由参加式のプログラムを20回以上開催し、6つの大陸でさまざまな顧客を対象にしたワークショップをひらいてきた。全部ひっくるめると、DBTセンターの応用研究憲章を守りつつ、全世界1万人以上のエグゼクティブたちにフレームワークを提案し、それを彼らの組織に適用することについて議論してきたことになる。

そのはじまりから終わりまでのあいだずっと、経験も成果も千差万別な、変革推進中の多数の企業とかかわりを持ってきた。多くの場合、そうしたセミナーやエグゼクティブ向けワークショップが本書のコンセプトの生みの親となり、「どうやって？」という疑問に取り組むうえで助けになった。彼らはまた、私たちのフレームワークの実験台になってくれた。おかげで「私たちのフレームワークは理にかなっているか」「うまく伝わるか」「企業に適用できるか」といった点について、さらなるデータとフィードバックを集め、調整することができた。

だからこの本は、最前線からの報告書のようなものだ。私たちが本書のためにインタビューをおこなった企業の多くは、エグゼクティブらとの対話のあとでその企業名などが判明したのだが、彼らは変革の方法について、苦労の末に得た教訓を惜しげもなく明かしてくれた。そうした教訓から、他の企業も学ぶところがあるはずだ。

調査について

調査は、本書で提示する洞察の土台となっている。これには二次調査と一次調査があり、実際の調査にあたっては、リサーチ・パートナーであるシセロ・グループやエバリューサーブ、ガーソン・レーマン・グループ、ライトスピード・リサーチの力を借りた。

まず、広範な二次調査によって本書全体のテーマが「オーケストレーション」に決定された。DBTセンターは2017年5月から、チェンジマネジメントや組織行動に関する文献の研究をはじめた。マネジメント関係の刊行物やビジネス紙誌、IT系のソースを徹底的に調査して、成否を問わず現在進行形で変革に着手している企業の例を探した。そうした企業についてさらに資料を読み込み、場合によってはエグゼクティブにインタビューし、彼らが直面している課題と変革に向けた組織づくりの方法にもとづいて比較をおこなった。

また、調査の手を広げるためにオンライン調査もおこなった。調査した項目は次のとおり。①ビジネスモデルと組織を変革するにあたって直面している課題、②変革をマネジメントする能力、③変革を実行するための組織づくりの方法。

すべてを合算すると、民営・公営組織（従業員数は最低でも５００名）の取締役以上の肩書を持つ１０３０名のエグゼクティブを調査した。この調査は２０１８年のなかごろに14カ国、11言語でおこなわれた。

本書で紹介されるたくさんのストーリーと同じく、数十回にわたる徹底的なインタビューは、私たちの最も大きな洞察のうちのいくつかの源となった。

第一章

既存企業が抱える「変革のジレンマ」
The Transformation Dilemma

■ 組織のもつれ

　組織を変革しようとする取り組みは、そのほとんどが失敗に終わる。概算にばらつきはあるが、その失敗確率は60～80％だ。この状況は以前から少しも改善されていないように見える（注1）。

　さらに近年の調査によれば、こと「デジタル」の変革となると「期待どおり」もしくは「期待以上」の結果を出せたのはわずか5％だ（注2）。あまりにも失敗が多いので、私たちが会ったエグゼクティブたちのなかには「デジタル」という言葉そのものを憎んだり、「変革」を含む文言の使用を禁止したりしている者もいたほどだった。変革には、熱狂や不満、失敗といった意味が言外に含まれていると考えられているのだ。

　この言葉が禁止される原因の一端に、変化というものに対する居心地の悪さや、変化がもたらす混乱などがある。これはもっともなことだ。マネジャーがいくら粉骨砕身したところで、宇宙そのものと同じく、組織内の無秩序レベルが下がることは絶対にないからだ（物理学では熱力学第2法則として知られている）。

成長し成熟していく企業は、つねにより無秩序な方向に進んでいる。それが自然な状態だ。対象を問わず、無秩序を測る度合いとして「エントロピー」という言葉があるが、これは英語の接頭辞で「内部の」を意味するenと、ギリシャ語のτροπή（トロピー）という興味深い語源を持つ言葉に由来している。τροπήは「変革」を意味するのだ。

すでに述べたとおり、変革の失敗率が高いおもな理由のひとつは、企業のリーダーが、自分たちが直面している問題を正しく理解していないことにある。このまちがった理解は、「組織が持つ3つの特徴」から生まれており、これら3つの特徴がすべて組み合わさると、従来の変革手法によるデジタルビジネス・トランスフォーメーションは困難となる。

1　規模――企業は「管理する必要があるもの」であふれ返っている。タスクや予算、プランニングサイクル、組織変革プログラムなどだ。純粋な「数」の多さに加えて、プロセスやデータ、システム、資産、構造、人など、さまざまな「性質」のものが存在しているため、企業は急性の情報過多に陥ってしまう。データはその量だけでなく、種類も多い。

2　相互依存性――企業が管理しなければならないものには、相互関係性がある。ある行為がもたらす結果は、予見しがたいかたちで「企業全体」に影響を与える。

3　ダイナミズム――企業が管理しなければならないものと、企業が事業をおこなっている環境（市場や規制など）は絶えず進化している。競争世界の現実として、他社とはちがうこ

図表 1-1　組織のもつれ

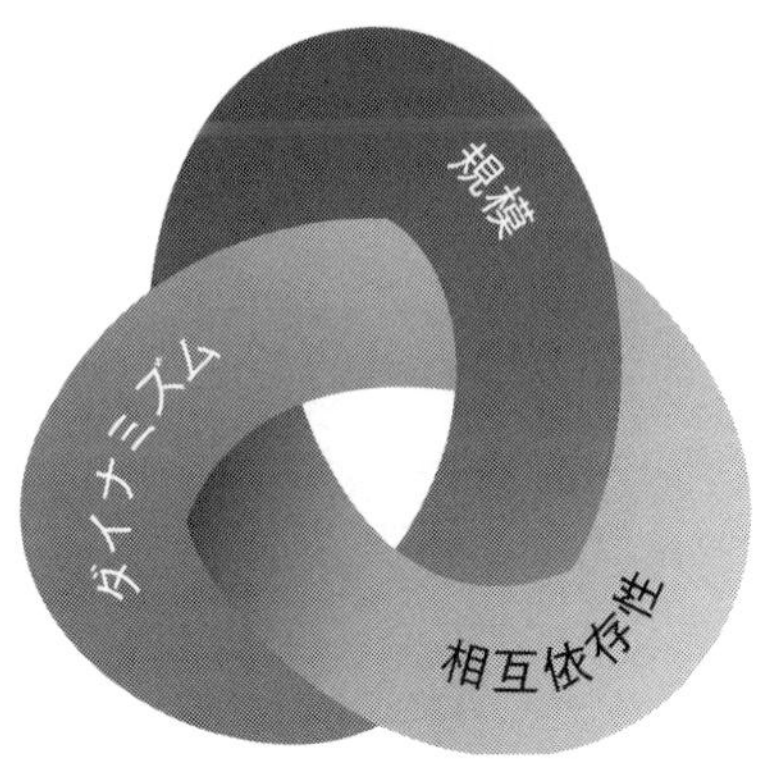

Source: Global Center for Digital Business Transformation, 2019

とをする必要があるからだ。平たく言えば、物事は大きく変化する。

これら3つの特徴は密接に関連し、お互いを強め合う関係にあるため、私たちはこれを「組織のもつれ（entanglement）」と呼んでいる（図表1‐1）。

前著『対デジタル・ディスラプター戦略』では「がんじがらめの既存企業」という言葉を使い、破壊的な競争に順応しようとする大中規模企業が直面する課題を説明した。既存企業は「旧時代の競争力学に成りさがったコスト構造とバリューチェーンを背負い込んでいる」と書いた。こうした構造やバリューチェーンが、競争力を高めたい企業の足かせとなっている。既存企業は、組織のもつれによって、変革に向けた取り組みの過程でつまずいてしまうのだ。

世界中の企業との交流を通じて、デジタルビジネス・トランスフォーメーションには、この「組織のもつれ」を考慮した新しいアプローチが必要であることがわかった。

もっともっと——規模

それぞれ情報を格納している2台のコンピューターを想像してみよう。1台はX量の情報を、もう1台はY量の情報を格納している。さて、これら2台のコンピューターが持つ情報を、組織内の異なる場所で、異なる時間に、異なる理由で必要になったとしよう（従業員データ保管用のサーバーとして使われているコンピューターなどを想像するといいだろう）。

組織の視点で見ると、その情報総量は、2台のマシンに格納されている情報量の単なる合計値（＝X＋Y）ではない。1台目のマシンが持つ情報と、2台目のマシンが持つ情報のあいだに「どんな関係があるか」を把握するための、別の情報も必要だからだ。両者が持つそれぞれの情報に重複や矛盾があるかもしれない。

また、次のようなことも知る必要があるだろう。その情報が保管されている場所はどこか、セキュリティは万全か、データは正確か、いつ作成されたのか、アクセス権を持つのは誰か、社内の他部署ではどう使われているのか、このデータから（会社が持つ）他の情報について何がわかるのか、などなど。

次に、何千という情報格納庫やユーザー、ビジネスシナリオを抱える組織全体で、その情報が必要になったと仮定してみよう。誰もが知るように企業が抱える情報量は急速に増えつつあるが（ビッグデータなど）、こうしたメタデータにあまり注意が払われていないため、実行が困難になってしまっている。要するに、「情報についての情報」は、組織の規模に比例して生まれる副産物なのだ。

アン＝クリスティン・アンデルセンが最初にテクニップFMCのデジタル成熟度について同僚たちに質問してまわったとき、大同小異の話を何度も聞かされた。そこからわかったのは、社内で進行中のデジタル・プロジェクトはいくつかあるが、基本的になんの進展もないということだった。彼女は、社内のデジタル・プロジェクトを棚卸しして、その真偽を確かめることにした。

結果を見て、彼女はショックを受けた。テクニップFMCは顧客からデジタル能力の欠如を指摘されていたが、にもかかわらず、すぐに180以上のプロジェクトが見つかったのだ。それぞれの完了度合いはまちまちだった。また、プロジェクトは、社内にある3つの事業部門だけでなく、ITや人事、経理といったサービス部門にも散らばっていた。そして、その作業が大幅に重複している場合でさえ、それに気づいているプロジェクト責任者は数えるほどしかいなかった。

アンデルセンは、これらのプロジェクトの冗長性と多様性に対処する必要があるとすぐに理解した。量が多いことも問題だが、種類が多すぎると組織のもつれを悪化させてしまうからだ。

やがて彼女は、同じような課題に取り組んでいる場合でも、プロジェクトごとに異なる基準やプロトコル、技術が使われていることを発見した。ひどい場合には、まったく同じ課題に対し、社内の別の部門がまったく異なる方法で取り組もうとしていた。おまけにほとんどのプロジェクトがパイロット版の段階で立ち往生していた。

あなたも身に覚えがないだろうか?

あらゆるものとつながっている――相互依存性

「たくさんのもの」や「異なるもの」を管理することの複雑さは、それぞれのもの同士が互いに結びつき、影響をおよぼし合っている場合には、ますます悪化する。

「私たちの組織内の能力と能力のあいだには、いくつもの相互依存があり、その相互依存が非常に大きな影響をおよぼしています」と、評価額280億ドル、カナダの総合エネルギー業界の巨人、サンコー(Suncor)でエンタープライズアーキテクチャ責任者を務めるミカエル・ロクリンは語る。「自分たちが実際に成し遂げようとしている仕事そのものよりも、その相互依存性から理解できることのほうが多いくらいです。

たとえば、『信頼性を実現する』といったことのなかにさえ、依存性が見られます。信頼性を実現しようと思ったら、そのために必要な組織能力を40個は思いつきますが、と同時に、その信頼性が実際に依存している28個の別の能力(他部門に由来する能力)も思い浮かびます。すると、こう言えるわけです。『これはすばらしいプロジェクトだ。でも、これこれこういう依存関係があるわけだから、関係している3~4グループも忘れずに参加させるようにしよう』と」

アメリカの社会学者、ジェームズ・D・トンプソンは1967年に上梓した画期的な著書『行為する組織』（同文館出版）のなかで、3種類の相互依存を説明している（図表1-2）。それぞれの相互依存関係のマネジメントならびに協働活動には、異なるアプローチが必要になる。

まずは、「連続的相互依存」から見ていこう。トンプソンは、組み立てラインに似た状況を提示している。ここでは、あるグループからのアウトプットが、他のグループにとってはインプットになっている。グループのそれぞれが、チェーンの先にある他のグループ（前工程）に依存しているため、これらは相互依存関係にある。この種の相互依存に必要な協働は「プランニング」だろう（たとえば、タスクをおこなうタイミングを調整したり、タスクの完了に必要なリソースを手配したりするなど）。

第2の類型は「共有的相互依存」だ。共有的相互依存は、全員が別々の（とはいえ、しばしば似通っている）タスクを並行しておこない、それらをなんらかのかたちで巻き上げて、より大きな目標を達成する。たとえば、営業チームは、共有的相互依存の典型例だと言える。この種の相互依存にふさわしい協働は「標準化」だ。たとえば、セールスパーソンへの指示出しやパイプライン管理を標準化すれば、個々のアウトプットを組み合わせて収益を増加させるという共通のタスクを達成できる。

そして、トンプソンが提唱した相互依存の第3の類型は、「互恵的相互依存」と呼ばれるものだ。ここではチームが連続的に相互依存しており、ひとつのチームでの変更が、他のすべてのチームに影響する。チーム間には高いレベルの交流がある。インプットとアウトプットは循環

図表 1-2　相互依存の3タイプ

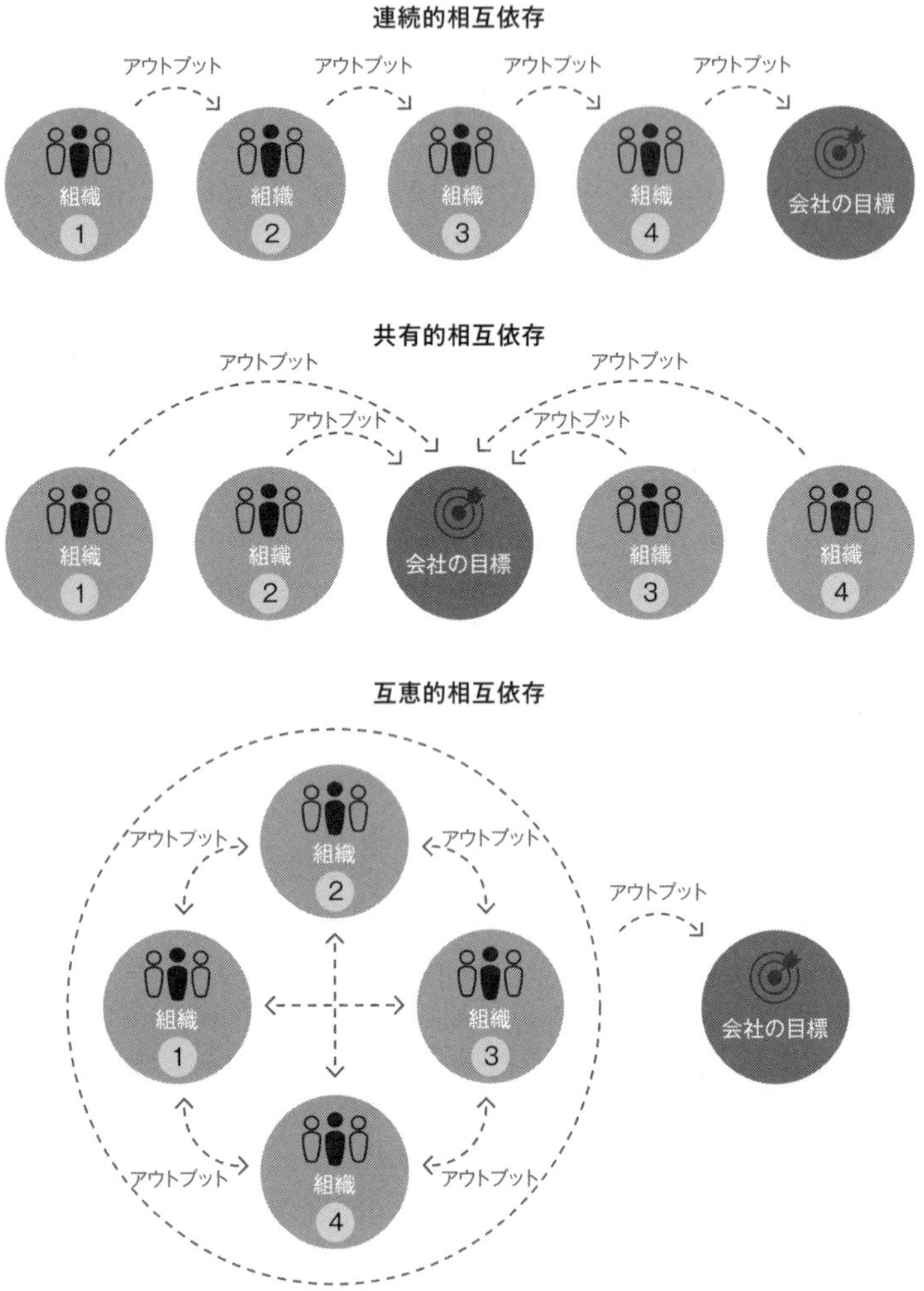

Source: Global Center for Digital Business Transformation, 2019

し、ときに逆方向に流れることもある（AがBのアウトプットを使い、BがAのアウトプットを使う）。たとえば、企業の経理部門とIT部門は互恵的相互依存関係にあると言える。経理はITをサポートし、ITは経理をサポートしている。この種の相互依存は、今日の最大規模の組織内部の現実をよく表している。

互恵的相互依存関係に求められる協働は「相互調整」だ（注3）。Aが何かを変更したら、Bもそれを知っておく必要があるし、逆の場合も同様だ。とはいえ、こうした認識力を維持しながら、その情報にもとづいて順応することは、組織にとって大きな負担になる。

ジョン・コッターが1996年に著したベストセラー『企業変革力』（日経BP社）を読めば、互恵的相互依存が常態化した状況での変革に求められるものが視覚的に理解できる。あるオフィスに入るところを想像してみよう。入ってすぐ、あなたは部屋のなかのモノの配置がどうも気に入らない。しかし、椅子の配置を変えて、別のデスクを運び込み、壁の絵をかけ直すなど、簡単な手順を踏むだけで、オフィスの見た目はがらりと変わる。この種の変化は明快だ。

だがコッターは次に、まったくちがう種類のオフィスを提示してみせる。

次に、たくさんのロープやゴムひも、ケーブルが、置かれている家具や装置をがんじがらめに結びつけているような、もう一つのオフィスを訪れた状況を想像しよう。まずあなたは、ものにつまずかずに部屋にはいることに苦労するだろう。椅子をどけて道を作るべくその椅子を押してみるが、この軽い家具がびくとも動かない。なお強く押すと、椅子は5センチ程度動く。しかし、本棚から数冊の本が滑り落ち、またソファーがあなたの望まない方向にずれてしまう。何とか苦労してそのソファーにたどりついて、ソファーを元の場所に押し戻そうとすると、これがぴくりとも動かない。30分も苦闘してやっとソファーを押し戻すと、今度は電気スタンドが机から滑り落ちて危なげに空中にぶら下がり、やっと一方向に走るケーブルと他方向に走るロープに引っかかって途中にとどまる（『企業変革力』梅津祐良訳）(注4)。

ここで描写されている相互依存の姿は、ほとんどの大企業が直面している現実と、そうかけ離れたものではない。こうした状況での変化がどれだけ難しいかはよくわかるだろう。どこをどれだけの強さで押せば（引けば）いいかもわからないのだ。自然主義者のジョン・ミューアが自伝『はじめてのシエラの夏』（ＪＩＣＣ出版局）で書いたように、「私たちが何かをひとつだけ選び出そうとすると、それが宇宙にある他のものすべてとつながっていることがわかる(注5)」というわけだ。

定跡として、企業は、物事を別々の単位に分割することで相互依存に対応しようとする。「部門化」として知られるこのアプローチでは、何をどのようにおこなうかという基準を定める（所有する）権限を特定のチームに与える。一見すると、このアプローチは、複雑さを解決するための手段として理にかなっているように思える。しかしそれは企業の「サイロ化」にもつながり、相互依存が持つ最大の価値、すなわち「相乗効果」を弱めてしまう。相互依存から生じる複雑さは厄介だが、さらなる統合と相互依存によって生じるはずの相乗効果が得られないのも困りもの

図表 1-3　組織変革の陰と陽

Source: Global Center for Digital Business Transformation, 2019

だ。**相乗効果の欠如が、変革プログラムが期待どおりのリターンをもたらしてくれない大きな理由となっている。**

図表1-3は、「複雑さ」と「相乗効果」を組織変革の陰と陽にたとえたものだ。相関する2つの要素の両方が、二重性（2つの異なるもの）と単一性（ひとつの協同現象）を表している。

私たちが観察してきたかぎりでは、一般的な変革プログラムは「プランニング」と「標準化」を重視し、よりシンプルな相互依存の2形態（連続的相互依存と共有的相互依存）の協働メカニズムに重点を置いていることが多い。そのため、「相互調整」の必要性に気づく機会が減り、どうやって相互調整すればいいのか、わからなくなってしまっている。

唯一不変なのは変化すること——ダイナミズム

「規模」と「相互依存性」は、仮に静的な世界であったとしても管理が難しいものだ。しかし、今日の環境は「静的」にはほど遠い。変化のスピードはいまだかつてないほどに速く、今後デジタル・ボルテックスが勢いを増せば、さらに加速していく可能性が高い。

評価額50億ドル、リヒテンシュタインを拠点にする電動工具メーカーのヒルティは、プロの職人に「ＴａａＳ（サービスとしての工具）」を提供した業界初の企業であり、イノベーターとしての評価を確立しているが、そんな彼らでさえ、変化のスピードについていくのに四苦八苦している。デジタル統合ならびにＥコマース責任者であるジャン＝ルイ・ケロードレンは、この状況を次のように述べる。

会社の経営陣のあいだには、いまなお自分たちのスピードが十分ではないという感覚があります。多くを費やしていますが、それでもまだスピードが足りないのです。どうしてヒルティはグーグルのランキングでつねにトップではないのか、どうして顧客へのインボイスをアップルペイで提供しないのかといった批判の余地があります。そのため、今年になって、自分たちがいまどこにいて何を成し遂げたいのかを徹底的に見直し、すぐに解決できる事項と、ガバナンスや組織刷新などのより根本的なトピックに切り分けました。

静的なシステムでは、初期設計にしたがって、その構成部品が組み立てられる。ひとたびシステムが構築されると、通常はそれ以上変化しない。建築は静的なシステムであり、建物の部品は時間が経過してもほとんど変化しない。したとしても、そのスピードは非常にゆっくりだ。屋根は修理や交換が必要になるかもしれないが、ダイナミズムの程度はかぎられている。ここでの相互依存は明確に定義されており、進化の速度は遅い。そのため、静的なシステムとそれらが内包している相互依存性からは、今日の大半の企業がどのように動いているかをうまく理解できない。

デジタル・ボルテックスは外部からの競争圧力であり、組織内のダイナミズムの主要な駆動力でもある。しかし、組織内にはもう1つの駆動力がある。それが「適応」だ。動的なシステム（クルマの流れや金融市場、アリの巣、企業など）は個々の単位（運転手や投資家、アリ、従業員）で構成されており、それらは相互に交流し、自らの行動を他者の行動やシステム全体の状況に合わせて変化させている。

より大きなシステムの内部では、小さな刺激でさえ、大きな変化を生む（注6）。数十万台のクルマが走っているエリアで1台の車が故障すれば、渋滞が起こる。この小さな事故が大都市全体の通勤者に影響を与え、彼らの移動パターンは広範かつ迅速に変化する。組織内の個々人またはグループによる継続的な順応も相互依存性の表れであり、ダイナミズムを増加させている。

逆に、動的なシステム内の大きな刺激が、驚くほど小さな効果しかおよぼさないことがある。たとえば、ある経済圏の通貨危機に対処するため、中央銀行総裁が金融政策を打ち出したとしよう。他の要素が通貨の価値に与える影響を見越した投資家たちが、自らの利益のために行動を適応させれば、この金融政策はほとんどなんの効果も生まないかもしれない。同様に、1人のエグゼクティブが自社の野心的なデジタルビジネス・トランスフォーメーション・プログラムに着手したとしても、組織や制度、従業員らがその目標を邪魔するかたちで順応してしまい、なんの結果ももたらされないこともある。

動的なシステムを理解するには、どこに目を向けたらよいのだろうか。その例は、生態学や生物学、気候学といった自然科学の分野に見つかる。自然科学におけるシステムは、数百万あるいは数十億もの個別の領域を持ち、いくつものサブシステム（下位区分）に分類されている。巨大で動的なシステムのなかの相互依存はきわめて複雑で、急速に変化する。こうしたシステムからのほうが、今日の企業の置かれている状況がよく理解できる。企業は絶えず変化し、きわめて可変的で、複雑で、まさに生命体そのものだからだ。

「もつれ」がもたらす、予期せぬストーリー

自然界にも、「もつれ」の3要素すべてをそなえたシステムがふんだんに転がっている。自然生態系は（動植物の数や種類という意味でも）「規模」が大きく、多様で無数の「相互依存」的要素を持っている。また「ダイナミズム」をそなえており、つねに変化している。

一例として、米イエローストーン国立公園にハイイロオオカミが放たれた例を挙げておこう

（注7）。同国立公園では1926年までに、自然界の頂点に立つ捕食者のハイイロオオカミが1匹残らず絶滅していた。しかし、1990年代のなかばにハイイロオオカミが運び込まれると、彼らの捕食行動が、地域内の食物連鎖や生物学的多様性にきわめて大きな影響を与えていることがわかった。

まず、ハイイロオオカミによって、公園内のエルクが捕食されるようになった。草食動物のエルクが減少したことで、植物がよく育つようになった。植生が増加し、地中に広く根が分布するようになったことで、川岸の土壌が安定し、やがて公園内の川沿いの道に変化が表れた（生態学で「栄養カスケード」として知られる現象）。

これは、複雑な「もつれ」の一例である。大きなシステムのひとつの部分が、きわめて動的な連鎖反応を通して、システム内のまったく異なる部分に影響を与えている。ハイイロオオカミを放つことによって国立公園内の川の流れや地形が変わってしまうと、いったい誰が予想できただろうか。

これは、2014年に発表された短編ドキュメンタリー「オオカミはいかに川を変えたか」によるものだ（注8）。規模や相互依存性、ダイナミズムが密接に関連し、意図しない結果が生まれることは、このドキュメンタリーが如実に物語っている。ハイイロオオカミの再導入がもたらした結果は意図しないものだったが、ネガティブなものではなかった。オオカミたちは自然な変化の一部だったからだ。一方、組織では、意図しない結果が、従業員の士気や利害関係者との関係性、収益性などに対して明らかにネガティブな影響をおよぼす恐れがある。

意図しない結果が、変革プログラムを台なしにしてしまうこともある。これが、「変革は失敗するものだ」とエグゼクティブたちが思い込んでしまう原因だ。私たちが話をしたあるエグゼクティブは、大きな組織のリーダーになった際、「組織のもつれ」に由来する予測不可能なことや意図しない結果について、みっちりと教育を受けたという。「君にはわからないかもしれないが、ひとつのシンプルな変化を起こすだけで、たとえばこのレバーを引くだけで、私の背後で10個の何かが爆発するんだ」

この現象は「コブラ効果」とも呼ばれる。コブラ効果とは、19世紀にイギリスが支配していたインドで生まれた言葉である。デリーで毒蛇が増殖していたことを懸念したイギリス政府は「コブラを殺した市民に賞金を出す」と布告したが、不幸なことに、賞金に目がくらんだ市民たちは予想外のかたちでこれに応じた。自らコブラを繁殖させ、それを殺すことで賞金を稼ごうとしたのだ。制度を逆手に取られたことに気づいた政府が賞金を出すのをやめると、市民たちは無価値になったコブラを野に放ち、逆にコブラの数が大幅に増えてしまった。

比較的小さな、あるいは自己完結したシステムであっても、もつれの複雑さや、予期せぬフィードバックループ、ブローバック、波及効果がきわめて大きくなることがある。そのため、人体や天候パターンなど、自然界のシステムのモデリングに世界屈指の高性能スーパーコンピューターが利用されていることは驚くに値しない。たとえばＩＢＭの「ブルージーン／Ｐ」は、人間の脳の１％、およそ１０００億個のニューロンと１００兆個のシナプス（ニューロン間のつながり）のモデリングに使われている。また、アメリカの海洋大気庁は、気象系と気候変化

図表 1-4　アフガニスタンにおける軍事的なもつれ

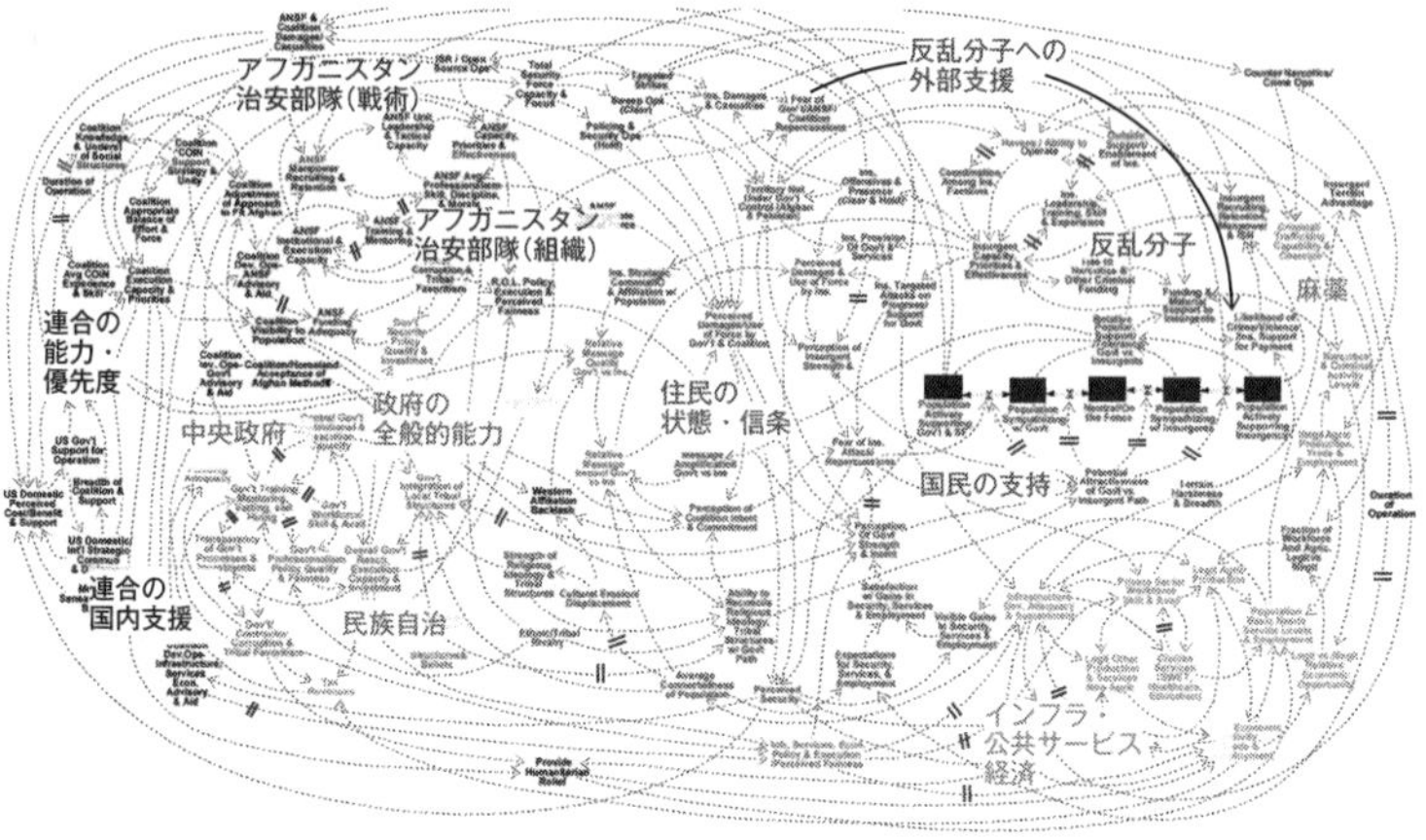

Source: PA Consulting, 2009

をモデリングするために、莫大な量のデータをスーパーコンピューターで処理している。

組織内のシステムは、人間の脳や地球の気候パターンほど複雑ではないが、変革プログラムを設計し実行するとなると、エグゼクティブやマネジャーたちの手に負えない程度には複雑だ。

大中規模の既存企業は、数百万ドル、ときに数十億ドルをＩＴ関係のリソースに費やしているが、脳科学者や気候学者が最新のスーパーコンピューターを使ってモデリングしているのに対し、ほとんどの大企業のエグゼクティブが使っているのは……マイクロソフトのパワーポイントだ。これは馬鹿げている。企業内のシステムの働きや変革の方法について私たちは一般的に「窮屈そうだ」と感じているが、これでは窮屈どころの話ではない。

企業の組織環境における「規模」や「相互依

存性」「ダイナミズム」を把握し、そうした状況下で変革を実現するための方法を理解することには困難がつきまとう。使えるのが従来の技術と概念的なツールだけなら、なおさらだ。これこそが、実践者のまえに立ちはだかる「変革のジレンマ」の本質だ。

こうした状況がどれだけ手に負えないものかを考えるために、戦争における交戦圏の例を考えてみよう。図表1-4は、アフガニスタン駐留のアメリカ軍指令官が直面していた「複雑なもつれ」を示したものだ。無数の不確定要素が、途方に暮れるほど複雑な関係や原因、効果をつくり出している。アメリカ軍のスタンリー・A・マクリスタル大将は、パワーポイントでこれを眺めたあと、この問題を簡潔に表現した。「われわれがこのスライドを理解したときには、すでに戦争に勝っているだろう」

オーケストレーション・ゾーンへ——チェンジマネジメントを超えて

では、結論としてはどうなるのだろうか。これまで述べてきたことは、変革を目指す組織が数十年前から直面してきた課題とどうちがうのか（アマゾンには「チェンジマネジメント」に分類される書籍が8万タイトル以上あるという概算もある）（注9）。

デジタルビジネス・トランスフォーメーションに伴う変化の範囲と規模の大きさを考えると、「チェンジマネジメント」そのものも変わらなければならないというのが、私たちの見解だ。既存企業に見られる「もつれ」の現実に対処すべく、アプローチそのものも進化しなければならな

図表 1-5　ますます悪化するもつれ

質問 ▶ 過去5年間で、あなたの組織における以下の要素はどのように変化しましたか？

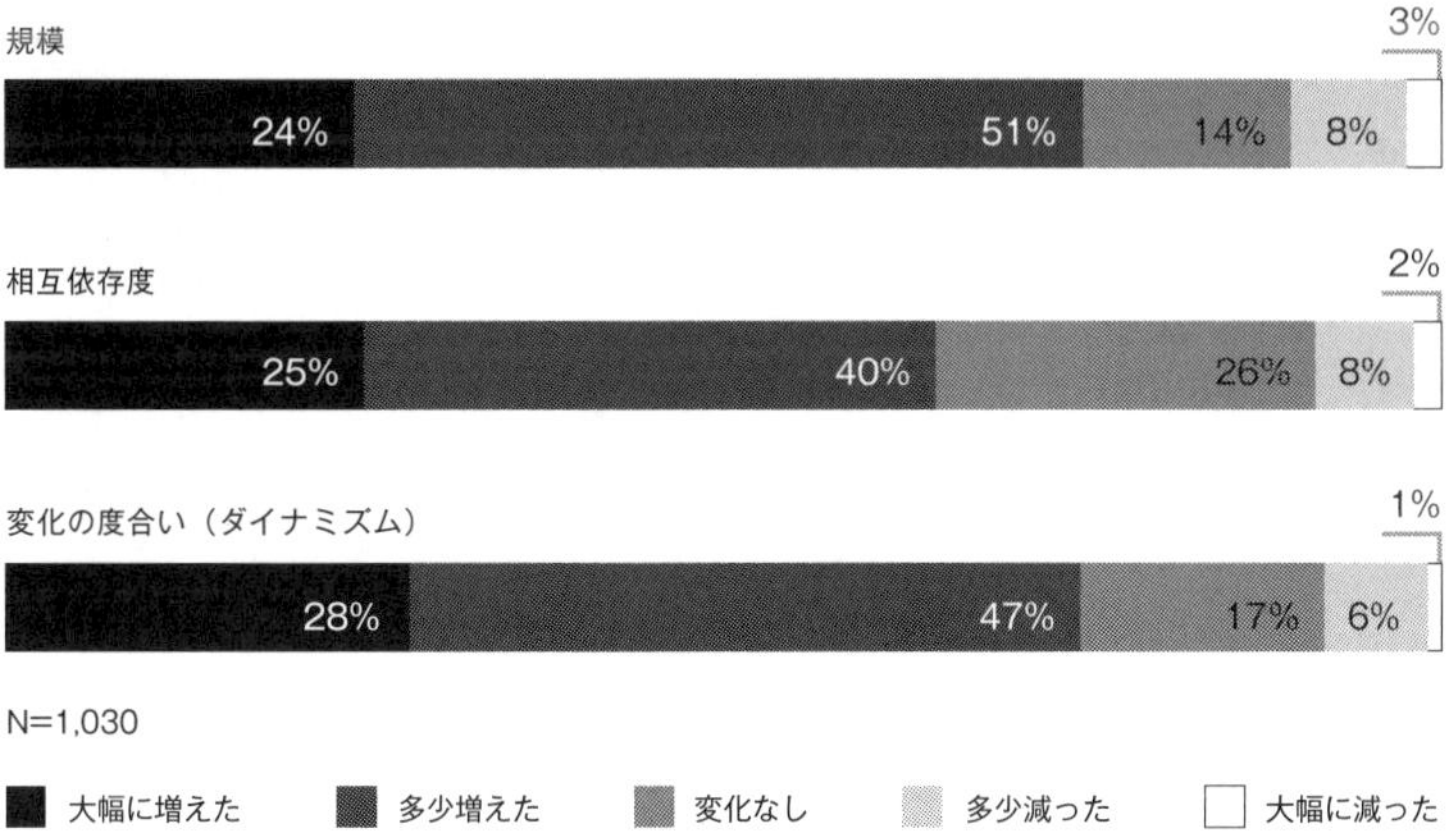

Source: Global Center for Digital Business Transformation, 2019

い。

組織の「もつれ」度は、現時点でも十分に高いが、ますます高くなりつつある。図表1―5から、エグゼクティブの大多数が「自社における3要素（規模、相互依存性、ダイナミズム）が、いずれも過去5年のうちに多少もしくは大幅に増えた」と考えていることがわかる。

この結果は、「組織内が無秩序である度合い（エントロピー）は、物質や空間という物理的宇宙の原則と同様、決して減ることはない」という私たちの主張を裏づけている。企業の世界において、これは「最小多様度の法則」による。組織デザイン研究の世界的権威であるジェイ・ガルブレイスは、こう述べている。「この法則では……、利害関係者がいる環境内で、関連する存在の数と多様性が増えると、それに対処するために企業内の部門の数と多様性も増える（注10）」

私たちの経済が大量生産から顧客向けの大量な「カスタマイゼーション」に移行するにつれ、商品や市場区分、提携業者、営業チームの数が増加していく。何をやるにしても、そのための手段が増えていくのだ。したがって「より統合された（そして、より洗練された）メカニズム」が必要となる（注11）。

加えて、ビジネスモデルの変化や、カスタマーバリュー創出方法の変化、経営改革の頻度の変化はいずれも、求められる変革の程度がこれまでとは異なることを意味している。場合によってはその変化が、企業の存在の根本にかかわってくることもある。バンクウェスト・オブ・オーストラリアのCIO、アンディ・ウィアーは言う。「徐々にデジタル能力を高めていくのではなく、私たち自身が『金融サービスを提供するデジタル組織』になる必要があると考えています。とりわけ、すばらしい顧客経験を構築したり、創出したりするための組織をどうやってつくるかという点において」

変化が不要になることはない。例外はほぼなく、それは永遠に続く。評価額50億ドルの総合人材サービス会社、ランスタッド・ノースアメリカのCDO、アラン・スタカルスキーは、私たちのインタビューでこう答えた。「私たちの変革は、5年前からずっと続いています。だから、簡単な道のりではありませんでしたし、この先もまだまだ続きます。『これで完了！』と言えるようなものではないのです」

図表1-6　チェンジマネジメントとオーケストレーション

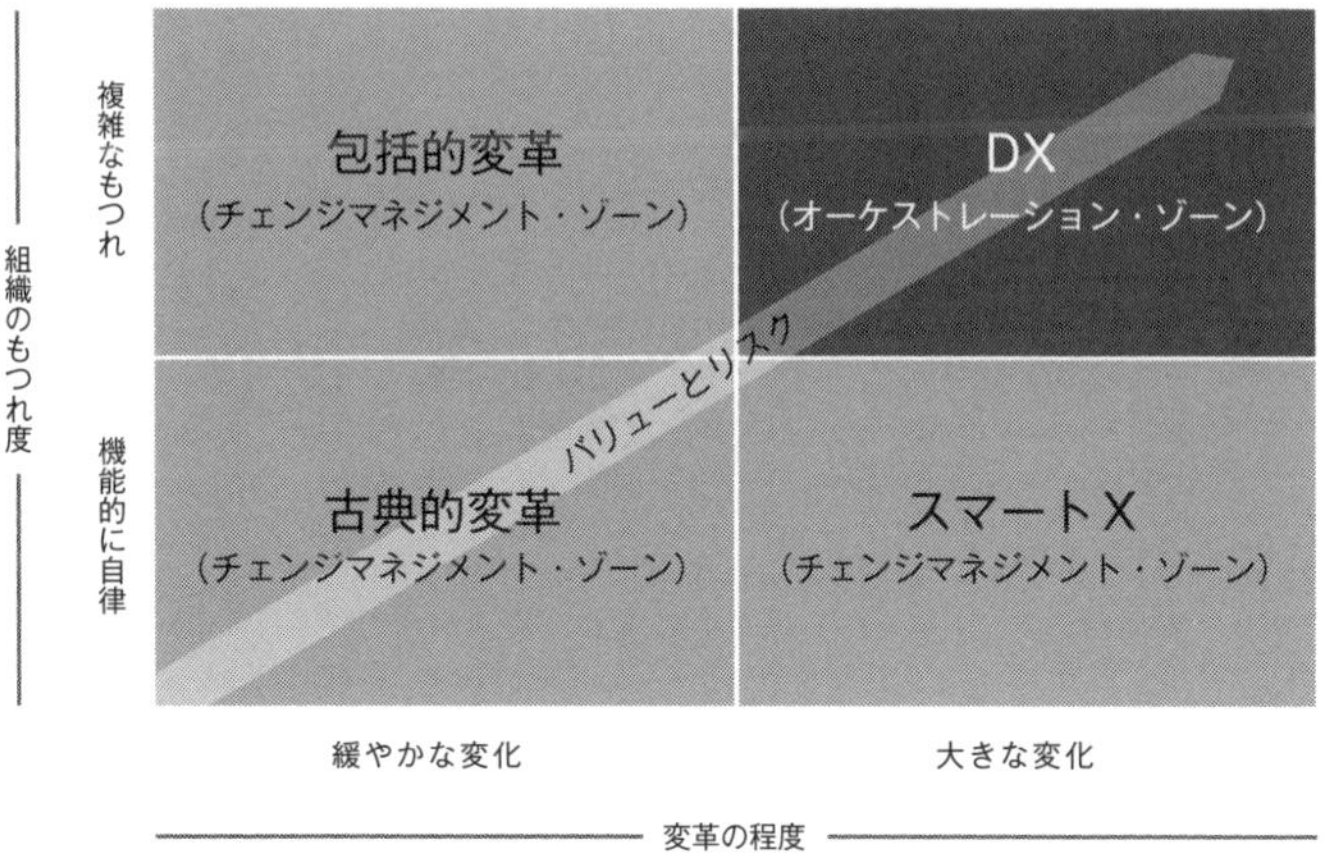

Source: Global Center for Digital Business Transformation, 2019

要するに、企業は、組織変革というものに対して、もっと特別な目を向ける必要があるということだ。図表1-6では、「組織のもつれ度」と「変革の程度」によって、変革に向けた取り組みをそれぞれ2つの異なるゾーンに分けた。これにより、変革に向けた努力をより分類しやすくなるだろう。

変革には次の4つの種類がある。

1　古典的変革——機能的に自立した、緩やかな変化。変化のゴールは明快で、必要なリソースは限定されており、その範囲は特定の部門内またはグループ内であると明確に定義できる。たとえば、広告部門が「新聞・テレビ広告」から「オンライン広告」に移行するなら、それは自分たちの権限の範囲内でおこなえる。大きな影響はもたらされず、社内の他部門が巻き込まれることはない。

実行に重きを置く経営努力の大半は、この種の変化に分類される。きわめて平均的な変化で、広範にわたる部門横断的な取り組みは発生せず、全体的な戦略やビジネスモデルの変化を求められることもない。

2 包括的変革――複雑にもつれた、緩やかな変化。全社的な新しい雇用ルールの導入や、グローバルな経費管理システムの導入といった微調整（もしくは修正）がこれに当たる。組織内全部門の多様な利害関係者が影響を受ける。こうした調整はしばしば、複雑な「組織のもつれ」とぶつかり、私たちの多くが経験しているように、実行には困難を伴うこともあるが、変化の程度は小さい。会社がつくり出しているカスタマーバリューの種類や、収益をあげるための方法、競争における全体的なポジションにさしたる変化はない。

3 スマートX――機能的に自立した、大きな変化。変化の程度は大きいが、全社を挙げて取り組む類いのものではない。「スマート・サプライチェーン」や「スマート不動産」といったプロジェクトがこれに当たる。

とはいえ、このスマートXは容易に達成できるものではない。変化の範囲は、あるひとつの部門に限定されるかもしれないが、それが非常に大がかりなものになる可能性もある。たとえば、「スマート・ファクトリー」を実現するためには、製造プロセスでの抜本的な改革が不可欠だろう。そのため、「大きな変化」に分類される。

4 DX（デジタルビジネス・トランスフォーメーション）――複雑にもつれた、大きな変化。

私たちDBTセンターは、この種の変化に注目しており、とりわけ本書は、これに主眼を置いている。すでに定義したように、デジタルビジネス・トランスフォーメーションとは「デジタル技術とデジタル・ビジネスモデルを用いて組織を変化させ、業績を改善すること」である。このため、他の変化とはかなり性質が異なる。

大きな規模、高い相互依存性、大きなダイナミズムが関係しているため、新たな戦略に向けて舵を切るには、組織全体の抜本的な変化が不可欠である。これは、破壊的なライバル企業に対処するために、ビジネスモデルやカスタマーバリューの創出方法を変化させることを意味する。また、サードパーティとの価値創造（プラットフォームを介してなど）が関係してくることもある。

このフレームワークにおいて組織は、上に向かうほど「もつれ度」が、右に向かうほど「変化の範囲と難しさ」が増す。上と右の「両方」に向かうとき、もたらされうる成果（価値）は大きくなり、リスクとオーケストレーションの必要性も増す。

図表1-7からわかるように、多くの組織が、これら4つのうち複数の区分で同時に変化を起こそうとしている。3分の1程度（34％）が、変革活動ポートフォリオの一環として、右上の区

図表 1-7　ほとんどの組織が複数の種類の変革を同時に追求しようとしている

質問 ▶ あなたの組織で現在進行中の変革やトランスフォーメーションは以下のうちのどれですか？

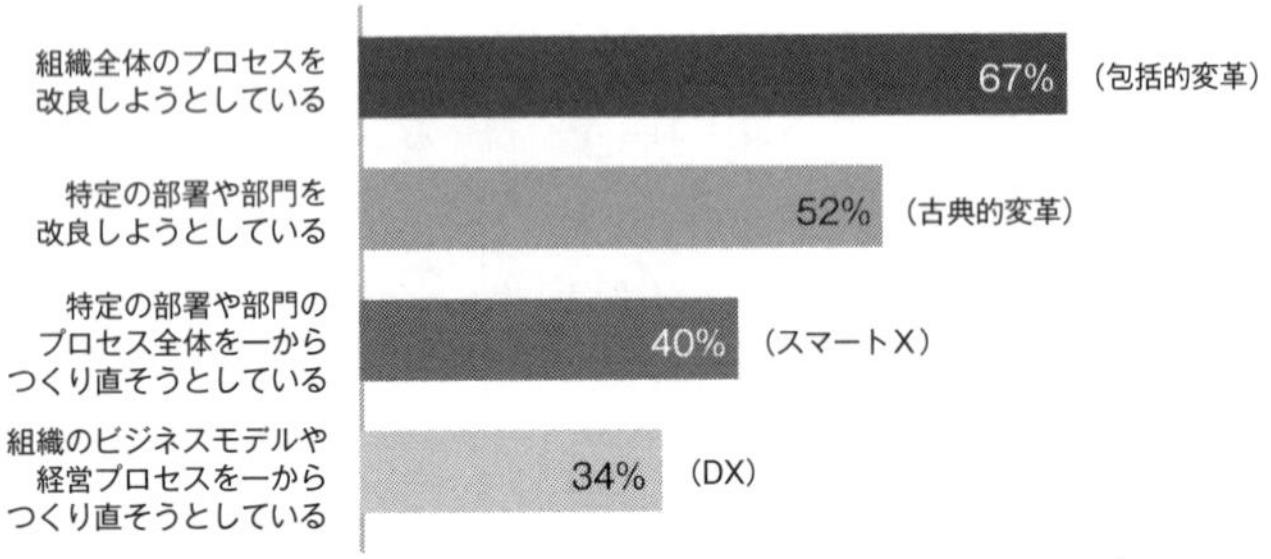
組織全体のプロセスを改良しようとしている
67%
（包括的変革）
特定の部署や部門を改良しようとしている
52%
（古典的変革）
特定の部署や部門のプロセス全体を一からつくり直そうとしている
40%
（スマートX）
組織のビジネスモデルや経営プロセスを一からつくり直そうとしている
34%
（DX）

N=1,030

Source: Global Center for Digital Business Transformation, 2019

分（私たちが「デジタルビジネス・トランスフォーメーション」と定義する区分）での変革に取り組んでいる。

「多くの企業が、自分たちはデジタルビジネス・トランスフォーメーションを実行していると思っていますが、実際にはたんに『デジタル化』もしくは『デジタル最適化』をおこなっているだけで、文化やリーダーシップ、経営モデル、人材、資金調達といった核となる根本的な問題には対処していません」と、評価額310億ドル、デンマークに本社を置くコンテナ物流界の巨人、A・P・モラー・マースクの元CDO、イブラヒム・ゴクセンは語る。つまり、デジタルビジネス・トランスフォーメーションは非常に大きな取り組みであり、きわめて戦略的かつ大規模で、包括的なものだということだ。

変革に向けた努力の多くが「徹底的」を謳っているが、実際にはそのほとんどが、最初の3つの区分に分類される変化への対処だ。これら3つは、従来のチェンジマネジメントのアプローチでも十分に対処できるため、私たちは「チェンジマネジメント・ゾーン」（図表1-6の右上以外の範囲）と呼んでいる。このゾーンでは、プランニングと標準化が不可欠である（アマゾンに8万タイトル以上存在するチェンジマネジメント関連書籍も、このゾーンなら役立つだろう）。

しかし、4つ目の種類の変化、デジタルビジネス・トランスフォーメーションを実行するとなると、チェンジマネジメントのアプローチでは力不足だ。なぜなら、指数関数的な性質を持つタスクに対し、きわめて直線的なアプローチで挑むことになるからだ。

ジョン・コッターはチェンジマネジメントの創始者とされている（実際、そのとおりだ）が、彼が考案した組織変革のための有名なフレームワーク「8つのステップ」は、その性質上、直線的なプロセスを採ることになる（注12）（図表1-8）。しかし、デジタルビジネス・トランスフォーメーションとは、事業の「複数」の側面に大きな変化を起こすことだ。だからこそ、複雑にもつれた組織に大きな変化を起こすためにも、従来のチェンジマネジメントは不向きなのだ。

広範かつ全社的な変革ではなく、分離した単独の変革努力に一貫して集中しているからこそ、企業は従来のチェンジマネジメント手法（たとえば、プロサイ社のADKARモデルなど）に頼り、そうしたモデルに頼ってしまうからこそ、単独の変革努力に集中してしまうとも言える（注13）。以前から考えられてきたように、組織のもつれがなく、機能的に自律しており、変革の対象範囲がかぎられているなら、チェンジマネジメントで事足りるだろう。しかし、こうした条件がそろっていても、大半の組織変革が失敗に終わる。「足元に火がついている」と従業員に奮起

図表 1-8　コッターのチェンジマネジメント、8 つのステップ

ステップ1　危機意識を高める
↓
ステップ2　変革を導く連帯チームを生み出す
↓
ステップ3　ビジョンをつくる
↓
ステップ4　ビジョンを周知徹底する
↓
ステップ5　ビジョンに沿って行動できるよう他者をエンパワーする
↓
ステップ6　短期的な成果を収める
↓
ステップ7　成果を活かしてさらに変革を進める
↓
ステップ8　変革を企業文化に定着させる

Source: Adapted from John Kotter, Leading Change, 1996

を呼び掛けたり、変革を先導するチームをつくったりするなど、効果実証済みの手法がまちがっているわけではないが、それでもほとんどの大組織は、デジタル・ボルテックスという緊急事態を踏まえて大規模な変革をおこなうために必要な理解とアジリティ（くわしくは後述する）を有していない。

　そうした変革を実行するには、従来のチェンジマネジメントの先にある領域に足を踏み入れなければならない。それが「オーケストレーション・ゾーン」（図表1-6の右上部分）だ。このゾーンに入ることで企業は、組織が持つネットワーク的な性質に対処し、いま求められている前例のない規模の変革に取り組めるようになる。企業は、組織を横断するかたちで変化を促し、多方面で事業の成果を

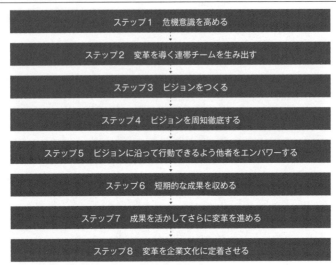

あげる。それを何度でも繰り返せる。オーケストレーション・ゾーンでの変革は、高度な結びつきのアプローチを採ることを意味している。

オーケストレーションの力を変革に用いる

「オーケストレート」とはどういう意味だろうか。DBTセンターでの定義は、**「望みどおりの効果を得るために、リソースを動員し、機能させること」**だ。

オーケストレーションは、マネジメント関連の文献でときおり見かける程度のトピックで、実行可能なアドバイスとしてはまだ確立されていないが、少なくともその言葉の使われ方は変化してきている（注14）。マネジメント分野におけるオーケストレーションの研究は、これまでは基本的に、企業の四方を取り囲む壁の外側（バリューチェーンや戦略的提携、プラットフォームなどが絡む、すれすれのところ）に重点が置かれていた。

香港を拠点とするサプライチェーン業界の巨人、利豊（Li & Fung）は、「オーケストレーター」のビジネスモデルを持つとされる、よく知られた例のひとつだ。バリューチェーン上のプレイヤー同士を結びつけることにもとづいたビジネスモデルで（注15）、おもにアメリカおよびヨーロッパの消費者ブランドと小売業者に商品を販売する。中核となるのは、サプライヤーをオーケストレーションすることだ。同社はこのアプローチにより、自社工場を所有することなく、アパレルや家具、美容・パーソナルケア製品などのファッション用品で年間200億ドル近い利益をあげている。工場どころか、いかなる意味での生産能力も持っていない(注16)。

利豊は、8000の顧客、1万5000のサプライヤーとつながったグローバルなサプライチェーンを、ネットワーク化された組織として動かすことができる(注17)。素材調達や製造、保管、商品輸送をオーケストレートするために、適切なサプライヤーのネットワークと顧客をつなぐのだ。こうした能力が、このビジネスモデルの生み出している価値だ。同社は、糸や染料、生地、家具部品などを調達して、世界中の数千の工場での製造をコーディネートし、部品や最終製品の発送と物流を管理する。リスクやディスラプションが発生した際には、迅速かつ柔軟に供給源を変更できる。

オーケストレーションのもうひとつの例は、「オープンイノベーション」の世界に見られる。ここでのポイントは、なんらかのエコシステムやプラットフォーム、ネットワークを使って、会社のために働いていない人たちのアイデアを活用することだ。IDEOやスタンフォード大学dスクールのような組織、ヘンリー・チェスブロウやドン・タプスコットなどの著作家は皆、オープンイノベーションのアイデアを本物の産業に向かわせる力になっている。それとは別に、無数のコンサルタント企業やネット広告代理店、インキュベーターがこのオープンイノベーションの世界に参入し、企業がサードパーティのアイデアをオーケストレートしたり、よりよい、より迅速なイノベーションを生み出したりするのを支援している。

評価額50億ドル、デンマークの玩具メーカーであるレゴ(LEGO)社は、オープンイノベーションによるすぐれたオーケストレーションで有名だ。想像力しだいでなんでもつくれる組み立て式のプラスティックブロックにより、１９５０年代以降、レゴ社は世界中の子供たちと親たちのあいだで広く知られる存在になった。

１９９８年、レゴ社は新しい玩具のラインナップを発売した。「レゴ マインドストーム」というロボットのキットだ。発売から数カ月後には、ロボットを動かすソフトウェアが「リバースエンジニアリング」され、ユーザーたちの改造コミュニティが活発になった。レゴ社は戸惑い、当初は自らの知的財産を保護しようとしたが、やがてファンやユーザーの活気あるコミュニティを受け入れ、促進することにした。今日、消費者は「レゴ アイデア」のページから、自分が考える新しいレゴ玩具やコンテスト、イベントを提案できるようになった。同社にとってサードパーティのオーケストレーションは、たんなる実験にとどまらず、事業の屋台骨のひとつになっている（注18）。

しかし、オーケストレーションというのは、たんに「外部」のリソースを使うだけのコンセプトではない。エコシステムやプラットフォーム、ネットワークといったものを「社内」の変革に向けたら、どういうことになるだろうか。私たちの調査で明らかになったのは、企業は、サプライチェーンやオープンイノベーションといった自らがよく知る領域の先までオーケストレーションの範囲を拡大し、それをデジタルビジネス・トランスフォーメーションに適用しなければならないということだ。

いざ変革について考えると、組織は「規模」「相互依存性」「ダイナミズム」という、３つの分かちがたい問題から生じる厄介なジレンマに直面する。この「もつれ」が生み出すジレンマに対応するために採られている手段は、古典的で不完全だ。

あなたが組織変革の実践者で、大規模な戦略的変革を推進したいと考えているとする。プランニングか標準化を試してみるのもいいだろう（連続的相互依存と共有的相互依存向けにトンプソンが確立したアプローチを使って）。また、部門化やデジタルパイロット運用を試すのもいいだろう。こうしたアプローチはシンプルさを追求しているが、シンプル化は、デジタルビジネス・トランスフォーメーションの実行におけるごく一部でしかない。プランニングや標準化、部門化、パイロット運用は変革ポートフォリオのなかで一定の地位を確立してはいるが、複雑にもつれた組織に大きな変化をもたらしたい場合には効果的ではない。

直線的な思考に根ざした変革がうまくいったのは過去の話であり、デジタル・ボルテックスの渦のなかでは通用しない。私たちが好む言いまわしをすれば、「直線（ストレートライン）は拘束衣（ストレートジャケット）」なのだ。本章で説明した「組織が持つ3つの特徴」は、変革を主導する者にとって非常に大きなタスクとなるだろう。マネジメントにおける典型的な意思決定の限界に挑むことになるからだ。企業変革にあたってエグゼクティブたちは、数十年前から直線的なコンセプトやツール、メンタルモデルに頼ってきた。予算機能やITにおけるウォーターフォール型開発（前工程が完了しないと次工程に進まない伝統的な開発モデル）、プロジェクト管理におけるフローチャートを思い浮かべてみればわかるだろう。ついでに言えば、経営コンサルティング会社からも、それ以外の提案を受けたことはないはずだ。いずれのアプローチを採ったとしても「組織のもつれ」には対処できない。

第2章 戦略的な方向性を定める——変革目標とは何か
Understanding Guiding Objectives

「撃て、構え、狙え!」ではなく

私たちのワークショップではよく、エグゼクティブたちをチーム分けし、それぞれのチームにパズルを与える。これは一見どこにでもあるジグソーパズルのように見えるが、ちょっとした仕掛けがあり、通常のアプローチでは解けないようになっている。

たとえば、各ピースには塗装されたピカピカの面と、むき出しの木の面がある。このパズルを解くには、塗装された面とむき出しの面を混ぜて組む必要がある。一番トリッキーなのは、「角のピース」が実際には角にこないということだ。

エグゼクティブたちに最小限の指示(パズルを解くための制限時間は10分です。はじめ!)を与えると、彼らはただちに作業に取りかかる。興奮した面持ちで、すべてのピースを塗装面が上を向くように並べ、それからパズルを解きはじめる。

これでは絶対にうまくいかない。

しばらくすると、誰かがおずおずとピースを裏返し、塗装されていない面を上にする。他のメンバーはだいたいこの行動を非難する。「遊んでいる場合じゃない！」。そんなようなことを言うだろう。「時間がないんだぞ」。ピースを裏返したメンバーはそれをもとに戻し、ふたたび塗装面を上にする。

制限時間内にパズルが解かれることはめったにない。このパズルは難しいものではない。ジグソーパズルというものを初めて目にした者でさえ、数分で解ける程度のものだ。エグゼクティブたちの問題は2つある。ひとつは、彼らはパズルに対する思い込みの奴隷になっているということ。それは、「塗装された面が上で、直角のあるピースが角にくるはずだ」という思い込みだ。もうひとつは、最初の段階から時間をかけてこの課題を理解しようとしないこと。

もし事前に頭を働かせていたら、「どうして講師はパズルを解かせようとしているんだ？」「このパズルはふつうのパズルと何かちがうんだ？」「パズルの完成図はどんなふうになるだろうか？」といった疑問が浮かんでいたはずだ。

つまり、「解決策」を実行するより、与えられた「問題」について考えることにもっと時間を割いていたはずなのだ。

同じことがデジタルビジネス・トランスフォーメーションにも当てはまる。実際、私たちがインタビューしたあるCDOは、自社の変革を「誰も完成図を知らない百万ピースのジグソーパズル」と表現した。だとすれば、まず、何から着手すればいいのか。

ただちに実行に移るまえに、自分たちが直面している機会と脅威を理解しておく必要がある。にもかかわらず、あまりに多くの変革プログラムが、パズルを目のまえにしたエグゼクティブたちのように「撃て、構え、狙え」のアプローチを採っている。変革を推し進め、結果を出したいという強い（そして当然の）欲求があるからだ。そのため、ほとんどの変革努力は、「エンジンの回転数は最大まで上がっているが、ギアがニュートラルのままでその場から動かない自動車」のようになっている。膨大なリソースが消費されるが、クルマは少しも前進していない。

孫子は兵法のなかで、実行なき戦略は勝利への最も遠い道のりであり、戦略なき実行は敗北のまえの騒音にすぎないと説いている。最近のハーバード・ビジネス・レビュー誌の記事で、ＩＭＤの同僚であるアナンド・ナラシマンとジャン＝ルイ・バルスーは、戦略の方向性を決めるまえに実行に移ってしまうことの問題点を指摘している。

変革に向けた努力のうち75％が失敗する、という一貫した研究報告があります。失敗というのは、期待された利益が得られないか、完全に放棄されてしまうか、そのどちらかです。ほとんどの場合、失敗の原因は、実行の仕方の不備にあります。組織はこれまで、実行力の改善に力を入れてきました……。しかし、実行の仕方がまずいことは、問題の一部でしかありません。私たちの分析によると、まちがった思い込みも同じくらい問題です。組織はしばしばまちがった変化を求めます。とくに複雑で変化のスピードが速い環境に身を置いていると、競争力を維持するために何を変革すべきかという決定が性急すぎたり、見当ちがいになったりする可能性があります（注1）。

前章で説明した「組織のもつれ」とデジタル・ボルテックスの「力学の不安定さ」は、ここで言及されている「複雑で変化のスピードが速い環境」そのものだ。変革に向けた努力の多くは、「ゴール」が明確でないため、はじまるまえから失敗する定めにある。アメリカのスポーツ界のヒーロー、ヨギ・ベラ（ローレンス・ピーター・ベラ）はかつてこう言った。「自分がどこに行くのかわかっていなかったら、どこか別の場所に出るだろう」

事実、変革プログラムの多くが、曖昧な理念や極秘プロジェクトによるものだ。あるいは、ある実践者が言うところの、実現化を目指したでたらめな行動が貧弱に結びついたもの。いずれも、寄せ集めのプログラムにすぎず、誰もが「変革」を自分なりに定義し、どうすれば自分好みの結果になるかを好き勝手に決めている。

おまけに、あまりにも多くの変革が、「カスタマーバリュー創出」や「ビジネスモデル」「対応戦略」と無関係におこなわれている。私たちは、これら3つの要素をすべて合わせたものを「変革目標（guiding objectives）」と呼ぶ。変革目標とは、明確に述べられた一連の目標のことで、変革プログラムを効果的に実行するための出発点となる（変革目標はデジタル戦略ではない）（コラム参照）。

変革目標は事業分野ごとに設定されなければならない。ひとつの組織が数十の事業分野を持ち、それぞれの事業が異なる機会と脅威に直面しているかもしれないからだ。ＩＭＤのようなビジネススクールなら、ＭＢＡプログラムやエグゼクティブ向けプログラム、公開短期プログラム、各企業向けにカスタマイズされたプログラム、オンラインプログラムなどが事業分野に該当するだろう。他にも、ここに、製品カテゴリーや市場が含まれる場合がある。「カスタマーバリュー創出」「ビジネスモデル」「対応戦略」について、複数の事業分野にまたがった「単一の」変革目標を設定するのはあまり意味がなく、実行可能な結果がもたらされる可能性は低い。

しばしデジタルを忘れる

「デジタル戦略はどうやって立てればいいでしょうか?」と質問されることがよくある。これはまちがった質問だ。少なくとも、あなたの本当の望みが組織変革を達成することであれば。

私たちがインタビューしたあるCDOが述べたように、「デジタルにかかわる取り組みが企業の優先事項の延長線上になければ意味がありません。が、デジタル戦略などというものを打ち立てても、どこへも行けません」。

私たちは、デジタルを「複数の技術革新が、つながりの向上という意味で統合されていくこと」と定義している。ここで言う技術には、クラウド・コンピューティングや解析、IoT、モバイル、ソーシャルメディアなど、たくさんのものが含まれている。

デジタルツールもデジタル技術も戦略と関係するが、それらだけでは戦略にはならない。組織戦略に加えてデジタル戦略まで持つことは本当に意味があるのだろうか。組織戦略とデジタル戦略が相容れないものだったらどうするのか。

戦略だけでは、実行を推進する構造として範囲が狭すぎる。適切な理解があれば、デジタルは戦略を可能にしてくれる。デジタルそのものが変革目標の一要素となるのだ。

本書でこれから示すように、カスタマーバリュー創出（とそれを支えるビジネスモデル）へのアプローチも重要な役割を果たす。

すでに述べたように「デジタル」と「変革」は同じものではない。「デジタルビジネス・トランスフォーメーションは、あなたがどんなテクノロジーを使っているかということよりも、人や文化、振る舞い、行動様式といったものとはるかに関係があると言えます」と、アメリカ有数のヘルスケア企業、エトナのCDO、フィルドース・バテーナは言う。「DXの本質は、変革を自らのDNAの一部にすることであり、テクノロジーを自社事業のために活用する技に世界一長けることなのです」

カスタマーバリュー創出とビジネスモデル

では、変革目標はどのように設定すればいいだろうか。これを考えるために、前著『対デジタル・ディスラプター戦略』の主要コンセプトを振り返ってみよう（前著を読んだ読者のために、ここではざっと内容を振り返る。自社事業向けの変革目標を実際に設定する方法と、こうしたコンセプトが変革プログラムの実行にどう役立つかは第3章で説明する）。

変革目標の第1の要素は、カスタマーバリュー創出のための組織的アプローチだ。リーダーは何よりもまずこれを念頭に置き、「顧客にとってどんな価値があるか」を明確に定義しなければ

図表 2-1　カスタマーバリュー、3 つの形態

Source: Global Center for Digital Business Transformation, 2015-2019

ならない。顧客第一主義を標榜する企業は多いが、これは遵守するよりも違反するほうが名誉になるといった類いのものだ。とはいえ、変革を成功させたいのであれば、カスタマーバリュー創出は絶対に不可欠だ。

ディスラプションの核にあるのは、新しい、よりよいかたちのバリューを創出することだ。これは、収益や利益ではなく、最終顧客のための価値だ。シンプルに言えば、ディスラプターは、よりよいカスタマーバリューを提供する方法を発明して、市場に変化をもたらしている。

前著の執筆準備中、私たちは、大きな成功を収めているディスラプター100社以上を研究して、彼らの「やり口」に共通する特徴を3つ発見した（図表2-1）。彼らが顧客価値を創出する方法は、①コストを下げる、もしくはなんらかの経済的見返りを生み出す（コストバリュー）、②より迅速で、より便利な、よりパーソナライズされた顧客経験をもたらす（エクスペリエンスバリュー）、③たとえば買い手と売り手、講師と受講生のあいだに、これまでなかったつながりを創出する（プラットフォームバリュー）の3つだ。

コストバリュー

「コストバリュー」は、すでにある代替品よりもはるかに安価な製品やサービスを提供したときに生まれる。極端な例は、有料の製品やサービスに代わる無料の製品やサービスを提供することだ。スカイプ（Skype）やワッツアップ（WhatsApp）などがこれに該当する。コストバリューは、物理的な製品（たとえば本やCD、DVDなど）を非物質化することでも創出される。遠隔会議ソフトウェアは、わざわざ出張しなくても打ち合わせができるようにすることでコストバリューを生んでいる。

コストバリューは、ディスラプターの最初の標的とされることが多く、維持するのが困難なバリューでもある。他のディスラプターがもっと安い価格で対抗できるかもしれないし（スカイプが提供する無料通話サービスが模倣されるまで、長くはかからなかった）、既存企業も自社の製品やサービスの価格を下げられるからだ。ウーバーはタクシーの安価な代替手段として登場したが、それ以外のメリットがなかったら、これまで生き延びてはこなかっただろう。

エクスペリエンスバリュー

ウーバーが人気を集めたのは、料金がタクシーより安かったからだけではない。その他の点でもすぐれていたからだ。ウーバーの車両は（アプリのおかげで）つかまえやすく、安全で、支払いも簡単だと考えられている。こうしたメリットは料金とは関係なく、「顧客経験」と結びついている。カスタマーバリューの第2の形態は「エクスペリエンスバリュー」だ。

エクスペリエンスバリューは、高い利便性やクオリティなど、多様なメリットを創出する。コストバリューと同様、製品やサービスがデジタル化されているとエクスペリエンスバリューは増す。かつては物理的で分割できなかったものが、いまでは顧客が欲しいものだけに分割され、どんなデバイスにも、どんな場所にもただちに届けられる。ディスラプターが提供するすぐれた顧客経験に対し、既存企業が自社のブランドやクオリティだけを頼りに市場シェアを維持するのは困難だ。デジタルにより、顧客が自らのオペレーションを新しい提供業者に依頼するのも容易になっている。

エクスペリエンスバリューによる競争力は、コストバリューによる競争力よりも維持しやすいが、それでも模倣することができる。リフト（Lyft）やグラブタクシー（GrabTaxi）といったディスラプターたちもウーバーのモデルを模倣できるし、既存のタクシー会社は、サービスをウーバー風に改善することができる。持続可能なモデルを構築するために、ウーバーは第3のカスタマーバリューに目を向けた。

プラットフォームバリュー

ウーバーがもたらす顧客価値は、料金（コストバリュー）とサービス品質（エクスペリエンスバリュー）だけでなく、その規模にもある。たとえば、しょっちゅう旅行をする人にとって、ウーバーのアプリが世界のほとんどの地域で同じように使えることには非常に高い利便性がある。さらにウーバーは数百万人の顧客情報を手に入れているため、プラットフォームを「フードデリバリー（Uber Eats）」や「配送（Uber Freight）」などの他分野にも拡張することができる。ウーバーのプラットフォームは「多面的」と呼べるほどにまで成長しており、乗客だけでなく運転手のための市場にもなっている。市場で両者がつながることによって、ユーザーである乗客や運転手は、斬新かつ魅力的なかたちで恩恵を受けている。これが「プラットフォームバリュー」だ。

プラットフォームバリューは、指数関数的な要素を導入することで既存の競争を破壊する。ネットワーク効果においては、ユーザーの数や種類が、ユーザーが受け取る価値に大きな影響を与える。ユーザーが多ければ多いほど、ユーザーが受け取る価値もまた大きくなるのだ。

プラットフォームがひとたびうまく確立されると、そのネットワーク的な性質のせいで、それを打ち負かすのはかなり困難になる。これが、支配的なプラットフォームの事業者が一方的に利益を得る「勝者総取り」だ。このロジックは、フェイスブックやグーグル、アマゾン、スポティファイ、ゲーム「フォートナイト」のパブリッシャーであるエピックゲームズ、ウーバーなど、ほとんどの革新的で急成長しているデジタル・ビジネスモデルの基礎となっている。

組み合わせ型ディスラプション

成功を収めているディスラプターが、顧客のために1種類のバリューしか創出していないことはめったにない。というか、そんなやり方で長期にわたって君臨しつづけるのは難しい。最も強力なディスラプターは、イノベーティブな製品やサービスを組み合わせて、市場破壊をより推進させるかたちで顧客価値を創出する技に長けている。前著では、企業が3つの形態のバリューすべてを同時に創出している状態を「組み合わせ型ディスラプション」と呼んだ。

組み合わせ型ディスラプションは、顧客価値がいかにして創出され、組み合わされ、利用され、従来のビジネスモデルを破壊するかを物語っている。が、これら3つのバリューを合わせて「3倍の脅威」を実現しているディスラプターは数少ない。

マイケル・ポーターの古典的名著『競争の戦略』(ダイヤモンド社)に記されているように、これまで企業は他社との競争において、おもに2つの方向性、「コスト・リーダーシップ(私たちがコストバリューと呼ぶもの)」と「差別化(私たちがエクスペリエンスバリューと呼ぶもの)」のどちらかに力を注いでいた(注2)。ポーターの主張はこうだ。ウォルマート(コストバリュー)になるか、バーバリー(エクスペリエンスバリュー)になるか、どちらか一方を選びなさい。両方になる必要はありません。そんなことをすれば、自ら災難を招きます(プラットフォームバリューはどこへ行ったのかと思うかもしれないが、ポーターがこの本を書いたときには、今日のようなプラットフォームビジネスは存在しなかった)。しかし、ウーバーをはじめとする破壊的企業は、顧客の心をがっちりつかむ「組み合わせ型ディスラプション」を創出する能力によって、このパラダイムを破壊している。

変革目標における、もうひとつの要素は「ビジネスモデル」だ。『ビジネスモデル・ジェネレーション』（翔泳社）の著者であり、有名な「ビジネスモデル・キャンバス」の発案者であるアレックス・オスターワルダーとイヴ・ピニュールの説にしたがって私たちはビジネスモデルを、「組織がいかにして価値を創出し、供給、実現するかを原理的に説明したもの」（注3）と考える。実際にはビジネスモデルが、カスタマーバリュー創出を機能させるのだ（注4）。ビジネスモデルは、製品やチャネル、オペレーションなどがどのようにして価値を創出し、供給し、実現するかを表現している。

DBTセンターの調査により、ディスラプターは15種類のビジネスモデル（注5）を利用することで、先に述べた3種類のカスタマーバリューを創出、供給、実現し、市場に変化を生み出していることがわかった（図表2−2）。

4つの対応戦略

私たちは前著で2つの新しい競争現象を明らかにした。最初のひとつは悪いニュースだ。私たちが「バリューバンパイア（価値の吸血鬼）」と呼んでいる種類のディスラプターである。その最も顕著な特徴は、彼らに攻撃された市場の収益か利益、またはその両方が恒久的に縮小してし

図表 2-2　破壊的なビジネスモデルのカテゴリー

コストバリュー	エクスペリエンスバリュー	プラットフォームバリュー
無料／超低価格	カスタマーエンパワメント	エコシステム
購入者集約	カスタマイズ	クラウドソーシング
価格透明性	即時的な満足感	コミュニティ
リバースオークション	摩擦軽減	デジタル・マーケットプレイス
従量課金制	自動化	データオーケストレーター

Source: Global Center for Digital Business Transformation, 2015-2019

まうということだ。カスタマーバリュー創出において無慈悲なほどに効率的なバリューバンパイアは、既存企業にとって危険な存在だ。彼らはコストバリューで顧客を引き寄せ、市場の収益や利益を減少させる。そしてエクスペリエンスバリューで顧客を魅了し、鞍替えさせる。さらにプラットフォームバリューで顧客をがんじがらめにする。

ディスラプターと既存企業の明確なちがいは、ビジネスモデルだけではない。両者は経営や実行の仕方もまったく異なる。ディスラプターにとって重要なのは「バリュー」であって「バリューチェーン」ではない。そのため、ディスラプターは業界全体を「アンバンドル」し、既存企業が最も収益をあげている事業区分を切り離す。たとえば銀行業では、数百のフィンテック業者が消費者ローンや住宅ローン、決済、資産管理などの事業を根底から覆しつつある。彼らは物理的な支店やファイナンシャル・アドバイザーなしでサービスを提供している。これにより流通コストが低下し、中間業者や対面型のサービスモデルが消滅する。

とはいえ、デジタル・ディスラプションは既存企業にとって必ずしも悪いニュースではない。業界が最も苛烈なデジタル・ボルテックスの中心に向かうにつれ、もうひとつの競争現象である「バリューベイカンシー（価値の空白地帯）」も生じるからだ。これはいいニュースだ。バリューベイカンシーは、デジタル・ディスラプションによって生じた市場機会である。企業はそこで、迅速な成長や高いマージン、市場での特権的な地位を享受することができる。しかし、その期間はますます短くなってきている。他業界で評価が確立しているライバル企業やスタートアップ企業、バリューバンパイアがすぐに攻め入ってくるからだ。そのため企業は、バリューベイカンシーを乗り換えながら成長を維持しなければならない。

既存企業はバリューバンパイアやディスラプターにどう対応すべきだろうか。どうすれば、デジタル技術とデジタル・ビジネスモデルを利用して競争優位を確立し、自らディスラプターになれるだろうか。そのためには、カスタマーバリュー創出やビジネスモデルの構築に加えて、変革目標の第3の要素が必要となる。それが「対応戦略」だ。

前著『対デジタル・ディスラプター戦略』で私たちは、「収穫」「撤退」「破壊」「拠点」という4つの対応戦略を特定した（図表2-3）。最初の2つのオプション（図の左側）は防衛的戦略で、既存事業を強化あるいは保護する。防衛的戦略は、バリューバンパイアからの攻撃だけでなく、もっと穏当な脅威をはねのけるためにも使われ、攻撃にさらされている事業の寿命を最大化させる。残る2つの戦略（右側）は攻撃的戦略で、既存企業がディスラプターと直接張り合った

図表2-3　4つの対応戦略

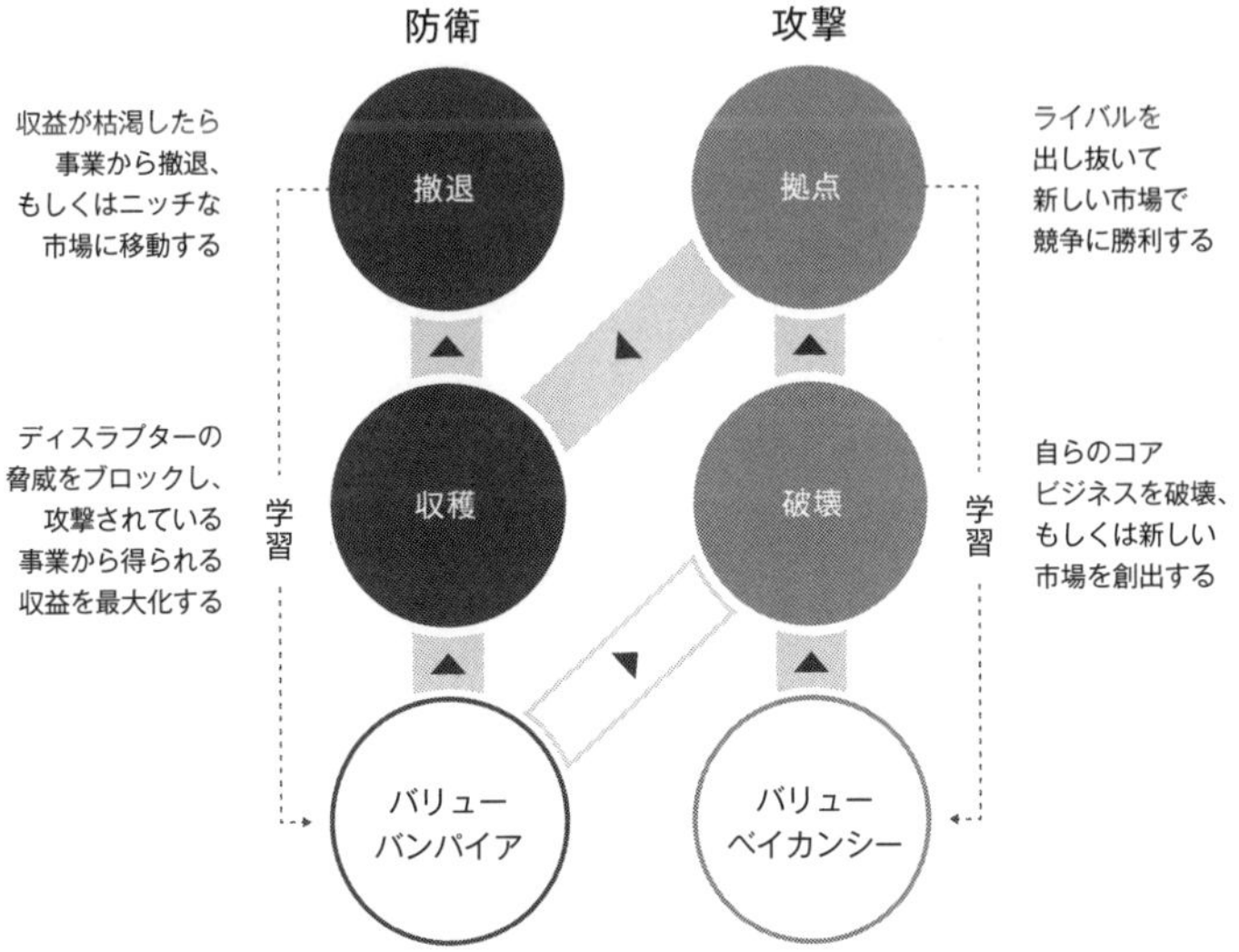

Source: Global Center for Digital Business Transformation, 2015-2019

り、自らがディスラプターになったりする際に役立つ。攻撃的戦略は新しいバリューを追求する。

収穫戦略——破壊された事業から最大限の価値を引き出す

「収穫戦略」は、危険な状態にある、もしくは低迷している事業から最大限のものを得るようデザインした防衛的戦略だ。それは得てして「ブロック戦術」からはじまる。ブロック戦術では、顧客や提携業者、規制機関、世論形成者、資本提供者との関係を活用する。その目的は、より適切な対応策を思いつくまでディスラプションの速度を鈍化させたり、時間稼ぎをしたりすることにある。具体的には、ディスラプターの業務を中断させるための法的措置や、ディスラプターの主張に対抗するためのマーケティング活動、資金力にものを言わせてディスラプターよりさらに料金を下げるなどの手段が、これに該当する。とはいえ、ブロック戦術でディスラプションを完全に阻止できることはめったにない。

これに対し、収穫戦略は、悪い状況のなかでもベストを尽くし、低迷期間中に引き出せるだけのマージンを引き出すことを狙いとする。新たな現実に事業を適応させるには大がかりな組織再編が必要で、そうした再編には、業務の統合やコストの最適化、プロセスの合理化、生産量の低減、ブランドに忠実もしくは依存している顧客の囲い込み、マーケティングによる品質やブランド価値の強調、十分な価値を創出しなくなった製品の刈り込みなどが含まれる。

しかし、収穫戦略は失敗とイコールではない。商品のコモディティ化（訳注、価格以外では差異化できない一般的な商品になってしまうこと）や顧客離れ、マージンの圧縮などデジタル・ディスラプションから生じる不都合は、成熟した事業がたどる自然な道だ。これを受け入れられる明敏なリーダーは、変化の海を航海する舵取り役にふさわしい。

収穫戦略を採用しているグローバルな既存企業の例として、エイボン・プロダクツがある（注6）。130年以上前にニューヨークで設立されたこの会社は、SNSを活用した直販チャネルを持っている。600万人の「エイボン・レディ」たちで構成された個人事業主の独立販売チームが、戸別訪問で女性たちに化粧品や香水、宝飾品、健康補助食品を販売しているのだ。

それでも消費者が急速にデジタル小売チャネルを選択するようになったり、ウォルマートやアルタ・ビューティ（Ulta Beauty）、セフォラ（Sephora）といった抜け目ない新たなライバルたちが、オンラインでも実店舗でも手頃な価格の化粧品を提供して、顧客経験を改善したりしている（注7）ことを受け、エイボンの収益はピーク時（２０１１年）の１１３億ドルから、２０１７年には57億ドルにまで落ち込んだ（注8）。収益は横ばいのまま低水準でとどまり（注9）、会社の株価は急落した。

エイボン・プロダクツの新ＣＥＯ、ジャン・ジジャーベルドは、このディスラプションを達観している。「エイボンは劇的に変化する消費者と激しい競争環境のなかで経営しています。これまでどおりの事業をおこなうという選択肢はありません。……お察しのとおり、私たちは危機感を持って、すべてを一から見直しています。手っ取り早い解決策はないのです（注10）」

エイボンは首脳陣を刷新し、業務のデジタル化を最優先事項とした（注11）。販売員と最終顧客のあいだの直接的で個人的なかかわりといった自社の強みは残しつつ、デジタルによって可能となった能力を使って事業モデルのいくつもの領域に包括的な改良を加えた。何よりも、新たに生まれつつある市場への投資に力を注ぎ、次世代の販売チームを育成している。フィナンシャル・タイムズ紙にはこうある。「２０１７年における最も標準的なエイボン・レディは、１９５０年代のアメリカの主婦ではなく、リオやマニラでユーチューブを通してマスカラを売るミレニアル世代の女性たちだ（注12）」

エイボンの収穫戦略は、ミレニアル世代をターゲットにした刺激的なマーケティング・キャンペーンでブランドを若返らせることだった。このキャンペーンには、ソーシャルメディア上のプレゼンス拡大、市場に新製品を提供するスパンの短縮化（従来の２年から数カ月に）、販売チームのトレーニングならびに生産性向上モバイルツールの提供、販売員の離職を防ぐためのインセンティブ報酬の見直し、解析を使ったターゲティングとサービスの向上、デジタルインフラ標準化による経営コストの削減が含まれている。コストを削減し、販売員と顧客のエクスペリエンスを改善するという収穫戦略で、エイボンは、激しく破壊的な新たな競争に立ち向かえるようになった。

2016年以降、同社の収益は安定している。2017年にはふたたび黒字になり、2011年以降初めて、事業から得られるキャッシュフローがプラスになった。

撤退戦略——ニッチな既存市場に逃げ込む

収穫戦略とは、ディスラプターに攻撃されている分野の顧客経験と事業効率を改善することだが、事業維持コストが利益より明らかに大きい場合は「撤退戦略」だけに集中したほうがいい。

撤退戦略には2つの大きな構成要素がある。1つ目は、特別なニーズを持った少数の既存顧客に製品やサービスを提供しているニッチな市場に逃げ込むこと。一般的にニッチな市場は既存企業が支配していることが多く、ほとんどの場合、かなりの採算をあげているはずだ。ニッチな市場に必要とされるレベルのエクスペリエンスバリューをディスラプターが提供するのは難しいことが多い。そのため、撤退戦略はニッチな市場における特殊なエクスペリエンスバリューを増加させ、ディスラプターが割り込むのを難しくしたり、その市場に時間を割くだけの価値はないとあきらめさせたりすることに重点が置かれる。

富士フイルムは撤退戦略の好例だ。2012年1月14日、エコノミスト誌は「瀕死のコダック。古くからのライバルである富士フイルムは大繁盛。なぜ？」と題した記事を掲載した（注13）。その数日後に破産宣告をしたコダックと同様、富士フイルムは、アナログカメラとフィルムという主力市場にデジタルの脅威が忍び寄っていることを認識していた。さかのぼること1980年代には、どちらの会社も写真フィルムと印画紙の売上減少を見越し、デジタルカメラを発売して成功を収めていた。1999年までに富士フイルムは、デジタルカメラのセールスにおいて世界的な第一人者になっていた。

ところが、数百万画素のカメラを内蔵したスマートフォンの登場により、2003年にはデジタル写真のディスラプションがさらに進んだ。垂直下降した富士フイルムのフィルム売上は1年以内に3分の1になり、現像所では顧客のための現像作業が80％減少した。

数十年の成長を遂げた末、富士フイルムの収益は1999年に136億ドルというピークに達して以来、下降を続けていた。2003年にCEOになった古森重隆（2012年より会長）は、この状況に対応しなければならなかった。「当初、カラーフィルムがそんなにすぐになくなるはずはないと思っていましたが、デジタルによってまたたく間に駆逐されてしまいました」。これは、不運にもバリューバンパイアと遭遇してしまったエグゼクティブに共通する心情だ。ディスラプターたちは市場の成長能力を永遠に奪ってしまう。

2001年、アナログフィルムは富士フイルムの収益の3分の2を占めていたが、2017年には1％以下になった（注14）。

古森とそのチームは、組織を再編し、流通や研究開発、マネジメントの費用を削減した。かなりのリストラがおこなわれ、工場は閉鎖された。一連の削減により、会社のコストベースは50億ドル以上低下した。

富士フイルムは多角化を図り、いくつかのニッチ市場に退却した。バリューバンパイアであるスマートフォン・メーカーもそこまで追いかけてこないと見込んだのだ。その市場とは、ハイエンドのデジタル画像処理機械や企業向けドキュメント用ソリューション、それから（意外にも）化粧品（注15）だった。

人間の皮膚は紫外線にさらされると酸化し、写真と同じように経年劣化する。そのため、富士フイルムが持つ抗酸化技術と化学のノウハウをシワ対策に活用するのは合理的な動きだった。富士フイルムの高度なスキンケア製品は「アスタリフト」というブランド名で販売され、人気を博している（注16）。今日、化粧品と医薬品（こちらも新市場）は、富士フイルムのなかでも一、二を争う収益性の高い部門となっており、２０１７年には34億ドル以上の売上を達成した（注17）。

撤退戦略の２つ目の構成要素は、市場からの離脱だ。これには、正しいタイミングを見きわめることが非常に重要となる。早すぎれば利益の取りっぱぐれになるし、遅すぎれば価値が消え失せてしまう。富士フイルムは、まだ価値があるうちにフィルムと印画紙製造関連の多くを売却し、その利益を新しい事業分野に投入した。

収穫戦略と同様、撤退戦略も失敗とイコールではない。それどころか、撤退戦略によって企業は新しい機会を利用できるようになり、先細りしつつある収入源をより投資利益率が高い事業分野に転換できる。事実、富士フイルムの2018年の全体収益は216億ドル超で、1999年から66％増加した。

収穫戦略が企業のリソースとエネルギーを使って、まだ残っている価値を「絞り出す」のに対し、撤退戦略では基本的に中核事業を「畳む」ことになる。撤退することで市場機会は消滅し、ニッチなプロフィットプールだけが残る。

収穫戦略と撤退戦略という2つの防衛的戦略が、組織変革の実行という点でどのような意味を持つのか、少し考えてみよう。防衛的戦略が、リストラや衰退、かつては旨みの大きかった事業分野を手放すなどといった重要な（痛みを伴う）変化を生じさせる場合もある。

しかし、図表1-6に示したマトリックスに当てはめると、ほとんどの場合、収穫戦略や撤退戦略は「オーケストレーション・ゾーン」（右上の区分）に入らない。同戦略に伴う変化は、チェンジマネジメント・ゾーンの標準的なアプローチで十分に対処可能だ。こうした戦略は、対象となる範囲がそれなりに狭く、基本的には企業のひとつまたは2つの部門のみが関係している。そのため、全社的なビジネスモデルを大きく変化させる必要がない。懸案の事業分野が自動車販売なら、消費者に低価格のクルマを提供したり、なんらかの特別な要素を付加したり、あるいは市場のその区分から離脱したりすることが該当するだろう。

では、この自動車販売会社が、隣接する高成長中のデジタルビジネスにも参入したいと考えたらどうすればよいだろうか（たとえば、付加価値の高いカーナビ・システムを他のメーカーに提供する）。その場合は、図表2-3の右側にある「攻撃的戦略」に目を向ける必要がある。

破壊戦略——デジタルを用いて新たなバリューを創出する

「破壊戦略」では、デジタル技術やデジタル・ビジネスモデルを駆使して顧客に対するコストバリューやエクスペリエンスバリュー、プラットフォームバリューの創出に専念する。そのためには、顧客やライバル企業に対する深い洞察に加えて、イノベーティブな思考や戦略的な実験、組織能力の移転や構築、慎重な投資が求められる。

結果として、多くの既存企業がディスラプションを起こすのに苦戦している。クレイトン・クリステンセンが言ったように「既存企業が、破壊的イノベーションを利用するのはきわめて困難だ。その理由は、既存事業で彼らを優良企業たらしめてきたプロセスやビジネスモデルが、ディスラプションを起こすにあたっては不利に働く(注18)」からだ。多くの企業が、顧客が抱えている問題を解決できるすぐれた代替策を創出するのではなく、現在のバリューチェーンのみに専念してしまっている。顧客が抱えている問題に対するすぐれたソリューションを創出することは、市場破壊の極意だというのに。

マットレス業界は細分化され、競争が激化しているが、そのなかでオンライン販売を手がけているリーダー企業の2社——2014年にアメリカで設立されたキャスパー(Casper)(注19)と2015年にカナダで設立されたエンディ(Endy)(注20)は破壊戦略の最たる例だ。

世界的なマットレスならびに関連用品の売上は毎年6~7%という好調な伸びを見せており、今後10年のうちに800億ドル超の市場に成長することが見込まれている(注21)。北米ではさまざまな要素が売上増につながり、人口より速いペースで増加している(注22)。マットレス製品の改良や住宅関連製品に対する高齢者層の需要増、ホスピタリティ業界の成長、健康や福祉への注目度の増加、睡眠障害が引き起こす健康被害への意識の高まり、ミレニアル世代における環境の持続可能性に対する意識の高まりなどが原因だ（注23）。このチャンスに注目したベンチャーキャピタルが、マットレス市場をターゲットにしたスタートアップ企業100社以上に投資をしており（注24）、アマゾンのようなデジタルの巨人も、この競争に参加している（注25）。

キャスパーとエンディの成功は、顧客への価値提供に専念してきた結果だ。従来のチャネルからマットレスを購入しようとすると、とかく苦痛に満ちた経験になりがちだった。いろいろなブランドの値段を比較するだけでひと苦労なのに、高いマージンを小売店に取られ、強引なセールス戦術に押され、配達には長い時間がかかり、家に運び込むのも面倒で、おまけにサービスが多すぎて何がなんだかわからず……。こうしたもろもろが積み重なり、ストレスの溜まる買い物になる。

それでもマットレスの売上の9割は、いまだに小売店からもたらされている。店頭なら実際に製品を試せるし、試してみたら別の製品に心変わりすることもあるからだ（注26）。キャスパーやエンディは、他社に先駆けてマットレスのオンライン販売をはじめた。どうしたら顧客の不安を解消できるかを入念に調査し、継続的にイノベーションを起こして上質な睡眠体験を提供し（注27）、楽しく斬新な方法で顧客を啓蒙、魅了してきた（注28）。

キャスパーやエンディの製品は、手頃な価格や配送料無料、長めのお試し期間、無料返品を特長としている。マットレスをファイルキャビネットの大きさの箱に圧縮して畳むことで、配送の手間も減らしている。マットレスを電話で売り込んでいた1990年代のスタートアップ企業とちがい、キャスパーもエンディも自社製品を自らデザインし、製造している。素材は睡眠パターンを考慮したもので、快適でしっかりしており、血行を妨げず、体温をすばやく逃がす（注29）。

彼らのイノベーションのうちいくつかは「あって当然」のものとなってしまったため、このディスラプターたちが先頭を走りつづけるためには、今後もイノベーションを起こしつづけなければならない。キャスパーは最近、新たなデザインのシーツと枕のラインナップを引っさげて、寝具アクセサリーの分野にも進出することを発表した。また、Eコマースチャネルを補完するため、実店舗も展開しようとしている。加えて、量販店のリーダー企業であるターゲット（Target）との提携（注30）や、高級百貨店のノードストローム内に期間限定ショップをオープンすることも発表（注31）し、マンハッタンに「ドリームリー（Dreamery）」という旗艦ラウンジを創設した（注32）。

彼らが市場シェアと人気を獲得したことで、ライバルである既存企業たちは合併を強いられている（注33）。2018年10月、アメリカ最大のマットレス・チェーンにして、約3300の店舗を有するマットレス・ファーム（Mattress Firm）は破産を申し立てた（注34）。

拠点戦略――バリューベイカンシーをできるだけ長期間押さえる

破壊戦略は市場にディスラプションを起こすための触媒的な行動だが、「拠点戦略」は、そのディスラプションと関係する競争上の利益を維持することに重点を置く。収穫戦略や破壊戦略と同様、ほとんどの既存企業は拠点戦略でもつまずく。「既存企業がディスラプターになるうえで何が課題となるか」という議論をすると決まって「自社には拠点戦略で成功する能力がない」という答えが返ってくる。バリューベイカンシーが成熟する、もしくはバリューベイカンシーそのものの破壊が進むにつれ、占領者は収益と利益を最大化するために、拠点戦略という攻撃的な立場から収穫戦略という防衛的な立場に移行しなければならない。

拠点戦略でのおもな問題は、（既存企業にとって）未知の領域に立たされることが多いということだ。ディスラプションは、隣接する市場や新市場で、あるいは既存市場のデジタル化に伴って発生するため、いずれも既存企業は未開の地で奮闘することになる。そこには交通規則も効果実証済みのアプローチもなく、管理者はどう対処すればいいのかもわからない。もちろん、これまで組織を成功に導いてきた前例も存在しない。

ディスラプションは、コストバリューかエクスペリエンスバリュー、プラットフォームバリューの「いずれか」だけでも達成できるが、拠点戦略を成功させるには基本的に「組み合わせ型ディスラプション」が必要だ。3つのカスタマーバリューをすべて組み合わせることによってのみ、たとえ短い期間であるにしろ、組織はディスラプションの戦いを制することができる。

オンライン販売のキャスパーやエンディがマットレス業界にもたらしたディスラプションを目の当たりにしつつも、既存企業のスリープ・カントリー・カナダ（Sleep Country Canada）の業績は好調だ（注35）。2018年に同社は、売上が2桁増加して収益性が改善されたこと、20四半期連続で収益が堅調に伸びていることを報告した（注36）。CEOのデイビッド・フリーセマはこう説明する。「チャレンジングな小売環境ではありますが、わが社の業績は好調です。これは、日々すばらしい顧客経験を創出してくれている関係者たちのおかげです」

コスト削減どころか、スリープ・カントリーは積極的に投資をおこない、原価管理と在庫水準を改善している。カナダ全土に239の店舗があるが、2018年以降、毎年8～12店を新規にオープンしている。また、既存の25～30店舗を改装し、広告とマーケティング費用を増やしてブランドイメージを改善し、顧客経験を強化しようとしている。店舗は自社で所有しているため、従業員をトレーニングしてサービス品質の向上に注力し、上質な顧客経験を維持することができる。加えて、新しいラインナップの製品を発売。Eコマースチャネルでシンプルな製品群として販売している。その結果、総収益や市場シェア（カナダのマットレス市場における同社のシェアは推定27％）、既存店舗売上高、利益率が増加した（注37）。

スリープ・カントリーは、実店舗のプレゼンスと大きな値引き幅という強みを生かしつつ、キャスパーやエンディの製品やサービスを支えているイノベーションを模倣することで、ディスラプターをディスラプトしている。配達が容易なボックス入りのマットレス「ブルーム（注38）」を発売し、急成長中の市場区分にも参入している（注39）。これまでおこなってきた同社の100日間の満足保証は、オンラインのライバル企業のマーケティング努力によって、その認知度がさらに向上している。

また、オンライン販売をしているライバル企業の製品価格帯のなかで一番安い製品よりもさらに低価格な「ブルームアース（注40）」というフォーム・マットレスを発売する一方、デジタル方面でも徐々にプレゼンスを確立しようとしている（注41）。さらには、イギリスで急成長中のスタートアップ企業、シンバ（Simba）（注42）との提携を開始し、ボックス入りの極上「ハイブリッド」マットレスのブランドも立ち上げた。

オンライン販売のライバル企業たちと差異化するイノベーションを採用しつつ、実店舗が持つ強みを十全に生かして市場地位を強化し、成長を続けているスリープ・カントリー・カナダは、拠点戦略の成功例と呼ぶにふさわしい。

防衛的戦略（収穫、撤退戦略）には従来のチェンジマネジメント・アプローチが向いており、攻撃的戦略（破壊、拠点戦略）では、オーケストレーション・ゾーンでの活動と、変化するための「結びつきのアプローチ」が必要となる。これについては次章以降で説明する。

ＤＢＴセンターでは、エグゼクティブたちにこう質問されることが多い。「変革プログラムで真っ先に着手すべきことはなんでしょうか」。答えはこうだ。まずは変革目標を設定しよう。

第3章 「変革目標」を打ち立てる

Establishing Guiding Objectives of a Transformation

どの戦略をいつ採用するか

変革目標について理解できたら、次は、その設定方法を考えるとしよう。適切な対応戦略はどうやって選べばいいのか、どのカスタマーバリューを優先すべきか、そして、なぜ変革目標は変革プログラムを実行する際の土台となるのか。

私たちの調査内容をデジタルビジネス・トランスフォーメーションの道のりに当てはめ、「20の質問」というシンプルなツールを作成した。このツールを使って、どの対応戦略を優先すべきかを決めよう。

図表3-1は、第2章で説明した4つの戦略に対応するスコアカードだ。各戦略についてそれぞれ5つ、計20の質問がある。各質問に「はい」か「いいえ」で答え、終わったら戦略ごとの「はい」の数を集計してほしい。次に、各戦略の「はい」の数を下段に書き込む。「はい」の数が最も多いものが有力な戦略だ。なお、この作業は、会社全体ではなく事業分野ごとにおこなうこと。

図表3-1　20の質問に答えて適切な戦略を選ぶ

収穫戦略	はい／いいえ
この事業はディスラプターからの異常な市場圧力にさらされているか？	
「バリューバンパイア」が市場に存在しているか？	
デジタル化による効率向上やコスト削減で競争力を保ち、利益を維持もしくは増大できるか？	
ディスラプターをブロックできるか？（訴訟や積極的な対抗マーケティングなどで）	
収益が減っても少なくともあと2年間は、この市場はあなたの会社にとって旨みがあるか？	
「はい」の合計数	

撤退戦略	はい／いいえ
この事業は「変曲点」を通過しており、もはや資本利益率は魅力的ではないか？	
小規模だが利益をあげられるニッチな（ディスラプターが興味を持たない）市場で、特殊な顧客を対象にして今後2年間は事業を維持できるか？	
損失を出したとしても、他部門との相乗効果でこの事業を継続する旨みを出せるか？（目玉商品として売ることで顧客を囲い込むなど）	
他部門に移せば、利益に貢献しそうな資産や知的財産、プロセス、人材を持っている事業か？	
あまり大きな費用をかけずにこの事業から離脱、もしくは売却できるか？	
「はい」の合計数	

破壊戦略	はい／いいえ
デジタル技術やデジタル・ビジネスモデルを使って、この事業のカスタマーバリューを劇的に改善できるか？	
従来のバリューチェーンを使わずに、バリューを一からつくり直すことはできるか？	
「バリューベイカンシー」があることに気づいているか？	
この業界のマージンは大きいか？（ジェフ・ベゾス風に言えば「あなたのマージンは私のチャンス」）	
新市場を形成する、あるいは隣接市場に参入することで、既存の製品やサービスもしくは能力を利用できるか？	
「はい」の合計数	

拠点戦略	はい／いいえ
あなたの会社にとって魅力的な市場は、すでにライバル企業によって破壊されてしまったか？	
あなたがターゲットにできる堅実な「バリューベイカンシー」はあるか？	
長期にわたり市場リーダーの地位を獲得できる道筋はあるか？	
（他社ではなく）あなたの会社がディスラプションを起こしたなら、製品やサービスを変更する、もしくは激化した競争に対応するために経営にてこ入れする必要があるか？	
「バリューベイカンシー」を破壊して競争勢力図を一変させてしまうような「次の」ディスラプションはあるか？	
「はい」の合計数	

収穫戦略	撤退戦略	破壊戦略	拠点戦略

Source: Global Center for Digital Business Transformation, 2019

一般的に、既存企業の事業分野は無数に存在し、多様で、それぞれが直面しているディスラプションの程度もさまざまであるため、対応戦略のなかからひとつだけを選んでそこに全精力を注ぐことはまれだ。たとえば、あなたの会社が大手銀行なら、商業銀行と卸売銀行で発生しているディスラプションの度合いは、消費者金融業界で発生しているディスラプションの度合いとはまったく異なるはずだ。プロフィットプールは多かれ少なかれ安泰で、顧客との関係もある程度は強固、バリューチェーンもそれなりに固定化されているだろう。そのため、**ほとんどの場合、防衛的戦略と攻撃的戦略をバランスよく混ぜた「ポートフォリオ型アプローチ」の効果が保証されている。**防衛的戦略と攻撃的戦略をミックスすることで、「成熟した事業（とはいえ衰退しつつある）」から「初期段階にある事業（とはいえ急成長している）」への急速な移行に伴う収益不足（急成長している事業の収入が、衰退事業の売上減をカバーできない場合）を補うことができる。

しかし、4つの対応戦略のなかには、他よりもよく採用されるものがある。撤退戦略はあまり採用されない。前著でも説明したように（リーダーシップを発揮できていない証拠とみなされる恐怖から）リーダーたちがあまり乗り気でない、また、デジタル・ボルテックスでは市場への参入や離脱が激化するが、だからといって事業を「畳む」ことが企業における日常ではないからだろう。同様に、破壊戦略も、企業が頻繁に、もしくは軽々しく手を出せるようなものではない。これまで歩んできた道から極端に外れることになるし、市場形成や事業育成、規模拡大のために異なるモデルが必要になるからだ。

また、大半の既存企業は破壊戦略に長けていない。彼らはたいてい、市場に最初からいた企業であり、少数の早期採用者（アーリーアダプター）を顧客として抱えていることが多いからだ。ほとんどの大企業にとって破壊戦略はリスクを伴う。こうしたリスクを、評価額60億ドル、スイスのジュネーブに本社を置く世界最大規模の検査・認証企業、ＳＧＳでデジタルならびにイノベーション担当上級統括責任者を務めるフレデリック・ヘレンは「スプートニク構想」と呼んでいる。それは、企業の主流にある人たちが効果やメリットを疑問視したり、ひどい場合には失敗すればいいと思ったりしているような向こう見ずな試み――月探査ロケットの打ち上げや科学実験などを指している。

一般的に言って、歴史が長く資金が潤沢な大企業は、収穫戦略と拠点戦略に集中する。収穫戦略とは、コスト最適化や合理化、集中特化などをおこなう防衛的戦略だ。拠点戦略は、攻撃的戦略である。バリューベイカンシーや市場破壊がすでに現実のものとなったあとには、「迅速なフォロワー」となり、その独自の強みにもとづいて戦うことができる。

図表3-2は、既存企業に見られる典型的な戦略の配分だ。もちろん、あなたの会社の戦略配分がこの図表のとおりになっている必要はない。事業の大部分において収穫戦略と拠点戦略が最もふさわしいと、ほとんどの既存企業が考えていることを示しただけだ。

特定の事業分野で創出すべきカスタマーバリューの種類は、どうやって決めればいいだろうか。コストバリューか、エクスペリエンスバリューか、プラットフォームバリューか、それとも3つ全部を合わせた組み合わせ型ディスラプションか。

図表 3-2　既存企業における対応戦略のポートフォリオ型アプローチ

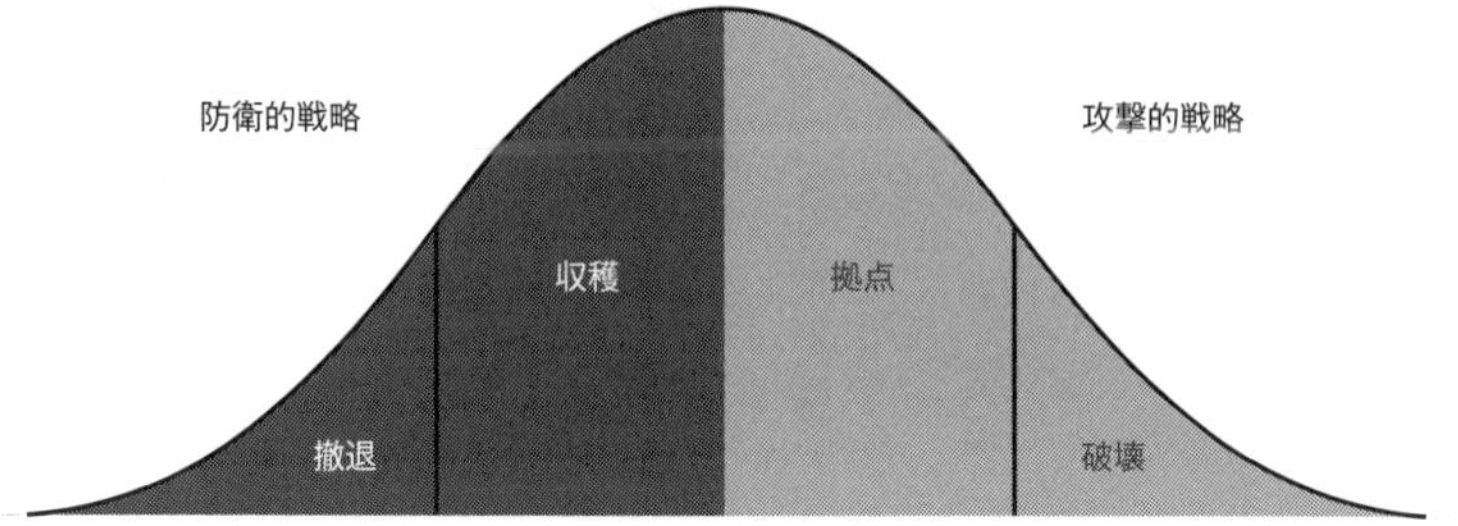

Source: Global Center for Digital Business Transformation, 2019

あなたはすでにその答えに向けて一歩を踏み出している。すでに、収穫戦略か撤退戦略、破壊戦略、拠点戦略のうちのひとつを選んだはずだ。それによって、あなたはどのバリューを追い求めるべきかを決定したのだ。カスタマーバリュー創出は4つの対応戦略と不可分であり、戦略の本質である。図表3-3は、カスタマーバリュー創出と対応戦略の関係を示している。

防衛的戦略を採ったのなら通常は、コストバリューかエクスペリエンスバリューの創出に専念し、自らが確立してきたポジションを利用してディスラプターに破壊されないよう市場を強固なものとしたいはずだ。攻撃的戦略を採った場合、既存企業が破壊戦略でたくさんのコストバリューを創出することはめったにない（なんの理由もなく、収益をあげている事業を壊したくはないはずだ。そのため、図表では三角にしている）。しかし、市場で起きている破壊が新規性の高いもので、従来の事業が浸食される恐れがなければ、既存企業の破壊戦略においてもコストバリューが一定の役割を果たす。大企業が破壊戦略を追求する際には、エクスペリエンスバ

図表 3-3　カスタマーバリュー創出と対応戦略の関係

	防衛的戦略		攻撃的戦略	
	収穫	撤退	破壊	拠点
コストバリュー	○	○	△	○
			or...	and...
エクスペリエンスバリュー	○	○	○	○
			or...	and...
プラットフォームバリュー			○	○

Source: Global Center for Digital Business Transformation, 2016-2019

リューとプラットフォームバリューの創出に注力するのが最も一般的だが、3つのバリューのうちどれであれ、破壊戦略の基礎となりうる。

拠点戦略では、3種類のバリューすべてを駆使し、同様にバリューベイカンシーを狙っているライバル企業に顧客が乗り換えてしまわないよう、市場リーダーとしての地位を継続しなければならない。

変革目標の策定は、整然とした作業でもなければ、直線的な作業でもない。競争効率を上げるために、既存企業はディスラプターと同じようにカスタマーバリュー創出に腐心しなければならない。ディスラプターたちは新しいビジネスモデルを使い、バリューの創出や供給、占有を最適化しているからだ。歴史ある大企業もこれに倣わなければならない。

とはいえ、変革目標について言えば、ディスラプターがやるべきタスクのほうが、はるかにシンプルだ。既存事業を浸食しかねないというリスクを負うことはないし、成熟に向かう事業と急成長中の製品やサービスを管理するのは大した問題ではないからだ。そもそも彼らには守るべき利益すらないこともある。これに比べて、既存企業が変革目標を設定するのはずっと難しく、変革を起こすのは桁ちがいに複雑な仕事だ。

目標から実行へ――インテュイットの例

変革目標の3つの構成要素（カスタマーバリュー創出、ビジネスモデル、対応戦略）を分けて考えることはできない。実行の骨組みをつくるには、これらを3つでひとつと捉えなければならない。

カリフォルニア州マウンテンビューを拠点とする会計・税務ソフトウェアのクラウドサービス企業、インテュイット（Intuit）の例を見てみよう。「クイックブックス」や「ターボタックス」などの消費者・小規模企業向けサービスで知られる同社（注1）の2017年の収益は60億ドル超だった。1983年に設立されたインテュイットは一貫したビジョンを持ち、消費者と小規模企業向けに、日々の煩雑な財務上の意思決定の手間を省くサービスを提供している（注2）。

同社のCTO（最高トランスフォーメーション責任者）、アルバート・コウはこう語る。「変革は戦略に沿ったものでなければならない。戦略そのものをコスト削減の対象としてはいけません」

包括的な「戦略刷新」を通じて、同社は過去数十年間にわたり、市場に大きなディスラプションを起こしてきた。インテュイットは3、4年ごとに市場の推移と顧客ニーズの変化を調査している。また、そうした調査そのものに問題がないかどうかを確認したり、自社の競争力に影響を与えそうな大きなトレンドを見きわめ、それが戦略的にどんな意味を持つかを考えて対応したりしている。

インテュイットはこうしたアプローチで明確な戦略的方向性を打ち立てて成長を追求し、組織変革を推進している（さらには、定期的にその方向性を見直している）。戦略刷新が、特定のディスラプションへの対応だけでなく、通常業務の一環とみなされているのだ。そのため、高度成長期にあってもつねに変革を続けている。同社のCEOはこれを「陽が出ているうちに屋根を修理しておく」と表現している。

戦略刷新の要となるのが、カスタマーバリュー創出だ。「顧客の日常的な財務を単純化できる方法さえわかれば、顧客にその手段を提供することで、大きなビジネスを創出できます」とコウは言う。「『顧客の利益』という言葉に立ち返ることです。それは私たちにとって非常に重要な言葉であり、会社設立時からのモットーのひとつでもあります。顧客の多くが抱えている問題に対して、私たちはその解決策を提供できているだろうか。こう自問するのです」。インテュイットは個人や小規模企業のオーナーが直面する煩雑な財務への解決策を提供し、新たなエクスペリエンスバリューを開発することで、広くその名を知られるようになった。

カスタマーバリューを創出するためには、バリューチェーンやビジネスモデル、競争勢力図に対する深い理解が求められる。近年では、ゾーホーブックス（Zoho Books）といったディスラプターやマイクロソフトなどの大手テクノロジー企業が、対抗する製品やサービスを提供しはじめた。これに対し、インテュイットは、真っ向からデジタル・ボルテックスに向き合うことを選んだ。「外部市場について考察した結果、戦略的なヒントが得られました。それにもとづき、大規模な組織再編がおこなわれたのです。これは、リーダーから部門やリソースの割り当てにまでおよぶ全社的な組織再編で、痛みを伴うものでした」

たとえば、２０１２年にインテュイットは、クラウドベースのソフトウェア配信モデルとグローバル市場への進出による業務拡大を決定した。自社の分析で、ソーシャルやモバイル、クラウド、データが重要だという結論が出たのだ。同社は、モバイル機器だけで顧客が必要な行動を完結できるようにしようとした。当時、会社の収益の大半は「ターボタックス」のようなデスクトップ用ソフトウェアからもたらされており、シュリンク包装されたパッケージを家電量販店などで販売するのが一般的だった。これに対してインテュイットは、業界がＳａａＳ（サービスとしてのソフトウェア）に移行するのに先駆けてクラウド主導のサービスやデータセキュリティ、個人情報管理に投資し、世界中に一貫した顧客体験を届けたのだ。

いまでは、コストバリューとエクスペリエンスバリュー、プラットフォームバリューのすべてをミックスした真の組み合わせ型ディスラプションを顧客に届ける立場にある。「クイックブックス・オンライン」と「ターボタックス」を手頃な価格のＳａａＳとして提供することで、定額制サービスに興味のある顧客に対してコストバリューを創出している。モバイル機器のアプリによる会計と税務処理のシームレスな統合によって、小規模企業や会計士をはじめとするサードパーティと協働できるようになったことや、世界中のユーザーがアプリを自分好みにパーソナライズしたり、スムーズにアップグレードしたりできるようになったことから、エクスペリエンスバリューが生まれている。

また、ローン管理や税務、売上勘定処理といったサービスと統合することで、「クイックブックス・オンライン」は、小中規模企業が頼りにできる、サプライヤーにとって屈指のオープン・プラットフォームとなった（プラットフォームバリュー創出）。2011年版と2012年版では、セールスフォース・ドットコムの顧客関係管理ソリューションとも統合が可能だ（注3）。

こうした組み合わせ型ディスラプションのおかげで、以前ならERP（統合基幹業務システム）に何百万ドルも投資できる大手企業しか実現できなかった「財務と会計処理の統合」による恩恵を小規模企業も受けられるようになった。インテュイットが取り込める市場の規模は200億ドル以下だったが、このバリューの組み合わせにより、2017年には、ほぼ3倍の550億ドル超になった（注4）。

バリューを組み合わせるにあたり、インテュイットは拠点戦略を採用した。有利な価格設定がなされた「ターボタックス」のクラウド版を発売したことで、デスクトップ版はすぐに駆逐された（注5）。より顧客に愛されるクラウドベースの製品で大きな市場シェアを獲得するために、自ら進んで自社製品を解体したのだ。そのため、ライバル企業であるマイクロソフトは、「マイクロソフトマネー」というソフトウェアで市場の大きな部分を掌握できなくなった。結局、マイクロソフトはこのサービスを中断し、2011年以降はサポートも完全に終了した（注6）。

インテュイットは外部の市場を何度も観察し、そこから得られる洞察にもとづいて優先順位を変えてきた。2010年には金融やヘルスケア業界へのサービス提供部門を含む8つの事業分野があったが、「消費者」と「小規模企業」という2つの大きな市場だけを優先することを選んだ。同社はリソースのほとんどをそれらの顧客に割り当て直し、他の区分から手を引いた。これは撤退戦略だ。

このポートフォリオ型アプローチは、それぞれの事業分野が直面していた機会と脅威を考慮して決定された。かつては会社の収益の90%が、業務用の製品やサービス、デスクトップ用ソフトウェアからもたらされていたが、「クイックブックス」のモバイルSaaS版を使う顧客は6年間で36万人から350万人に増加した。またその一方で、同社はアメリカとカナダ以外の7つの国にも進出している。

2017年後半、インテュイットは、次の戦略刷新サイクルに入った。データ解析やAI、機械学習といった新たな破壊的能力が顧客経験に影響を与えると踏んだインテュイットは、100以上のチームを動員し、トレンドと顧客フィードバックに関する調査の見直しをおこなった。その結果、コウと経営陣は、8つの大きなマクロトレンドが巨大な社会的・経済的変化をもたらしていることを発見した。同社は10億ドル（操業費用のおよそ4分の1）を割り当てて、これらのチャンスに対応することにした。

アルバート・コウ主導のもと、インテュイットは、戦略刷新サイクルを反復可能なプロセスとしてまとめ上げている。持ち前の知識と、2012年および2017年の2回のサイクルから得られたベストプラクティスを使い、コウのチームは経営刷新を会社の経営サイクルのなかに組み込んだ。戦略を見直し、その進捗を査定するプロセスは、いまでは会社の1年おき、3年おきのプランニングサイクルと経営見直しサイクルによく表れている。しかしコウは、刷新サイクルがどれだけ反復可能になったとしても、トレンドとチャンスの膨大なリストを定期的に見直し、さらなるカスタマーバリューを創出する方法をストレステストにかけることに勝るものはないと言う。

変革は必要不可欠のものであり、リーダーにとって「終わることのないタスク」である。それはインテュイットの例を見ればよくわかるだろう。投資家たちは、戦略刷新に対するコウの「執拗なまでのこだわり」と、それに続く実行スタイルを気に入っているようだ。2010年以降のナスダック全体の伸びが2・5倍であったのに対し、インテュイットの評価額は6倍近く増加した（注7）。

「変革理念」で企業全体の足並みをそろえる

変革目標は事業分野ごとに設定すると書いたが、「企業全体の変革」においてはどのような意味があるだろうか。図表1-6に示したオーケストレーション・ゾーンを思い出せばわかるように、デジタルビジネス・トランスフォーメーションとは、そもそも企業全体におよぶものではなかったか。

この疑問から、もうひとつの重要なコンセプトが導き出される。変革目標と関連するが、それ

図表 3-4　すぐれた変革理念の特徴

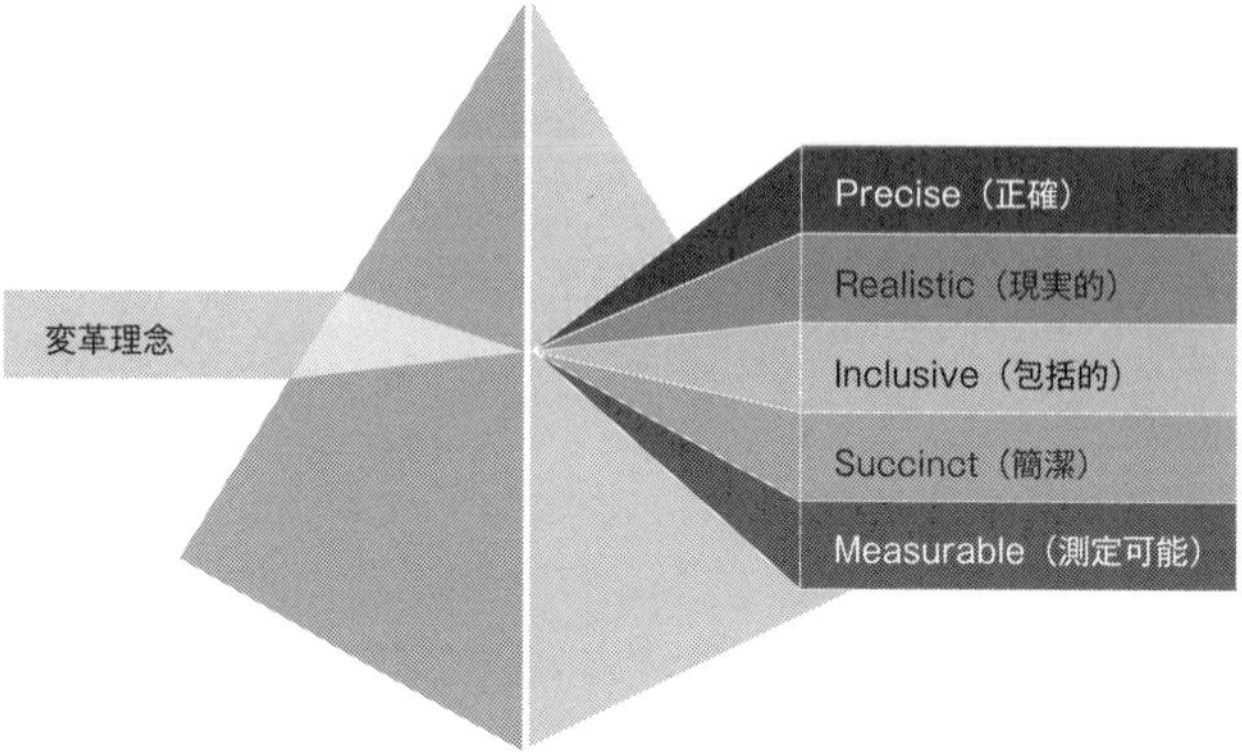

Source: Global Center for Digital Business Transformation, 2019

とは区別されるべきもの、それは「変革理念（transformation ambition）」だ。**変革理念は、企業全体の変革目標のアウトラインを定めた声明だ。この理念は、企業内の全部署、全事業の変革目標が持つ戦略的意図を集約し、変革に向けた目標をひとつにまとめることで足並みをそろえた実行を可能にする。**変革理念は、曖昧な「（社内向けの）綱領」でも「（社外向けの）ブランドを通じた約束」でもない。未来における特定の時点（基本的には数年後）に自社の競争力をどう変化させたいかを表すものだ。

すぐれた変革理念には共通する特徴がいくつかあり、私たちはそれらの頭文字を取って「PRISM」と呼んでいる（図表3－4）。これはただの語呂合わせではない。実際に「プリズム」として機能し、組織のエネルギーを一点に集中させたり、特定の方向に導いたりする。

変革理念は「正確（Precise）」でなければなら

ない。解釈の余地を挟まないはっきりした言葉を使えば、誰もが変革の旅の目的地を理解することができる。

変革理念は「現実的（Realistic）」でなければならない。理念はエグゼクティブや中間管理職、個々の貢献者の全員が実際にやり遂げられると心から思えるものでなければならず、絵に描いた餅であってはならない。

また、変革理念は「包括的（Inclusive）」でなければならない。会社の上から下まで、左から右まで、社内の全員が関係するものでなければならず、全事業の変革目標をひとつにまとめるものでなければならない。

変革理念は「簡潔（Succinct）」でなければならない。平均的な従業員が記憶しやすいスローガンのようなものにすること。関係する内容を思いつくかぎり詰め込んだような、複雑すぎるものにしてはならない。それは目的地の説明であり、そこに到達するためのステップを細々と記した長大なリストではない。簡潔で容易に覚えられるものにすれば、業務中に自分のしていることが、設定された最終目標達成の助けになっているかどうか、誰もが判断できる。

最後に、変革理念は「測定可能（Measurable）」でなければならない。大雑把すぎると、誰もが進捗を自分の尺度で測るようになってしまう。組織の現在地をピンポイントで示し、残りの道のりがどれくらいかを測定できる、一貫した基準を設けること。加えて、期限も定めておくこと。

ＰＲＩＳＭの特徴をそなえた変革理念があれば、意思決定と実行が容易になる。残念ながら、多くの企業の「○○宣言」はたんなるうわべの飾りにすぎない。故ジョージ・H・W・ブッシュ元大統領が否定の意味合いを込めて「ビジョンとかいうやつ」と言ったことはよく知られている（注8）。そうしたメッセージは社内の食堂に貼るポスターのキャッチコピーにする分にはいいかもしれないが、意思決定者や企業内の複雑な変化を請け負っている人々にとってはほとんど意味がない。「業界で最も尊敬される企業を目指す」といったビジョンがそうだ。まちがっているとか不適切というわけではないが、実行に焦点を合わせるレンズの役割はしてくれない。

シスコは力強い変革理念を示した好例だ。同社の綱領は「顧客、従業員、投資家、エコシステム提携業者たちに比類なき価値とチャンスを生み出し、インターネットの未来を創造する（注9）」であり、会社全体のバリューとビジョンを表している。

これに対し、同社の変革理念は「40／40／2020」で、これは2020年（2021会計年度）までに、収益の40％を反復性の高い（サブスクリプションベースの）収入源から、同じく40％をソフトウェア事業から得るという未来像を表している。この変革理念は、正確で、現実的で、包括的で、簡潔で、測定可能であり、PRISMの基準をすべて満たしている。

「40／40／2020」という変革理念は、ウォールストリートに向けた約束というよりも、非公式だが普遍的に了解された「北極星」のようなものだ。ここに記された数字は事業の現状を反映させるため、時間とともに少しずつ変化していったが（実際は上方修正された）、この変革理念は多方面で同社の活動を刺激した。たとえば、企業向けネットワーク事業の変革は、セキュリティ事業や提携事業の推進とは異なるように思われるが、変革に向けた努力は、CEOやCFO

（最高財務責任者）、エグゼクティブたちが設定したこの包括的な変革理念に沿って優先順位がつけられ、計画され、実行された。

マシアス・デフナー博士が２００２年にアクセル・シュプリンガーのＣＥＯに任命されたとき、会社は惨憺《さんたん》たる状況に直面していた。アクセル・シュプリンガーはドイツ最大の活字メディアであり、国内最大規模の新聞や雑誌をいくつも持つ。「ビルト」や「ディ・ヴェルト」といった日刊紙をいまも抱えている。デフナーが就任した際、アクセル・シュプリンガーには、販売、購読、広告、求人広告という４つの大きな収益源があったが、そのいずれも落ち込んでいた。

２００４年、彼は「10年以内に収益と利益の50％をデジタルソースから得る」という大胆な変革理念を打ち立てた。シスコの場合と同様、この変革理念はグループ全体のコンパスとなり、すべての組織変革がどのように実行されるべきかを示す骨組みとなった（変革理念はシスコやアクセル・シュプリンガーのように数字で表現する必要はないが、ＰＲＩＳＭの要素は組み込むべきだ）。

いかなる合理的な基準に照らしてみても、この目標はあまりに大胆不敵だった。当時、デジタルメディアは収益の３％しか占めておらず、デジタルによる利益にいたっては「皆無」だったからだ。社内外を問わず、観測筋の多くがこの目標は達成不可能だと考えた。ところが同社は予定より２年早く、収益と利益の両方でこの目標を達成した（注10）。変革から10年という節目を迎えた２０１４年には、グループの収益の50％以上と利益の70％が、デジタルソースからもたらされていた（注11）。

周囲を巻き込む

変革の旅の道中、アクセル・シュプリンガーはこの理念を幾度も振り返った。正確で現実的、包括的で簡潔、そして測定可能な理念は、実行の舵取り役となってくれた。こうした変革理念がなぜ大いに役立つかと言えば、関係者全員が味方をしてくれるようになるからだ。

デジタルビジネス・トランスフォーメーションの方向性について経営陣の総意を得て、それを維持することは、私たちのインタビューに答えた人々が何度もぶつかった問題だった。評価額80億ドル、カナダの採掘業界のリーダー企業であるバリック・ゴールドでCIO（最高イノベーション責任者）を務めるミッシェル・アッシュは、比較的単純で効率重視のデジタル化（チェンジマネジメント・ゾーンに分類される活動）の域を超えると、変革実践者は抵抗に遭うようになると言う。

そこから先は事業のあまりに多くの領域にタッチすることになるため、取締役会からエグゼクティブ、総括経営者、スーパーバイザー、はてはオペレーターまでをも関与、従事させ、理解してもらう必要が生じます。あなたがおこなおうとしている変革が適切で、全員にとって有意義なものであり、十分に対処できるものだということを、さまざまな集団に納得してもらわなければなりません。これは非常に難しいことです。組織のさまざまなレベルに、ありとあらゆる種類の抗体のようなものがあって、組織が現状を維持することを望んでいるからです。

これは珍しい話ではない。強い影響力を持つ人々がデジタルビジネス・トランスフォーメーションに反対することはよくある。変革に向けた全社的戦略の方向性に反対する者が現れるかもしれないし、そのために何をすべきか（変革をどう実現するかや、そのための従業員の割り振り）について合意が取りつけられないかもしれない。評価額40億ドル、デンマークの宝飾品製造・販売企業のパンドラ（PANDORA）で、CDOならびにEコマース担当上級統括責任者を務めるカール・ウォルシュはこう語る。「誰が何を担当し、デジタルビジネス・トランスフォーメーションで何をするつもりなのかといったことを、まえもって明確にしておくことが肝要です」

エグゼクティブたちのあいだで合意が得られなければ、変革は前進するよりも先に横滑りしはじめてしまうだろう。完全に立ち往生してしまう危険性もある。エグゼクティブのなかでも強力な推進役を担う者たち（CEOと取締役会を含む）は、変革に対する抵抗を克服しなければならない。CEOと取締役会は、協力的なリーダーたちの助けを借りながら、自分たちが変革理念をサポートする立場であることをはっきりと示す必要がある。

評価額22億ドル、アメリカを拠点にする事業者向け決済サービス提供業者のフリートコア（FLEETCOR）でCIOを務めるワッダー・ケイアベックも同意見だ。「私の哲学はこうです。私たちは、自分たちがやろうとしていることと、それをやろうとしている理由をよく理解している。他に選択肢はなく、『首脳陣がこのビジョンを定義した。だからこれをやる。険しい道のりだとわかっているが、協力するか、邪魔にならないように道をあけるか、どちらかしかない』ということです」

変革は一時の気まぐれだとか、火災訓練のようなものだ（管理職や前線の従業員は参加しなくてもよい）といった態度を上層部が示していないか、よく確かめなければならない。そのためにも、上層部が一貫して変革理念を強固なものにし、事業分野ごとの変革目標を明確にしていくことが不可欠になる。

評価額680億ドルのドイツの自動車メーカー、アウディを例に挙げよう。元CIOのマティアス・アルブリッヒはこう説明する。「変革に着手するにあたって、私たちはまず最高幹部からはじめました。彼らを刺激し、インスピレーションを与え、変革の支持を得たのです。ITチームと各事業部門にも、変革に向けた包括的な目標をつねに思い出させるようにしました。それから、組織能力のネットワークを通じて、事業部門とITが絶えずコミュニケーションをとれるようにしました。こうすることで、主要な推進者から組織全体に変革が行き渡るようになります（注12）」

プログラムの進捗を測るための基準を用意しておくことも重要だ。変革目標と変革理念に向かって自分たちがどれくらい進んでいるのか（あるいは進んでいないのか）を定量化して把握するようにしよう。あるCDOはこう語った。「責任の所在をはっきりさせるため、私たちは測定基準の策定にかなり力を入れています。データがそろっていれば、隠れる場所はどこにもありません。ちゃんとやらなければ、ひと筋の光明もないのです」

一致団結して変革を実行するうえで、これはきわめて重要になる。評価額680億ドルのフランスの自動車業界の巨人、ルノーの元CDO、パトリック・ホフスタッターはこう表現する。

「数字やＫＰＩ（主要業績評価指標）、ベンチマークなどを用意しなければなりません。そのうえで、変革を推進しようとしているのは、現代的だからとか流行りだからといった理由ではなく、事業に大きな影響があるからだ、と示さなければなりません（注13）」

変革をはじめよう——バイクコーの例

ここで、業界有数の自転車製造・販売会社であるバイクコー（BikeCo）という、架空の企業を紹介しておきたい（コラム参照）。これから私たちはバイクコーの変革の旅に同行し、以後数章にわたってその過程を観察する。

40年前に設立されたバイクコーは、これまで成功を収めてきた既存企業で、過去20年間の大半において、自転車メーカーとしてはアメリカのトップ3に入る市場シェアを獲得してきた。最高級製品のメーカーでもなければ、「安い、楽しい」が売りの低級ブランドでもなく、市場の真ん中あたりに陣取り、ロードバイクや自転車用部品、修理サービス、アクセサリーなどを提供している。

近年、会社の市場にかなり大きな変化があった。バイクシェアリングをはじめとする破壊的なビジネスモデルが影響力を持ちはじめ、中国や韓国、インドなどの新規参入業者が競争力の高い、積極的な低価格路線を打ち出してきたのだ。顧客はロードバイクとマウンテンバイクの性質を併せ持つハイブリッドモデルや電動アシストバイクを望むようになり、いくつものイノベー

バイクコーのあらまし

バイクコーは1970年代のなかばにアマチュアのロードレース愛好家が設立した。この人物は大手航空宇宙企業に勤めていたが、自宅のガレージでロードバイクのフレームを販売するようになり、わずか1年後にはショップ1号店をオープンした。そのイノベーティブな軽量フレームは、市場に出まわっているスチール製の重たいフレームとは一線を画し、プロやアマチュアレーサーのあいだで爆発的な人気を呼んだ。

それから30年かけて数十軒の小売店をオープンした。どの店舗もバイクコー公認のサービスセンターとして機能し、従業員数は2000人を超えた。現在はマサチューセッツ州を拠点に、オランダにひとつ（会社史上最大規模の買収によって獲得）、台湾に2つの工場を所有している。売上の大半は、1200軒以上の独立系バイクショップや小売チェーンなどの流通提携業者からもたらされている。同社がおもに事業を展開しているのはアメリカで、ヨーロッパではほとんど知名度がない。

おもな事業分野は、「完成品ロードバイク」「自転車用部品」「アフターサービス」「アクセサリー」の4つだ。

直近の会計年度での年間売上は11億ドル。アメリカ市場でのシェアは、前年度の14％から10％に下落した。マージンはこの1年で6・8％減少した。これは、ヨーロッパの大手自転車ブランドグループによる大胆な価格設定と、アジア新興企業の低コストモデルに押されたためと考えられる。

ションや新製品が生まれていた。加えて、ヨーロッパとアジアのブランド間で大きな合併があり、市場が混乱する一方、アメリカ市場を狙った新規参入企業が世界クラスのデジタル開発力やサプライチェーン、流通を駆使して自転車のデザインを改良し、コストを押し下げていた。こうしたことから、昨年、バイクコーは会社史上初めて収益が大幅に落ち込んだ。アメリカにおける市場シェアは第3位から第6位の座に転落し、利益も急激に低下した。

エグゼクティブたちは警戒ムードになり、経営陣は市場とバイクコーの競争力について詳細な分析を命じた。そこで明らかになったのは、バイクコーの核となるロードバイク事業が長期的に落ち込んでいることだった。アメリカ市場で成長していたのは、おもにマウンテンバイクと新しいハイブリッド製品だけで、そのいずれについても、バイクコーはなんのブランド資産も勢いも持っていなかった。同社唯一のマウンテンバイク関連製品は8年前に発売されたまま、立ち消えになっていた。

しかし同時に、バイクコーのチャネル販売モデルには、ある重要な利点があることも明らかになった。アメリカの大都市圏に40以上の公認小売店があったが、売上のかなりの割合が小売の提携業者、基本的には小規模な自転車小売チェーンとバイクコーのブランドに忠実な独立系ショップによって達成されていた。また、バイクコーは早い段階でEコマースを導入しており、ヘルメットやジャージ、錠などのオンライン販売で数百万ドルを売り上げていた。おそらく最も重要なのは、バイクコーのブレーキやシフター、クランクセットといった部品を販売している「バイクコー製品専門」とも言えるほどの熱烈なバイクショップが数多くあることだった。バイクコーの部品事業とその流通モデルは、競争上の大きな差異化要素だったのだ。

ここで大胆な動きに出て、アジアのライバル企業によるプレッシャーをはね返す必要がありそうだった。これまで自社が顧客に提供してきた価値は、ほとんどがエクスペリエンスバリューだった。バイクコーのロードバイクの平均価格は900ドル前後で、顧客がなんらかの経済的利益を得ることや、圧倒的な低価格を享受できることにはあまり注力していなかった。バイクコーの狙いは、信頼できるブランドの高品質な製品で顧客の所有欲を満たすことであり、スポンサーシップやイベントなどのプロモーションでブランド名を売り出していた。

これを強化するため、バイクコーは新しい方法でカスタマーバリューを創出することを考えはじめた。プラットフォームをつくるのはどうかというアイデアが出て、バイクコー主導のプラットフォームを実現するため、ビジネスプランを検討する作業グループが結成された。

こうしてバイクコーは、顧客とサプライヤー、小売提携業者の「取引所」となるビジネスモデルを提供することにした。このプラットフォーム上で自転車用交換パーツを販売したとき、サプライヤーと小売業者に10%の手数料を課すことで、新たな収入源をつくり出すつもりだった。会社にとっては大きな出発点だ。それは、この市場が経験したことのないディスラプションを起こすことを意味する。このようなプラットフォームを持つ企業は、他にない。顧客と提携業者をつなぐことで両者間の情報共有と取引を促し、バイクコーがそれを仲介する。このデジタル・プラットフォームは「バイクコーSHIFT」と命名された。

こうして部品事業の変革目標は、次のように設定された。

カスタマーバリュー創出——プラットフォームバリューを創出して、組み合わせ型ディスラプションを起こす。顧客とサプライヤー、小売業者をデジタル・マーケットプレイスのビジネスモデルでつなぐことで、参加者全員のバリューを創出する。プラットフォームの力によって、他のカスタマーバリューも強化することができる。この組み合わせ型ディスラプションが業界を揺るがし、バイクコーはふたたび業界の中心的存在に返り咲けるだろう。バイクコーSHIFTは、最終顧客が負担するコストを低減させ（コストバリュー）、さらなる選択肢と、買い手と売り手が部品を調達できる新たなチャネルを創出する（エクスペリエンスバリュー）。

対応戦略——破壊戦略。既存企業であるにもかかわらずバイクコーは、デジタル技術とデジタル・マーケットプレイスのビジネスモデルを組み合わせて、会社のエコシステムを活用できる自転車用部品販売の斬新なアプローチを創出した。これは破壊戦略だ。

バイクコーSHIFTについては、経営陣のあいだでさかんに議論された。われわれはデジタルの利点を十分に使えているか。プラットフォームは、部品事業の競争勢力図を一変させるものになるか。完成品のロードバイク販売という中核事業はどうするか。他の事業分野のリーダーたちも自部門の変革目標を見直した。市場で繰り広げられている競争を目の当たりにした彼らは、中核事業の主要なプロセスをデジタル化することで市場シェアを取り戻そうと決意した。デジタル化によるコスト削減で、海外のライバル企業が提供する「そこそこ」のレベルの代替品を撃退できると考えたのだ。大きな焦点となるのは、受注と発送プロセスをデジタル化することで小売販売店への負担を軽減させることだった（**巻末資料1「デジタル・ディスラプション診断」は、あなたが自社の変革目標を設定する際に役立つ。この直感的なツールを使えば、現在ならびに将来のカスタマーバリュー創出やビジネスモデル、対応戦略について、どのようなアプローチを採ればいいかを特定することができる**）。

受注と発送プロセスのデジタル化によって創出されるのは、最終顧客に対するコストバリューと、小売チャネルに対するエクスペリエンスバリューだ。エクスペリエンスバリューは、オペレーションをシンプルにすることによってもたらされる。この事業分野で追求したのは、プラットフォームバリューでも攻撃的な破壊戦略でもなく、防衛的な「収穫戦略」だった。つまり、バイクコーは、事業分野ごとに異なる機会と脅威に向けて戦略を最適化するため、ポートフォリオ型アプローチを採ったのだ。

経営陣は、こうした変革を続けるなら、競争上の全体的な方向性を固め、関係者に伝えておく必要があると考え、「25年までに4つで50」という変革理念を策定した。これは「2025年までに、4つの事業分野すべてで、デジタルチャネルから収益の50％を得る」を短縮したものだ。この変革理念は「正確」「現実的」「包括的」「簡潔」「測定可能」で、社内の誰にとっても、何がどうなったら成功なのか、何を優先しなければならないのかが明確である。

「バイクコーＳＨＩＦＴ」の実現には、真のデジタルビジネス・トランスフォーメーションが必要だ。次章以降で見るように、このプラットフォーム事業を推進していくためには、経営や組織リソースの劇的な変化が求められるだろう。これは大きなチャレンジであり、これを実現するためにはオーケストレーション・ゾーンでの変革に着手しなければならない。

さて、バイクコーのように、あなたの会社も事業分野ごとの変革目標を策定したとしよう。そこでは、あなたの会社が今後、顧客に提供する新しい魅力的な価値提案（もしくはすでに提供している価値を最適化する方法）と、それを実現するために必要なビジネスモデルが特定されたはずだ。また、事業を手がけている複数の市場での実現を目指す、防衛的戦略と攻撃的戦略をミックスさせた戦略ポートフォリオも作成された。変革目標をひとつにまとめ、その後に続く作業すべての基準となる変革理念を利害関係者全員に伝えた。そして最後に、戦略の方向性について、経営陣の強固な合意を取りつけた。

変革目標の定義が曖昧だったり、組織が自らの望む競争上の地位をはっきりと理解していなかったりしたために、数々の変革に向けた努力が失敗に終わるのを私たちは見てきた。さて、変革目標と会社全体の変革理念が策定されたいま、次は、変化するための「結びつきのアプローチ」をオーケストレートすることにしよう。

第4章 リソースをかき集め、協働させる——トランスフォーメーション・オーケストラ

The Transformation Orchestra

オーケストラを構成する8つの楽器

２０１５年から２０１６年にかけて私たちは、自ら目撃し、エグゼクティブたちから聞かされていた市場変化を説明するため、「渦巻き」のイメージを着想した。現実世界の渦巻きが持つ性質を思い浮かべれば、デジタル世界で何が起きているのかを理解しやすくなる。指数関数的に増していくスピードや、混乱と不確かさ、容赦のない一点集中。これらが渦巻きのたとえによって命を吹き込まれ、市場変化に対する理解を助けてくれた。同じように、交響曲の「オーケストラ」をイメージすれば、組織変革をコンセプトとして理解しやすくなる。

組織を「オーケストラ」としてイメージすれば、オーケストレーションがどのように機能するかがわかる。企業を、セクションごとに分けられた「楽器」で構成される一団と考えてみよう。彼らはひとつになって、ひとつの曲（音楽）を演奏する。それぞれ異なる楽器は、いずれも調和のとれた見事な演奏に貢献する。

ここで、私たちが「オーケストレート」という言葉を「望みどおりの効果を得るために、リソースを動員し、機能させること」と定義していたことを思い出してみよう。これはまさにオーケストラを率いる指揮者がやっていることだ。マエストロは演奏家たちの活動を監督し、彼らの能力の最もよい部分が表れた演奏を生み出す。全体として見れば、演奏は部分の総和を上まわるものになるはずだ。

変革目標の設定は、曲づくりに似ている。オーケストラの各部門（弦楽器や金管楽器、木管楽器など）に対し、適切なタイミングでそれぞれのパートを演奏するよう呼びかけるからだ。曲が完成したら（将来、どのような競争上の地位を達成したいかを決めたら）、次はそれを演奏（実行）しなければならない。

しかし、どうやったら演奏（実行）できるだろうか。どんなに美しい楽譜でも、楽器がすべて同時に演奏をはじめたら、もしくは全員が「楽譜の同じページ」を弾いていなかったら、耳障りな曲になってしまう。

事業部門ごとの方向性を示した変革目標は、交響曲の「楽章」に該当する。これらをすべて集めると、企業が演奏しようと考えている交響曲（変革理念）となる。

私たちは、このフレームワークを「トランスフォーメーション・オーケストラ」と命名した。オーケストラを構成する8つの楽器は、組織内の8つの要素に対応している（図表4-1）（注1）。それぞれの要素には、会社の主力市場のモデリングや、利害関係者との関与の仕方、組織づくりの方法といった、リーダーにとって重要な検討事項が含まれている。トランスフォーメーショ

図表 4-1　トランスフォーメーション・オーケストラ

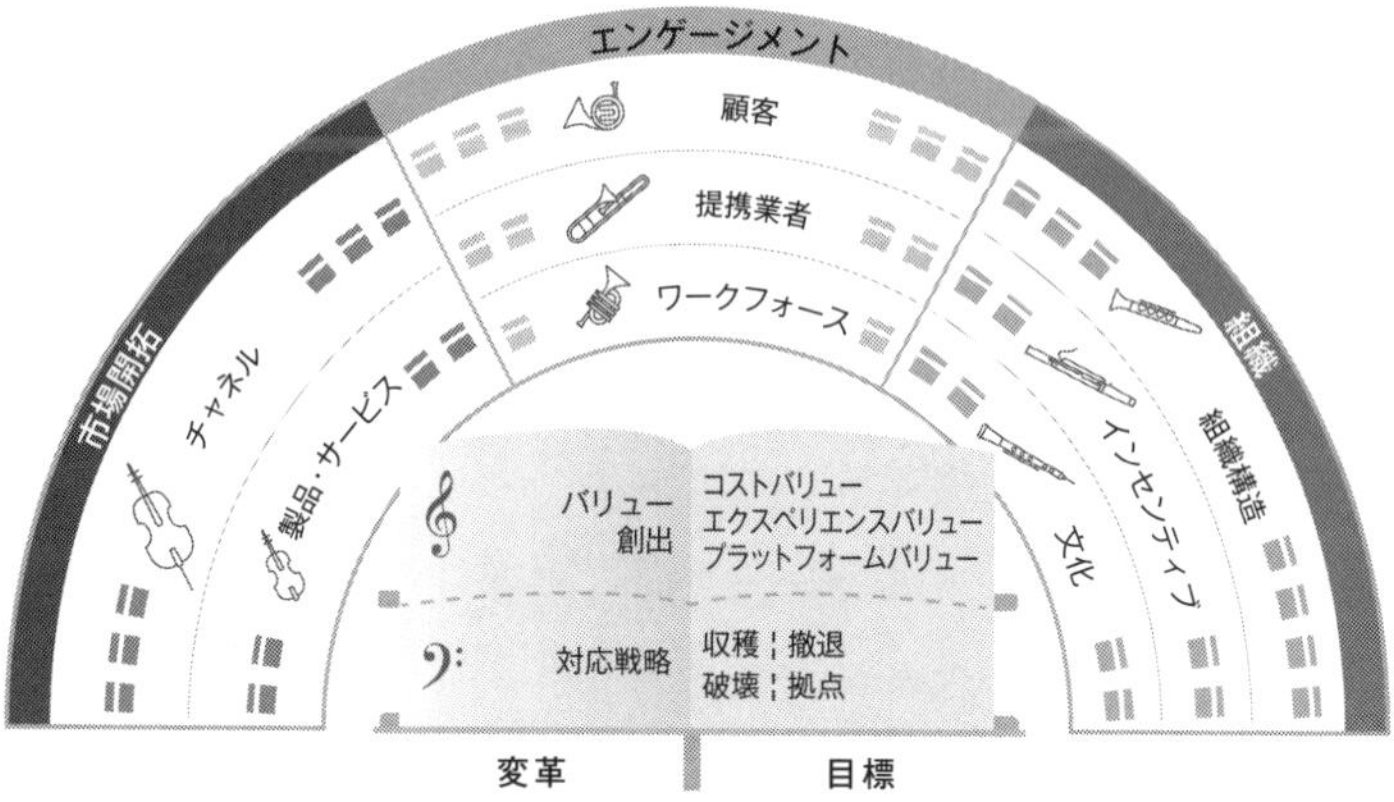

Source: Global Center for Digital Business Transformation, 2019

ン・オーケストラのフレームワークを使えば、リーダーは「脱部門的」な考え方で組織のサイロから抜け出し、会社の目標を達成するために必要なあらゆるリソースをかき集め、活用できるようになる。

「楽器」は、組織リソースを合理的に分類したものだ。各楽器は、新しい製品やサービスの立ち上げや、デジタルによる新たな顧客経験の提供、企業文化の変革といった特定の仕事を実現するために連携する。変革に取り組むには、組織内のいたるところにあるリソース（楽器）をオーケストレートしなければならない。楽器は、部門や部署とイコールではないことに注意してほしい。これについては後述する。

華麗なオーケストラの演奏と同じように、デジタルビジネス・トランスフォーメーションを成功させるには「必要なとき」「必要な場所」に8つの楽器を参加させる。改革が必要な領域に優先順位をつけて、その順番を決めなければならないが、良質なオーケストレーションにするにはそれだけでは不十分だ（たとえば、弦楽器だけの演奏のあとにホルンの音だけが聴こえてくるような曲はめったにない）。

音楽における楽譜と同様、デジタルビジネス・トランスフォーメーションにおいても、組織内の異なる要素が調和して（同じタイミングで協力し合うかたちで）奏でられることが求められる。バイオリンのソロは力強いかもしれないが、ひとつの楽器だけではフルオーケストラのインパクトには到底およばない。製品やサービスを変えるだけ（たとえば製品とつながるようにするだけ）では、そのインパクトはかぎられている。私たちの調査によると、最良の変革（最も成功確率が高い変革）は、会社全体を対象としている。「組織全体」と「すべてのリソース」が関与するのだ。

私たちがトランスフォーメーション・オーケストラの核となる楽器を特定できたのは、DBTセンターの設立以来、さまざまなエグゼクティブたちと何百回にもおよぶ交流ができたおかげだ。そうして得た私たちの結論はこうだ。変革の成否は、トランスフォーメーション・オーケストラの3つのセクションに分類される8つの楽器がどれだけ必要かというバランスに左右される。

市場開拓セクション

1　製品・サービス（あなたの会社が売る製品やサービス）

2　チャネル（製品やサービスを顧客に届ける方法、市場までの道筋）
エンゲージメント・セクション
3　顧客エンゲージメント（顧客とどうかかわっているか）
4　提携業者エンゲージメント（提携業者のエコシステムとどうかかわっているか）
5　ワークフォース・エンゲージメント（従業員や契約スタッフとどうかかわっているか）
組織セクション

6　組織構造（事業部門やチーム、命令系統、プロフィットセンター、コストセンターの構造）
7　インセンティブ（従業員のパフォーマンスやふるまいがどう報奨されるか）
8　文化（会社の価値観や態度、信念、習慣）

トランスフォーメーション・オーケストラによって、変革の境界線を設けることもできる。多くのエグゼクティブにとって、デジタルビジネス・トランスフォーメーションは曖昧で、抽象的で、不安を掻き立てるものだ。そこに何が含まれていて何が含まれていないのか、あるいはどこから手をつけるべきなのかよくわからないが、「（3でも40でもなく）8つの楽器だけに集中すればいい」と示してやれば、そんな懸念を払拭できる。変革目標を実現するためにどう組織を変えればいいのかというタスクの範囲と構造がよくわかるからだ。

妨げとなる独奏（ソロ）とサイロ

変化というものが本来そなえている「結びつき」の性質を理解していないと、変革プログラムは失敗する。図表4-2は、ほとんどのビジネスリーダーが「変革を実行する際に大きな障害となるのは、組織のサイロだ」と考えていることを示している。

事業の一部分だけを改革しようとすると、なぜうまくいかないのか。手っ取り早い勝利を収めたほうがいいのではないか。なんでもいいから、とにかく成果をあげるべきではないか。最初に小規模のパイロット版を推進して、自分たちがコントロール可能なものに集中すべきではないか。課題があまりに大きすぎると、尻込みしてしまうのではないか。

あなたの狙いが「古典的変革」や「スマートX」なら、事業の一部分だけの変革でうまくいくだろう。いずれも範囲が狭く、部門内に限定された組織変革からだ（図表1-6の下側2つの区分）。

しかし、「オーケストレーション・ゾーン」で大規模なデジタルビジネス・トランスフォーメーションを追求するとなると、別のアプローチが必要になる。それを説明するために、「インセンティブ」と「組織構造」という2つの楽器について考えてみることにしよう。良好なオーケストレーションにおいて結びつきがいかに重要か、わかるはずだ。

あなたの会社がインセンティブだけ変革して、他の領域にはいっさい手をつけないとしたら、どうだろうか。まともな管理者ならそんなことはしないし、妙な話に思えるかもしれない。とこ

図表 4-2　変革を邪魔するサイロ

質問 ▶ 変革を実行するにあたり、組織内のサイロがどの程度の障害になると思いますか？

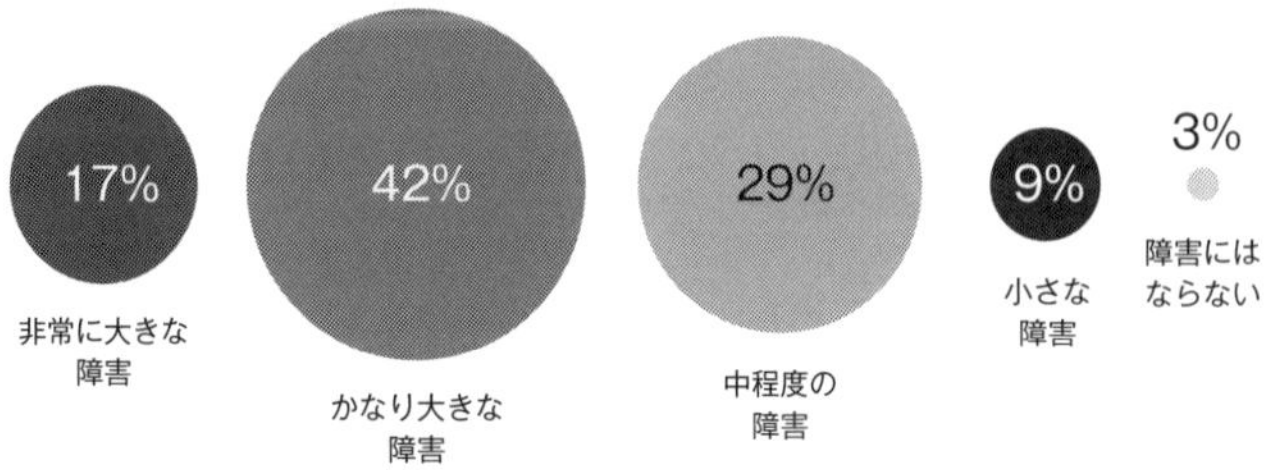

N=1,030

Source: Global Center for Digital Business Transformation, 2019

ろが、私たちが話をしたエグゼクティブの多くが「習慣を変えて、実行を推進するカギはインセンティブにある」と答えた。企業のリーダーは利益と資本蓄積を崇拝しているものだと思えば、これは驚くに値しない。どうやったら変革を実現できるかという議論のなかで、「給料にどれだけ響くか示してやればいい」といった台詞は実際よく耳にするものだ。

インセンティブはもちろんそれなりに意味があるが、他の要素と切り離して考えるべきではない。トランスフォーメーション・オーケストラにおける他のあらゆる楽器と同様、インセンティブが価値を持つのは、それが組織内の他の領域や実行にどんな影響をおよぼすかという点においてのみである。

ある実践者はこう表現する。「私があなたを、グランドピアノと百万ドルの札束だけがある部屋に閉じ込めたと想像してください。私のためにピアノを弾いてくれたら、その百万ドルを差し上げます。もしあなたがこれまでにピアノを弾いたことがないなら、その部屋でどれだけがんばっても、百万ドルはもらえないでしょう。せいぜい指一本でぎごちなく演奏できる程度です。だから、インセンティブは重要ですが、真の意味で『機能させること』と混同してはいけません」

同様に、組織構造だけの変革も無意味だ。既存企業を、ロンドンのような大都市にたとえて考えてみよう。

ロンドンは活気のある大都市で、歴史と多様性、巨大な経済活動があり、実に混沌としている。ロンドンでクルマを走らせれば、どこに向かうにせよ、すぐに悪夢のような渋滞に出くわす。ロンドンの渋滞の根本的な原因を探るのは本書の意図から外れるが、ぱっと見ただけでも、道路の構造に原因があることはわかる。

ロンドンがいまのような姿になった理由のほとんどは、その過去にある。現代の道路は中世の馬車道を下敷きにしている。あるいはもっと古いものだと、ローマの植民地だったころ、1世紀のロンドニウムの道にまでさかのぼる。当然、クルマが走ることを想定して設計されたわけではないし、産業革命以降の急激な人口増加も考慮されていない。

既存企業をロンドンになぞらえれば、組織構造だけの変革の難しさがわかる。ボルティモアやブラジリア、ブダペストといった（渋滞レベルがロンドンの半分ほどの）都市計画を手本にしてロンドンの道路構造を効率的なものに変えようと思ったら、いったいどれだけ困難で、どれだけのコストがかかるだろうか（注2）。

「障害物」は数えきれないほど存在しているはずだ。

よりよい構造を目指して、ロンドンの金融街や観光名所にある建物を残らずなぎ倒し、よく整理された格子状の通りを走らせるとしよう。そのコストは法外で、地元住民や企業オーナーには歓迎されないだろう。

今日の既存企業も、迷路のように入り組んだ構造だ。ロンドンの街の構造と似ており、その迷路は、いまの私たちが当然知っているようなことを知らずに設計されている（反対に、「更地《さらち》」に建設され、生まれながらデジタルであるディスラプターたちが、既存企業とどれだけかけ離れているかも考えてみよう）。「デジタル・ボルテックス」のような現代の環境に合わせて組織構造を修繕することは、決して小さなタスクではないのだ。その他の領域と関連づけることなく無関係におこなうべきではない。デジタルの名のもとにブルドーザーで壁をなぎ倒すだけでは、時間も費用もかかりすぎる。

「組織再編こそが変革のカギだ」という考え方はまちがっている。が、魅力的なまちがいではある。あるCDOはこう言う。「組織再編は、何をすべきかわからないときにやるものです。とりあえず自分たちは何かしているんだと気分がよくなりますから」

どの業界にも多くの例が見られるが、とりわけ初期段階で組織構造改革を強調するのはまちがいだ。そんなことをすれば、変革に向けて投資をしても、腹立たしいほど小さなリターンで終わってしまう。私たちが推奨するのは、他の楽器に与える影響と一連の変革目標を考慮したうえで組織構造を変えるやり方だ（誰かの息がかかった縄張りとして組織構造を考えたり、すべてを直してくれるうさん臭い「リセット」として標榜したりするのではなく）。

ある実践者が「昔の人は馬鹿だった」症候群と呼ぶ現象がある。「旧体制下でなされたことはすべてまちがっているはずだ。なぜなら、私はいまここにいて、彼らはいないからだ」という考え方だ。あなたの前任者のときとちがうものにするためだけに組織構造を変革してはならない。それは変革ではない。

組織構造の変革は、組織のもつれに適合し、結びつきを伴ったかたちで実行されなければならない。一番いいやり方は、オーケストレーション指向のアプローチで取り組むことだ。これは、組織構造の変革だけでなく、大規模な変革すべてに当てはまる。変革プログラムの実行に際してひとつの楽器だけに集中することは、私たちが見てきたなかで一番やってしまいがちな過ちだ（コラム参照）。

変革の一面だけに専心したザッポス

フットウェア小売業者でアマゾンの子会社であるザッポス（Zappos）は、以前から「開拓者」として知られ、さまざまな「働きたい優良企業」ランキングに名を連ねている。2013年、CEOのトニー・シェイは「ホラクラシー」と呼ばれる新しいマネジメント・アプローチを開始し、組織内の階層や「上司」という概念をなくした。業務は体系化されたプロセスを通しておこなわれ、そのプロセスには特殊なミーティングや協働方針が含まれている。あらゆる戦略的決定は

「グラスフロッグ（GlassFrog）」と呼ばれる一元管理アプリに記録される。

ホラクラシーは、ウォールストリート・ジャーナルやハーバード・ビジネス・レビューなどのメディアで注目を浴びたが、結果は悲惨なものだった。上司や肩書といった従来の企業構造をなくしたことで、従業員のあいだに大きな混乱と不安を巻き起こしたのだ。おまけにこのアプローチはあまりに柔軟性に欠け、人工的だったので、従業員たちは機械の歯車のように扱われることに不満を覚えるようになり、信頼と仲間意識は急速に消滅していった。２０１５年には離職率が30％を超え、会社の競争力が危うくなった。

組織構造を通して変革を図ったこの実験は、いまでは大失敗だったと考えられている。しかし、私たちが思うに、これはアプローチの失敗ではなく、変革を事業の一分野（オーケストラのひとつの楽器）に絞ってしまったことに原因がある。「文化」や「インセンティブ」「ワークフォース・エンゲージメント」といった楽器を調和させたオーケストレーション指向のアプローチではなかったため、ひとり相撲に終わってしまったのだ。

リソースをかき集める

「楽器」は、調達や経理、マーケティングといった「部門」とイコールではない。たとえば、オーケストラを構成する８つの楽器のうちのひとつ「ワークフォース・エンゲージメント」には、人事部からかき集めたリソースが数多く関与することになるが、これはたんに人事部だけの

図表 4-3　楽器を構成する組織リソース

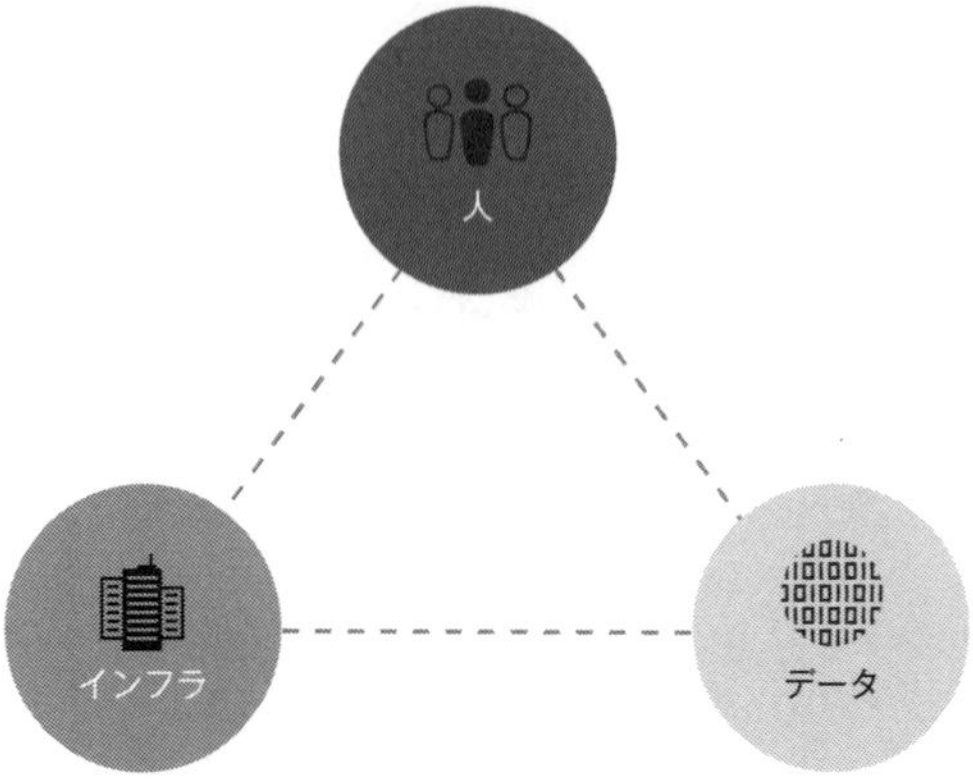

Source: Global Center for Digital Business Transformation, 2019

問題ではない。同様に、「顧客エンゲージメント」に関与するのも営業部だけではない。私たちは直線的で官僚的なヒエラルキー構造に慣れきっているため、この構造に当てはまる集団を無意識のうちに想定し、境界線を引いてしまいがちだ（古典的な組織図を想像してみるといい）。

「楽器」は、事業上の成果をあげるために団結した組織リソースの集合であり、変革を実行するために活用されなければならない。組織リソースには、「人」「データ」「インフラ」の3種類がある（図表4-3）。

「人」は、変革の実行に必要な個人とチームを指す。製品やサービスに変革をもたらすには、研究開発やマーケティング、製造、経理、（製品やサービスをサポートする）サービス、流通などに従事する人々を使わなければならないかもしれない。「人」は皆、製品やサービスの変革と関係する成果をあげるために活用される（もしくは活用できる）。必要な「人」は、ある特定のサイロではなく、組織のいたるところに存在している。

「データ」は、変革に必要な情報を指す。バイクコーのような企業がプラットフォームの世界に飛び込み、オンライン取引で最終顧客と提携業者をつなごうと思ったら、会社のあちこちからかき集めなければならない情報が山ほどあるはずだ。プラットフォームを利用することになるエコシステムからの情報も集めなければならないだろう。こうした情報には、顧客や提携業者、価格、製品パフォーマンス、競合他社の製品やサービスのデータ、関連するシステム（取引エンジンやウェブサーバーなど）のリアルタイムデータ、サプライチェーン上で発生するデータなど、多くのものが含まれる。ここでも、必要な「データ」は、特定のサイロではなく、組織のいたるところに存在している。

「インフラ」は、変革の実行に必要なものすべてであり、あなたが足の指をぶつけられるような具体的な「モノ」を指す。施設（オフィスや倉庫、コンタクトセンターなど）や資本設備（工場や社用車、機械など）、とりわけＩＴ資産（コンピューターやモバイル機器、データセンターなどのハードウェア）がこれに含まれる。ここでもやはり、必要な「インフラ」は、特定のサイロではなく、組織のいたるところに存在している。

ここまでの説明で、だいたいのところは理解できただろう。変革目標はひとつの事業分野だけに付随するが、それに関連する「人」「データ」「インフラ」はほぼ必ず、会社全体に分散している。「組織リソースとしての楽器」というアイデアを実行可能にし、いかに変革すべきかという

図表 4-4　楽器をオーケストレーションに組み込む

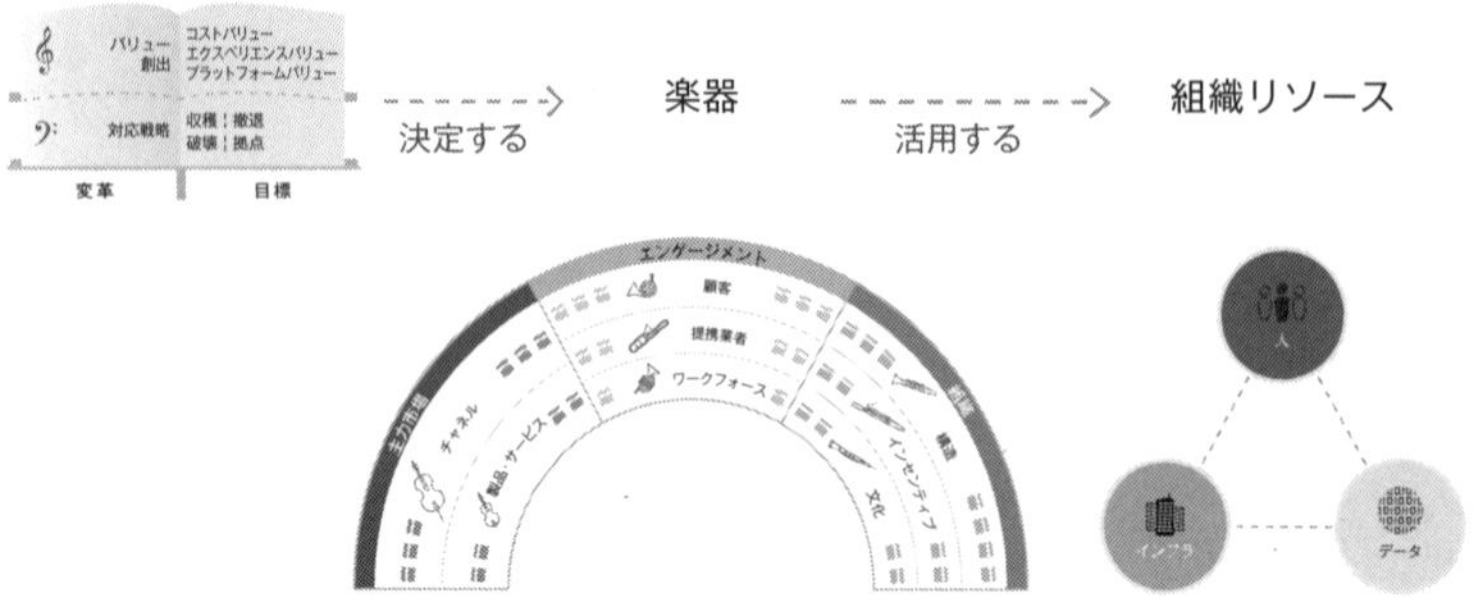

Source: Global Center for Digital Business Transformation, 2019

疑問に対する有意義な答えとするために、次のような変革プログラムのフローを考えてみよう（図表4－4）。

前章で説明したように、まずは変革目標を設定する。これには、どうやってカスタマーバリューを創出するか、適切なビジネスモデルを用いてどう事業化し収益化するか、事業分野ごとの対応戦略のポートフォリオをどうつくるかが含まれる。つまり、変革目標は、演奏されるべき交響曲であり、その楽譜だ。そこからさまざまな課題が浮かび上がり、変革目標の達成に向けてどんな能力が不足しているかがわかる。

課題が明確になれば、それに対処するために「どの楽器を演奏しなければならないか」がわかる。楽器は、「人」「データ」「インフラ」という3種類の組織リソースで構成される。これらの結びつきが、事業における特定の課題（企業文化の変革やワークフォース・エンゲージメントなど）を支援する。

バイクコーの話に戻そう。前章を思い出してほしい。バイクコーは「破壊戦略」を追求して自転車用部品のマー

図表 4-5　バイクコーのプラットフォーム事業に必要な「人」のリソース

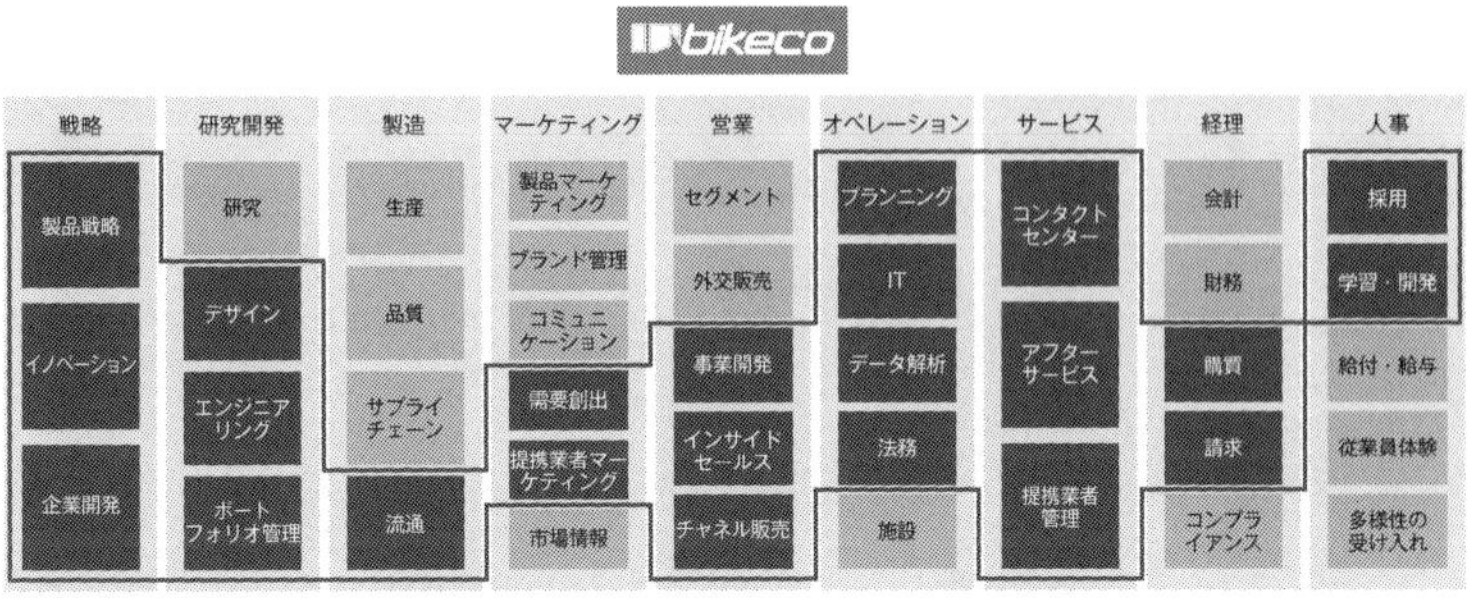

Source: Global Center for Digital Business Transformation, 2019

ケットプレイス（「バイクコーSHIFT」という新しいプラットフォーム）をつくろうとしていた。図表4−5は、主要部門と部門内のチームを記したバイクコーの組織図である。このうち黒色で示したボックスが、プラットフォームの立ち上げにあたって必要となる「人」のリソースだ。

一見して、リソースが組織全体に分散していることがわかる。部門に限定したアプローチが成功しないのは、必要なリソースの多くが除外されてしまうからだ。この図表では「人」のみを表しているが、「データ」と「インフラ」にも同じことが言える。

リソースを連携させてハーモニーを奏でる

図表4−6からわかるとおり、エグゼクティブたちはリソースを調和させる必要があることを理解している。しかし、実際にそうできるかどうか（足並みをそろえて実行できるかどうか）はまた別の問題だ。リソース間の「結びつき」を実現することは重要だが、困難でもある。

図表 4-6　組織リソースを結びつけることの大切さと難しさ

質問 変革を実行するにあたり、組織内の（人やデータ、資産などの）結びつきの欠如は、どの程度の障害になると思いますか？

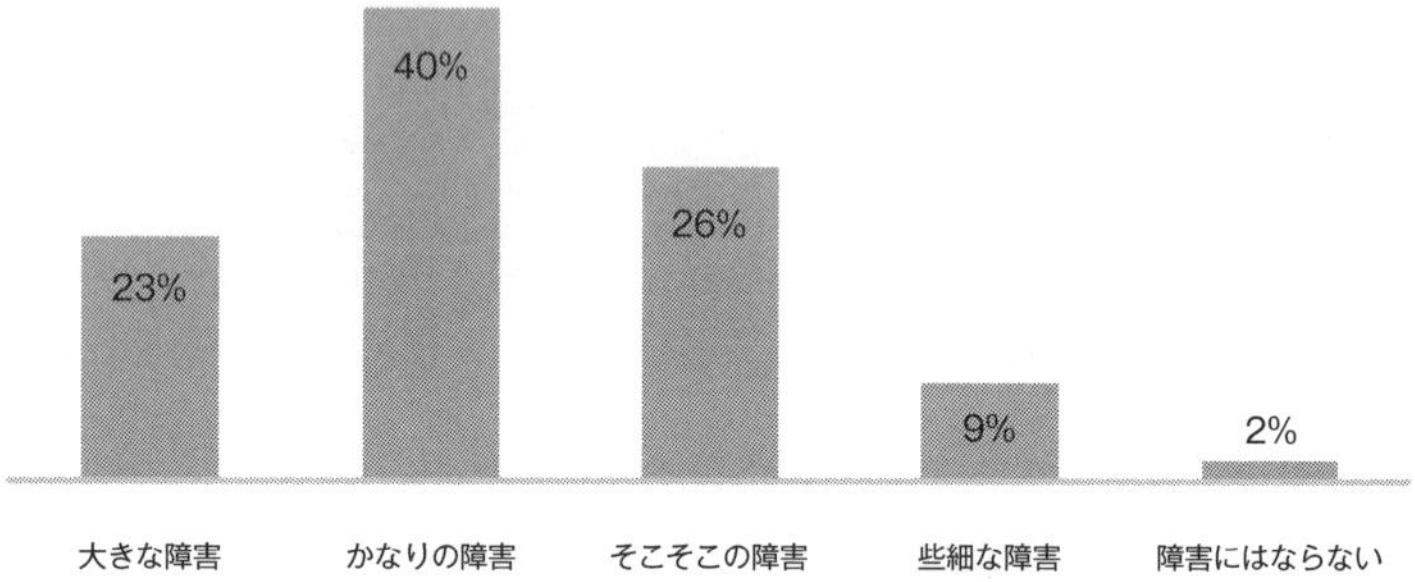

質問 変革プロジェクトを成功させるにあたり、複数のグループ（部署や部門など）のリソース（人やデータ、資産など）を結びつけることはどれくらい重要だと思いますか？

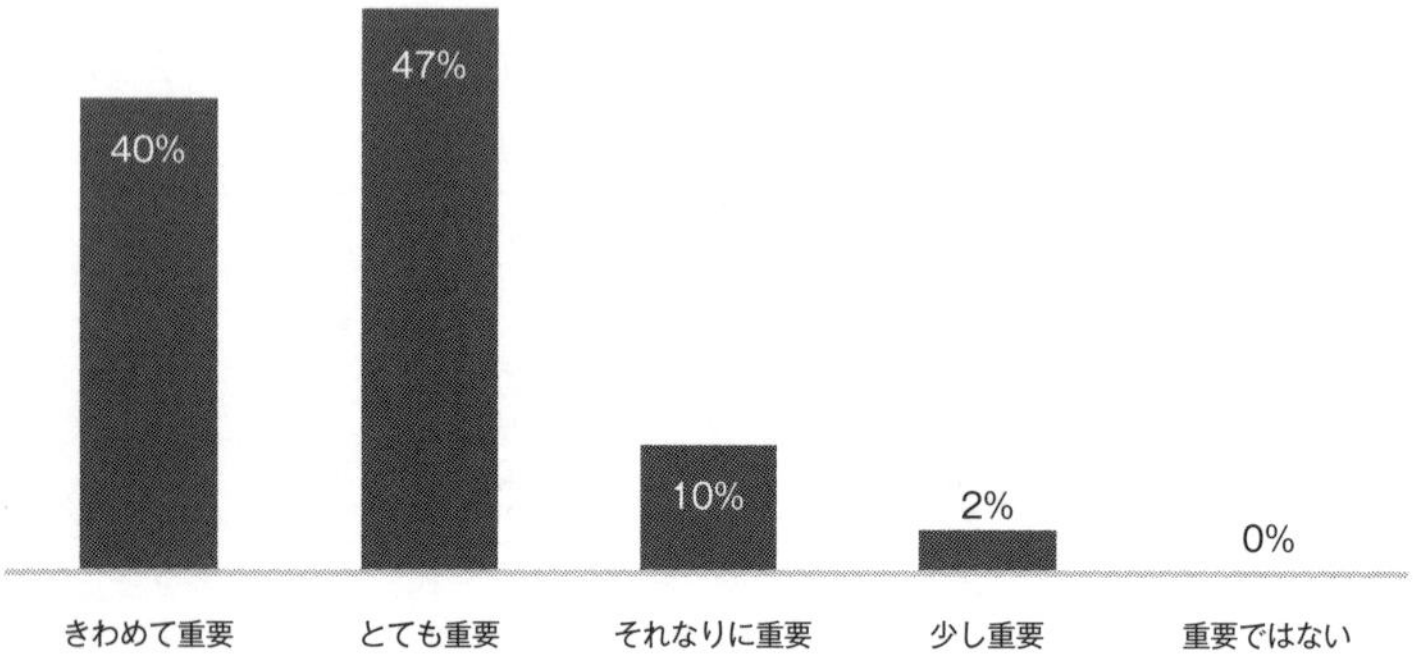

N=1,030

Source: Global Center for Digital Business Transformation, 2019

シスコでビジネスモデル改革の統括責任者を務めるニナ・ルアルディは、企業がバリューチェーン上のリソースを結びつける際に感じるフラストレーションについて、こう語ってくれた。「問題は、部門同士が必ずしもうまく噛み合っているわけではないということです。連携の必要性を理解していないわけではありません。実際、彼らは理解しています。なのに環境のせいで、一致団結して行動を起こし、問題を解決することができないのです。実行は棚上げされてしまいます」

変革を実行するには、組織リソースが連携しなければならない。もしなんらかのリソースが噛み合わず、やるべき仕事をしていなかったら、あるいは調子外れな「音楽」を奏でていたら、変革に向けた努力そのものが脱線してしまうだろう。そのため、すべてのモノと人は連携しなければならない。

数学と科学の分野で「アンナ・カレーニナの原則」と呼ばれるものがある。これは「ひとつの領域の欠陥がすべてを台なしにしてしまう」という原則だ。トルストイの著作『アンナ・カレーニナ』の冒頭部分「幸福な家庭はどれも似たり寄ったりだが、不幸な家族はそれぞれに不幸である」に由来している。ここでトルストイが表現しているのは、結婚生活に満足している夫婦は、幸福になるための条件（愛や貞節、安定した家計、相性、共有する価値観など）を「すべて」満たしているということだ。幸せな結婚生活を送るためには、こうした要素のすべてが適切に作用していなければならない。反対に、不幸な夫婦の場合は「千差万別」だ。幸福になるための条件のどれかひとつに問題があるだけで、結婚生活のすべてが台なしになってしまう。

だからといって、すべてを完璧にこなさなければならないわけではない。重要なのは、無数の要素が取り組みの成否を分けるという事実だ。変革における組織リソースにも同じことが当てはまる。

オランダを拠点とする金融サービス業者、INGグループのCTO兼COO、ロエル・ルーホフはこう説明する。「すべての要素が重要です。すべてを活用しなければなりません。ひとつでも役割を果たさない要素があれば、約束を徹頭徹尾、実現することができないからです」。あるひとつのリソースでの大きな欠陥が、イエローストーン国立公園でハイイロオオカミの再導入によって生じたような「栄養カスケード」を引き起こし、さざ波のように組織全体に影響をおよぼしていく。たったひとつの領域での能力ギャップや欠陥によって、変革のすべてが失敗に終わってしまう。適切な「人」「データ」「インフラ」がなければ、取り組みのすべてが瓦解してしまうのだ。

だから、「楽器」についての捉え方がきわめて重要となる。必要なリソースについて、実践者が大きな視野で考えられるようになるからだ。そのうえで、すべてのリソースが調和し、美しいハーモニーを奏でなければ、組織の目標は達成できない。たとえ会社が、数千の人やデータ、インフラで構成されていたとしても、トランスフォーメーション・オーケストラの8つの「楽器」をイメージすれば、従来の「部門指向」の考え方に縛られることなく、シンプルかつ大局的なかたちでこうしたリソースを思い出すことができる。

ふたたびバイクコー

市場を徹底的に分析したあと、バイクコーの首脳陣は、新しいプラットフォーム（自転車用部品のオンライン・マーケットプレイス）を開発すれば価値提案を拡張できるかもしれないと考えた。マーケットプレイスというアイデアに集中していくと、変革に向けた課題もくっきりと浮かび上がってきた。どうすれば、バイクコーなどの利害関係者と最終顧客をつなぐデジタル・プラットフォームを構築し、その運営を軌道に乗せられるか。これは小さな課題ではなかった。製造・販売業者としてやってきたバイクコーに、デジタル・プラットフォームの構築や運営をした経験はなかったからだ。

この課題を解決するために、トランスフォーメーション・オーケストラのフレームワークを当てはめてみると、優先すべき大きな「楽器」が3つあることがわかった。「製品・サービス」「チャネル」「提携業者エンゲージメント」だ。まず、プラットフォームは会社にとって完全に未知のサービスで、一から開発する必要がある。次に、既存チャネルにおける製造業者や小売業者、消費者との関係性は、このオンライン・マーケットプレイスによってディスラプトされると見込まれる。最後に、マーケットプレイスを定着させるためには、提携業者とのあいだにエコシステムを創出する必要がある。これは、バイクコーだけでは達成できない事業だからだ。

プラットフォーム事業を成功させるうえでの課題が特定され、大きな構成要素（楽器）に分解された。こうして実行に移す準備がととのった。次は、この課題に取り組むために必要な「人」

「データ」「インフラ」の組み合わせを調べる必要がある。

この段階で、変革はきわめて戦術的になる。プラットフォームの基盤を構築するには、社内のIT部門や社外のITベンダー、マーケティングや法務、サプライチェーン、経理、人事など、いくつもの部署や部門の「人」が必要になる。そのなかには、すでに社内に存在しているものもあるが、存在していないものについては雇い入れるか業務委託しなければならない。さまざまなかたちの「データ」を収集し、管理する必要もあるだろう。マーケットプレイスを支えるハードウェアやソフトウェアなどの「インフラ」も、買収するか開発する必要がある。

話をわかりやすくするために、ここでは「楽器」のひとつ、バイクコーの「製品・サービス」のみに絞って説明しよう。同社はこれまで、プラットフォームのようなサービスを提供したことはない。部品事業の収益はすべて「販売」からもたらされており、商品である部品は小売販売店（カタログ購入の場合は倉庫）や流通提携業者（独立系バイクショップや小売チェーン）から最終顧客の手に渡る。それがいまバイクコーは、新しいかたちの取引を創出し、それを仲介することで市場をディスラプトしようとしていた。

先ほど説明した変革のフローを、バイクコーの状況に当てはめてみよう（図表4-7）。プラットフォームバリューに重点を置いた破壊戦略では、「製品・サービス」「チャネル」「提携業者エンゲージメント」という3つの楽器が最優先事項になる（話を簡単にするため、図表には「製品・サービス」に関連した内容しか記していないが、プラットフォームを構築するためにはさまざまな組織リソースが必要となる）。

図表 4-7 「変革目標」から「リソースのオーケストレーション」へ

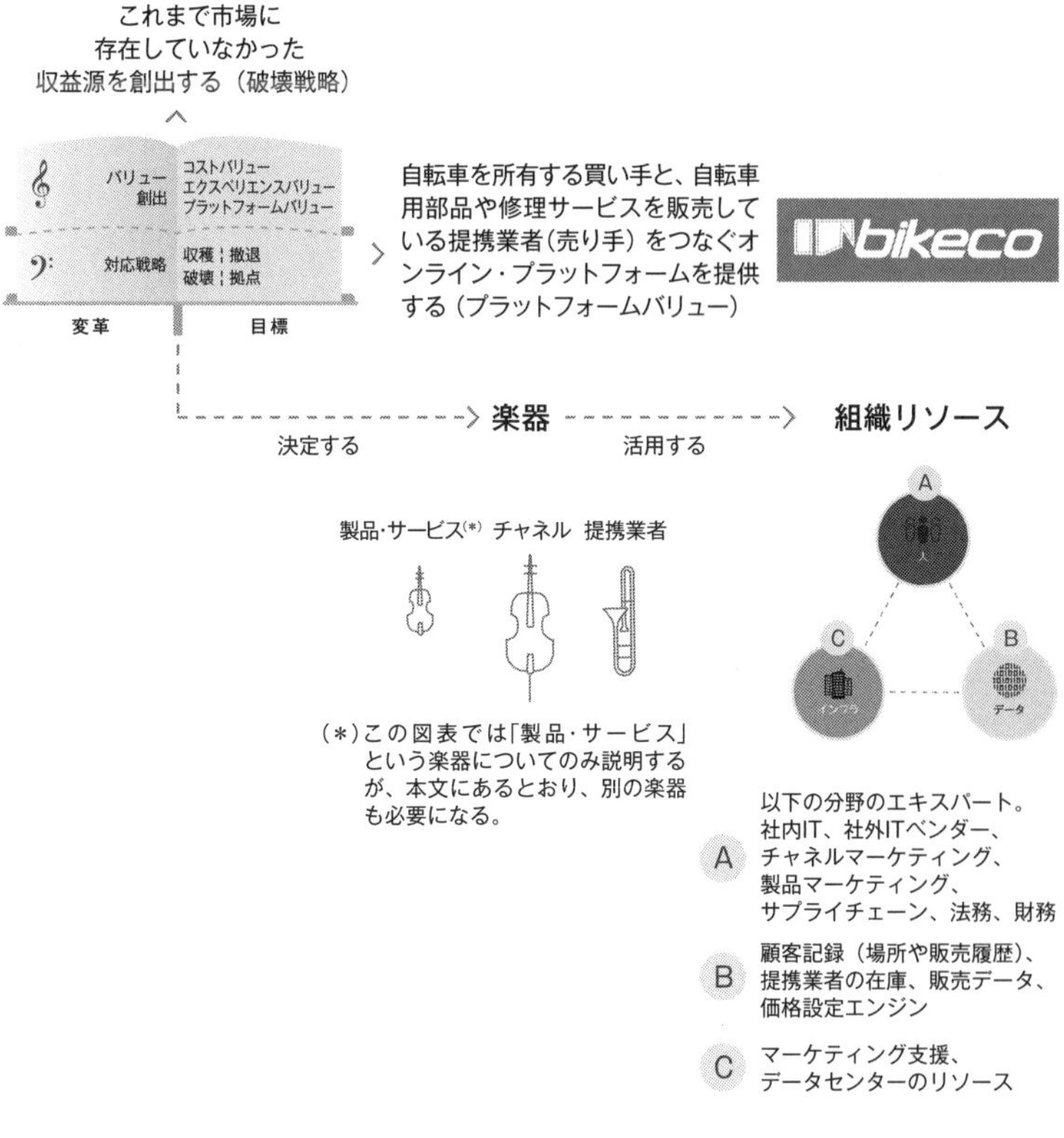

Source: Global Center for Digital Business Transformation, 2019

注力すべき楽器はどうやって選べばいいだろうか。

バイクコーの場合、「製品・サービス」「チャネル」「提携業者エンゲージメント」が新たなビジネスモデル（プラットフォーム）の立ち上げに不可欠な楽器だと思われた。あまりに多くの（もしくはすべての）楽器に同時に注力するのはよくない。私たちの経験では、必ずと言っていいほど散々な結果に終わる。オーケストラですべての楽器がいっせいに演奏をはじめたらどうなるかイメージしてみるといいだろう。

楽器のなかには、お互いに補い合う関係のものもある。たとえば、新製品の発売を計画していたなら「製品・サービス」「チャネル」「顧客エンゲージメント」の組み合わせが必要になるし、人材の問題に対処したいなら「ワークフォース・エンゲージメント」「文化」「インセンティブ」を解決する必要がある。これらは自然な組み合わせだ。

オーケストラは変革目標に沿うように「指揮」されなければならないが、どの楽器を組み合わせるかはどうやって決めればよいのか。それは、あなたが作曲した交響曲によって決まる。

これについて、もう少しくわしく説明しよう。

どの楽器を動員するか――「変革ネットワーク」を編成する

組織リソースを「楽器」とイメージすると、部門という狭い範囲に限定されずに考えることができる。ひとつの楽器だけに目を向けることも必要だが、十分ではない。これは肝に銘じておこう。とくにバイクコーの新規プラットフォーム立ち上げのような、変革に向けた取り組みにおいて直面する大きな課題にうまく対処したい場合には。

望みどおりの効果を得たければ、いくつもの楽器を動員し、機能させなければならない。すなわち、オーケストレート（編成）しなければならない。複数の楽器を編成すると「変革ネットワーク（transformation network）」ができあがる。

トランスフォーメーション・オーケストラ、そして「楽器」というコンセプトは、物事の見方や行動に影響を与える新たなメンタルモデルであり、組織リソースについて考える際の助けとなる。

それに対し、「変革ネットワーク」は新たな実行モデルである。私たちは、変革ネットワークによって、これまでとはちがったやり方で変革を遂げられるようになる。**組織リソースを「脱部門的」な目で眺めて「ネットワーク化された実行モデル」を受け入れることは、オーケストレーション・ゾーンで活動し、変革のための「結びつきのアプローチ」を採るうえでの核となる。**

変革ネットワークとは、変革に取り組む際に直面する特定の課題に対処するために、複数の楽器から集められた組織リソースによって編成されたネットワークだ。いくつもの楽器に所属する人やデータ、インフラが一丸となることで、包括的に課題に対処できるようになる。また、これらのリソースがひとつになることで、変革目標によって定められたゴールを達成することができる。

変革ネットワークは、小規模で、集中的で、権限を与えられたものでなければならない（これを実現する方法については次章で説明する）。それは、2〜4つの楽器から集められたリソースで構成される（楽器の数がこれ以上だと、変革ネットワークが大きくなりすぎてかえって実行が困難になる）。集められたリソースは、新たな命令系統を持たず、既存の場所にとどまりつづける。が、バーチャルなネットワークとして機能し、変革に向けた課題に対処する。変革ネットワークが既存業務をこなすことで、会社として新たな方法が見出され、運用されるようになる。こうして、**変革ネットワークによって「新たなプロセス」と「よりすぐれた能力」が導き出される。**

変革に向けた特定の課題を克服したら、これらのリソースは、引き続き社内をまたいで協働して、関連する課題に対処してもよいし、その他の優先すべき業務のために解散させてもよい。場合によっては、変革のために用いたリソースを、リソース自身の変革のために用いることもできる。

新たなデジタル・プラットフォームを構築・運営しようとしていたバイクコーにとって、変革に向けた課題は「製品・サービス」だけではなかった。変革を成功させるには「チャネル」と「提携業者エンゲージメント」も不可欠だ。もっと直線的な世界であれば、「骨盤は大腿骨につながっていて、大腿骨はさらに膝の骨につながっていて……」という連続したアプローチを通して新規プラットフォーム事業のような大きな課題と向き合うこともできただろう。しかし、オーケストレーション・ゾーンでは、これらの楽器がすべて二人三脚で連携しなければならない。

図表4-8は、バイクコーが新規プラットフォーム事業を成功させるには、「製品・サービス」

図表 4-8　バイクコーのプラットフォーム事業における変革ネットワーク

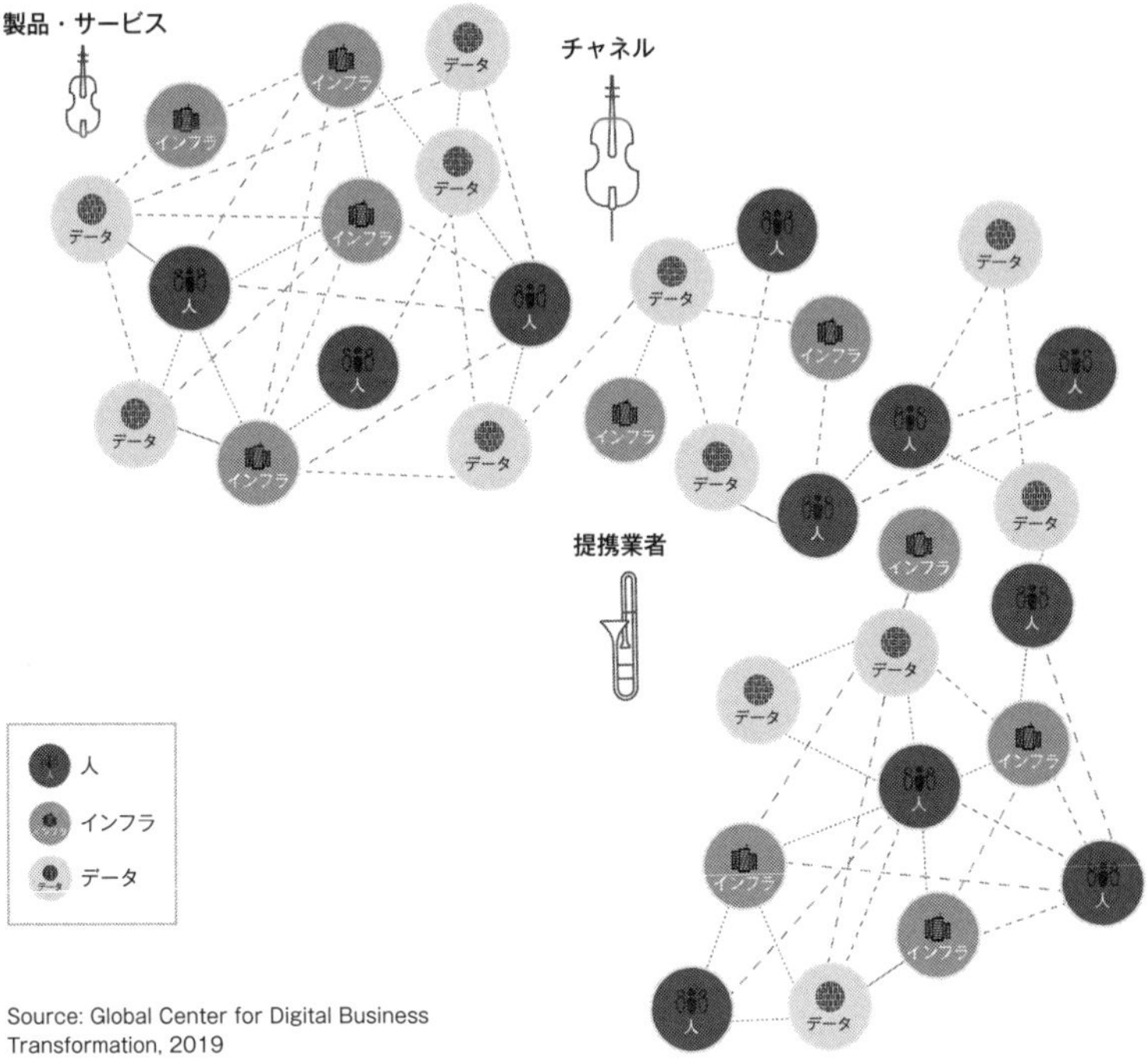

Source: Global Center for Digital Business Transformation, 2019

という楽器からだけでなく「チャネル」と「提携業者エンゲージメント」からも「人」のリソース（黒色の部分）を集めて組み合わせなければならないことを示している。この図表に示されているプラットフォーム事業に必要な人材のイメージは、図表4―5で見たような煙突型のイメージとはまったく異なる。「人」のリソースを特定したら、次は他のリソース、すなわち「データ」と「インフラ」を組み込むことができる。これらを組み合わせれば、バイクコーがプラットフォームを立ち上げるために実際に必要となるリソースの全体像ができあがる。

これは、通常のアプローチとどこがちがうのか。

従来なら、バイクコーの上層部はまず、プラットフォームのための予算を割り当てる。それから、誰か（あるいは数人）に指示して実際の作業に当たらせていただろう。こうした進め方ではいくつもの重複が発生し、専用のアセットとチームに（もしくは組織編成や新組織の設立に）予算が使われる。しかし、それらはいずれも、大きな相乗効果をもたらすことも、まとまりのあるかたちでプラットフォームバリューを創出することも望めない「結びつき」のないリソースだ。

変革ネットワークの目的は相乗効果を生み出すことにある。変革ネットワークは、リソースを動員し、協働を可能にする。評価額100億ドル、イギリスのプロフェッショナルサービス企業であるエーオン（Aon）のCDO、トリシア・ブレアはこう述べる。「本当の意味でデジタル企業になるには、自らのリソースをすべて調和させて一致団結させるしかありません」

バイクコーのプラットフォーム事業責任者たちは、プラットフォーム事業を立ち上げることで社内に互恵的な相互依存が生まれると考えていたわけではない。が、変革ネットワークによる「結びつきのアプローチ」は、本書で述べた「互恵的相互依存」（それを実現する方法はまだ確立されていないが）と関連する協調関係を可能にする。それが「相互調整」だ。

オーケストレーターは、自分で編成したリソースをすべて「所有」するわけではない。むしろリソースを組み合わせて（動員して）適切に協働できるようにするのが仕事だ。また、オーケストレーターは、変革に関する業務をすべて自分でおこなうわけではない。実際に変革を実行するのはリソースの仕事だ。

ほとんどの大中規模企業は、変革に向けた取り組みにおいて直面する「複数」の課題に対して同時に対処しなければならない。そのためには、ひとつどころか多数の能力が不足しているだろう。こうした能力ギャップに対処するために、いくつもの変革ネットワークを立ち上げることになる。ちょうど、複数の楽曲が連続的に重なり合うメドレーのように。このとき、すべての変革ネットワークを結びつけて隅々までリソースを見渡してみよう。それらをどう協働させれば、包括的なまとまりのあるかたちで相乗効果を生み出し、変革を遂げられるかがわかるはずだ(図表4－9)。そうすることで、リソースの重複や依存関係、ギャップが特定され、どの投資を優先すべきかが明らかになる。なかには、複数の課題に対処しなければならないリソースもあるだろう。そうしたリソースは、2つ以上の変革ネットワークで役割を果たすことになる。

バイクコーが「25年までに4つで50(2025年までに、4つの事業分野すべてで、デジタルチャネルから収益の50％を得る)」という変革理念を実現するためには、①部品事業におけるプラットフォームのビジネスモデルだけでなく、②新たなデジタル人材を惹きつけること、③その他の事業でイノベーションのエコシステムを創出することが必要だった。

変革ネットワークは、ひとつの事業分野の変革目標達成に向けた課題に取り組むために用いられる。変革理念によって表される「企業全体の変革」に取り組むためには、「複数」の変革ネットワークが必要となる。

サプライヤーや小売業者など「社外のリソース」と結びつけることもできる。

そうすることで、エコシステムの創出をはじめ、多方面で、オーケストレーションを必要とする、より高次元の変革に向けた課題にも対処できるようになる。ビジネスモデルには、社外でのオーケストレーションを必要とするものも多い。プラットフォームやエコシステム、コミュニティ、クラウドなどのビジネスモデルは、いずれもこのアプローチでオーケストレートできる。

こうして変革ネットワークをつなぎ合わせていくと、何かすばらしいものが見えてくる。それが、デジタルビジネス・トランスフォーメーションの実行可能なロードマップだ。「ネットワークのネットワーク」である。それは、よくあるロードマップと異なり、地図ではあるが、道路がない。私たちがよく知る通常のロードマップは、オーケストレーション・ゾーンで使うにはあまりに直線的すぎる。

「ネットワークのネットワーク」のロードマップには、全社的な変革理念の実現に必要なことがすべて表現されている。変革ネットワークを通じて新たなプロセスとよりよい能力を創出できれば、変革理念実現のための好スタートを切ったと言える。

それは、壮大すぎて、どう実行すればいいのかわからない連続的なプロジェクトの計画表や予定表ではない。実現不可能なものはひとつもない（コラム参照）。それどころか、このアプローチを採れば、一連のより小さな、的を絞った、達成可能な成果を出し、それらをつなぎ合わせることで、多方面でプラスになる相乗効果（規模の経済性や学習・経営効率など）を生み出すことができる。

オーケストレーションとは「相乗効果を生むかたちで組織リソースを結びつけ、望みどおりの

図表 4-9　変革ネットワークを組み合わせる

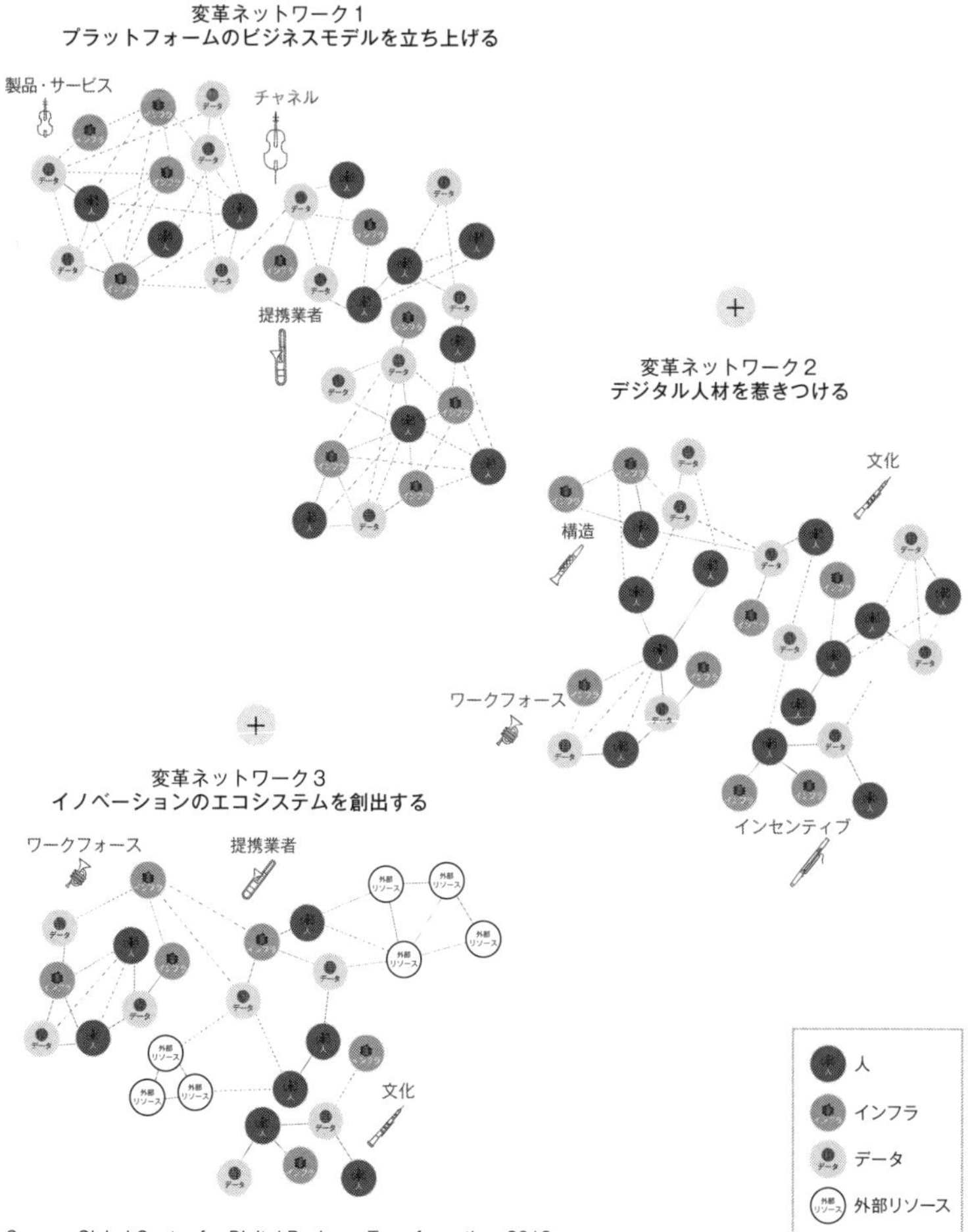

Source: Global Center for Digital Business Transformation, 2019

効果を得るために、それらを動員し、機能させること」だ。かき集めたリソースにはもちろん価値があるが、それだけでは問題の半分しか解決していない。残る半分の「結びつき」も同じくらいの大きな役割を果たす。「私たちは基本的に、デジタルのなかの点と点をかき集め、つなぎ合わせています。デジタルから受け取る価値は、結びつきと相乗効果から生まれているのです」。評価額400億ドル、ドイツの医薬品業界のリーダー企業であるバイエル（Bayer）の元CDO、ジェシカ・フェデラーはこう語る（注3）。

少ないは多い

目標や範囲をおざなりにした変革プログラムが世にあふれているが、変革ネットワークを通じた企業改革では目標も範囲も明確に定められている。すべてを変えようとするのではなく、変革を実行する際に直面する課題のみを対象とする。その働きはきわめて限定的だ。課題に取り組むうえで必要な能力のギャップを埋め、これまでとは異なる新しいプロセスを導入すること。これが変革ネットワークから得られる成果だ。少数の変革ネットワークで構成されるロードマップがあれば、オーケストレーションの管理は容易になる。

私たちが出会った実践者の多くが、変革に対して「現実的なアプローチ」を採ることの重要性を強調していた。まず何よりも大切なのは、活動の数を絞り、その内容をきちんと定義したうえで、変革において直面する課題に徹底的に取り組むことだ。シスコのCOO、アーヴィング・タンはこう述べる。「私なら、100個のものをほんの少しデジタル化するのではなく、戦略性がきわめて高いもの、本当の意味で事業に不可欠なものを4つか5つだけ徹底的にデジタル化します」

ランスタッド・ノースアメリカのCDO、アラン・スタカルスキーはこう述べる。「プロジェクトの各部のボリュームを最小限に保つことです。5つの仕事を『すばらしく』こなせるときに、10の仕事を『そこそこ』にこなしてはいけません。その5つだけを本当にうまくやることで、人材を最大限に活用し、集中させることができます。人がいちどに受け止められる変化の量はごくかぎられています。あまりに多くの変化を起こそうとしたら、そのうちのひとつも成功しないでしょう。それが私たちの学んだ大きな教訓です」

そもそもネットワークとは何か

組織理論における「ネットワーク」は、決して目新しいコンセプトではない。ネットワークは、組織というものが入念に観察されるほぼすべての分野、たとえば心理学や社会学、政治学、経済学、労使関係、経営、法曹といった分野で重要な役割を果たしている。

組織変革の実行の仕組みと変革ネットワークの考え方について説明するまえに、少し話を戻すとしよう。シンプルだが重要な疑問がある。そもそもネットワークとはなんなのか？

一般的に、ネットワークは、クモの巣のように張りめぐらされた何かが、なんらかのかたちでつながったものだと考えられている。20世紀、電話通信網は、中央交換器を通して電話線で接続された電話機によって構成されていた。電話網は、中央交換器からさらに電話線を通して他の電話機に（そして、その電話機を使って通話をする人に）つながっていた。

変革をネットワークの観点から考える際のポイントは、ネットワークはそもそも「ノード（連結点）」と「リンク（連結線）」からできているということだ。電話通信網では、電話機がノードで、電話線がリンクだ。電話機は、音声信号を伝達する電話線がなければ（つまり、電話機同士がつながっていなければ）役に立たない。

変革ネットワークの場合、「ノード」は会社のリソース、すなわち、人やデータ、インフラに相当する。

では「リンク」に当たるものは何かと言えば、ノードとノードの「あいだ」で発生する関係や活動だ。人と人とのあいだの結びつき、人と機械とのあいだの結びつき、機械と機械とのあいだの結びつき、これらすべてが組織リソースになる。コミュニケーションや情報共有、プロセス、ワークフロー、協働、エンゲージメント、取引といったものはいずれも、こうした関係から発生する交流形態で、つながれたノードとノードのあいだを行き来する。

たとえ、まだ動いていたとしても、電話機が古く、音声品質が劣化していれば、電話線の向こう側にいるおばあちゃんの声がよく聞き取れず、それほど役に立たないかもしれない。つまり、「接続状態」も良好でなければならない。

これは、デジタルビジネス・トランスフォーメーションでも同じだ。リソース間の結びつきが良好でなければ、相乗効果は生まれない。

結びつきの弱さと強さ

「結びつき」と「結びつきがオーケストレーションで果たす役割」について理解するために、ネットワーク理論のなかでもひときわ大きな分野である社会ネットワーク解析について考えてみよう。１９７３年、アメリカの社会学者、マーク・グラノヴェターは論文「弱い紐帯の強さ」（野沢慎司編『リーディングス　ネットワーク論』所収、勁草書房）を発表した。これは史上最も幅広く引用された社会学論文であり、現代の社会ネットワーク解析と、世界中で名を知られるソーシャルメディアの礎になっている（注４）。

グラノヴェターが使っている「紐帯《ちゅうたい》」という言葉は、本書で言うところの「結びつき」である。ネットワーク内のノードとノードとの関係のことだ。強いつながりや関係性がない場合、弱い結びつきとなる。ノードとノードのあいだの結びつきの強さは、両者間の交流の頻度や共有・協働する能力、意欲、親愛の情のレベルによって測定できる（注５）。よく知らない人やめったに交流しない人との結びつきは弱い。

グラノヴェターは「弱い結びつきは、実際にはとても強い」と説いている。なぜなら弱い結びつきは、彼が言うところの「橋」であり、ネットワーク内のノードとノードのあいだに新しい情報を、もしくは関連する情報を伝達してくれるからだ。

誰かが仕事を探していると仮定しよう。この人物が弱いつながりをいくつも持っていれば、親しい同僚など強固で小さなネットワークしか持たない人物よりも、よりよい求人情報を聞きつける可能性が高くなる。自分のネットワークのはるか遠方からの振動も感知し、貴重な情報にアクセスできるからだ。もし「リンクトイン（LinkedIn）」を使っていれば、こうした現象とその仕組み（つながりのつながり、つながりのつながりのつながり、など）がわかるだろう。弱い結びつきが多いということは、それだけ多くのノードにアクセスできるということである。

弱い結びつきは、変革でも有用だ。それによって、あちこちに分散しているリソースを結びつけることができる。地理的・組織的に離れた場所にいても交流や協働を通じて新たな情報を入手したり、関連した情報を共有したりしながら、特定の課題に取り組むことができる。

もちろん、リソースとリソースのあいだ、とりわけ人と人とのあいだの強い結びつきも、あるに越したことはない。強い結びつきは両者間に「信頼」と「連帯感」を生む。信頼も連帯感も、組織変革では大きな役割を果たす。

社会ネットワーク解析学者のデイビッド・クラックハートはこう主張する。「人は変化に抵抗し、不確かさに不安を感じる。強い結びつきは信頼の基礎となり、抵抗を減らし、不確かさに直面した際も安心感をもたらす（注6）」

変革を推進するにあたり、従業員間の強い結びつきがいかに重要かについて、評価額60億ドル、シンガポールの公益事業者であるセムコープ（Sembcorp）のCDO、マシュー・フリードマンはこう語る。「人や信頼、関係性がなければ、大きなことは達成できません。とはいえ、それらを構築するのは時間がかかるものです。プロジェクトの実現に向けて一生懸命働いているからといって、ただそれだけの理由で、成功に必要な信用や信頼、サポートを得られると思ってはいけません」

社会ネットワーク解析では、おもに人と人との関係性がテーマとなるが、他のリソース間にも関係性は存在する。データソース同士の結びつきの強度は、情報交換のレベルで測定できる。同様に2つのインフラ資産のあいだの結びつきの強度は、統合レベルと相互運用性で測定できる。わかりやすいように言えば、これらのリソースがどれだけ効率的に「対話」しているかということだ。

変革を迅速かつ効率的に達成するには、多くの弱い結びつきに加えて、少数の強い結びつきも必要となる。弱い結びつきがもたらす新たな情報も（もしくは関連する情報や、異なる種類のリソースへのアクセスも）不可欠だが、強い結びつきがもたらす信頼や連帯感も（リソース同士が協働できるようにするために）不可欠である。変革ネットワークになぜ信頼と連帯感が必要なのかと言えば、社内の異なる場所から集められたリソースには、共通項がなかったり、接点がなかったりするからだ（特定の課題に一緒に取り組む必要があるにもかかわらず）。

「噂を広めること」と「秘密を守ること」のちがいを考えてみよう。噂は、挨拶をする程度の人同士の大きな網（弱い結びつき）を伝わり、大勢の人のあいだにあっという間に広まる。クチコミは、ごく短時間のうちに多数の人間に影響を与えながら広まっていく。

これに対し、秘密は、親しい2人の友人のあいだで固く守られ、広がってはいかない。情報の機密性は2人の関係の近さによって決まり、強い結びつきを持つ2人の友人は、ひとつの単位として結束している。秘密が守られることで、2人の関係はよりいっそう深まる。

噂を広めることも、秘密を守ることも、組織にとっては必ずしも健全ではないが（これは本書の論点ではない）、噂の広まり方と秘密の守られ方には、こうした2種類の結びつきの価値が表れている。弱い結びつきを通して新しい情報や関連する情報が伝えられることにも、強い結びつきから生じる信頼と連帯感にも、同じように価値がある。**新しい情報や関連する情報にアクセスできているリソースが、信頼や連帯感のもとで機能しているなら、その組織は、変革のジレンマに対処するための絶好のポジションにある。リソースとリソースのあいだを流れる情報は、組織のもつれを中和してくれる。**

第5章 オーケストレーションを機能させる8つの能力

Orchestration Competencies

オーガニックからオーケストレートへ

評価額220億ドル、アメリカの電子機器製造業者であるジェイビル（Jabil）のエンジニアたちは長らく、変革（何かをおこなう新しい方法を発見すること）は自分たちの日常業務の一部だと考えてきた。「社内にいくつものポケットがあり、そのなかで、才能あるエンジニアたちが自分で思いついた実験や、たくさんの研究開発をやっていました。たとえば、オープンソースのＡＩアルゴリズムをダウンロードして、それを自分たちが抱えている問題に適用してみるなど」と、同社のデジタルサービス統括責任者のダン・ガモタは言う。これと同じことが会社のいたるところ、すなわち複数の部署や数千のエンジニアたちのあいだで起きており、彼らは皆、無数のバラバラなやり方で事業に変革をもたらそうとしていた。

「しかし、いままでは……」とガモタはつけ加える。「すべてが進化しました。以前は、起業家精神に満ち、クリエイティブでイノベーティブではあるものの、全体として見れば断片的でまとまりのないアプローチでした。いままでは、非常に堅固で成長可能なソリューションを適切に展開で

図表 5-1　事業をまたぐリソースの管理は大きな課題

質問 ▶ 過去５年間で、あなたの会社の組織リソース（人やデータ、資産など）管理の問題はどのように変化しましたか？

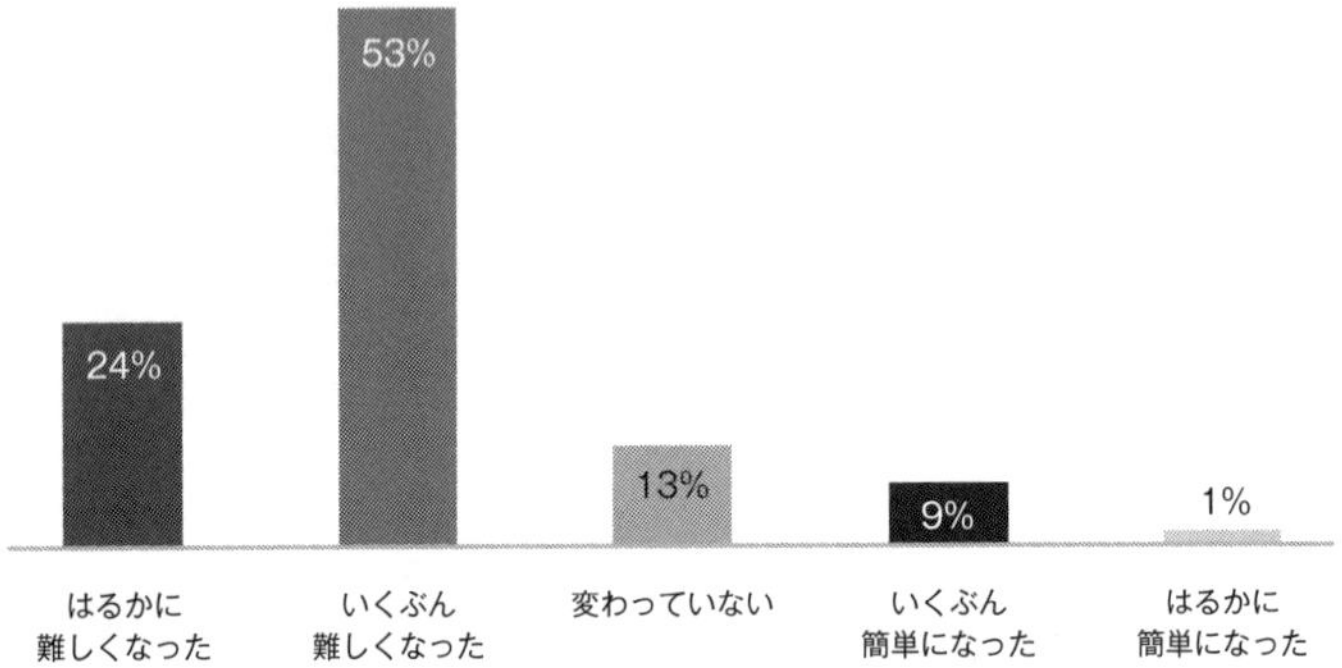

N=1,030

Source: Global Center for Digital Business Transformation, 2019

きる正式なオーケストレーションになりました。これは『進化』と言っていいでしょう。オーガニックからオーケストレートへの」

　ある企業のCDOは、この問題をこう説明する。「誰もが他人に知られることなく『デジタル』なことをできます。デジタル広告代理店に依頼してウェブサイトをつくったり、誰にも気づかれずにボリビアで機械学習のパイロット版を立ち上げたりすることもできます。15万ドルという予算を超えないかぎりは」

　今日、同社は新たな「デジタルラボ」のアプローチを導入している。これは、CDOとそのチームがイノベーションやコンセプトの検証に必要なリソースを与え、デジタル・プロジェクトにおける利害関係者の協働を促すアプローチである。社内のあちこちで発生していた「影のデジタル努力」という文化の縮

図表 5-2　オーケストレーション能力

リソースを動員する	
変革目標を実行プログラムに落とし込む	**組織の状態を把握する**
❶カスタマージャーニー・マップ作成	❸ビジネスアーキテクチャ
❷ビジネスモデル設計	❹能力評価

結びつきを機能させる	
相乗効果を生む	**変革を加速させる**
❺コミュニケーションとトレーニング	❼社内ベンチャーファンド
❻社内プラットフォーム	❽アジャイルな作業方式

Source: Global Center for Digital Business Transformation, 2019

小を狙ったものだ。

私たちの調査によると、残念ながら、こうしたケースはまだあまり多くない。ほとんどの企業で、「事業をまたいでオーケストレートされたリソース管理」は、遠大な目標のまま残されている（図表5－1）。

リーダーの努力の大半が、個々のリソースのパフォーマンス改善に費やされている。「リソース最適化」と呼ばれるこのアプローチでは、特定のリソースを最大限活用することが彼らの仕事だ。

しかし、オーケストレーション・ゾーンでは、それだけでは不十分だ。結びつきを機能させるために、ありったけの努力をしなければならない。

図表5－2は、それを実現するための8つの能力を示している。いずれも模倣可能だ。世の実践者たちは実際にこれらの能力を使って、変化するための「結びつきのアプローチ」で組織を動かしている。順番に見ていくとしよう。

変革目標を実行プログラムに落とし込む

「撃て、かまえ、狙え」のアプローチでは、変革をなしえない。インテュイットがおこなったように（第3章を参照）、変革目標を実行プログラムの構造と結びつける必要がある。「カスタマーバリュー創出」や「ビジネスモデル」「対応戦略」を前面に押し出し、中心に据えるのだ。

変革目標とのあいだに橋をかけ、それを実行に移すには、どんな能力が必要だろうか。

❶カスタマージャーニー・マップ作成

変革を実行に移すには「カスタマージャーニー・マップ（顧客が購入にいたるまでのプロセスを描いたもの）」の作成が不可欠だ。評価額15億ドルのイギリスを拠点とする生地メーカー、コーツ（Coats）のCDO兼CTO、ヒズミー・ハッセンはこう語る。「私たちの変革は、他の領域に着手するよりも先に、まず『顧客』に取りかかります。そうすることで、デジタルが顧客との関係性をどう変えるのか、競争力を変革するための機会をどうつくり出すのかを、本当の意味で理解できるようになるからです」

変革目標の策定においては、カスタマーバリュー創出がその中心的な役割を果たす。そのため、顧客に提供する価値が何であるかを理解することはきわめて重要だ。これには、顧客にとっての「決定的瞬間」を解析し、顧客が抱えている悩みを可視化させ、競争力を解析し、価値を最大化させる方法（バリュー・エンジニアリング）が含まれる。

私たちがインタビューしたエグゼクティブの多くが、カスタマージャーニーが変革プログラムの実行におよぼす影響力の大きさと、そのマップ作成・解析能力の必要性を力説していた。評価額70億ドル、アメリカのソフトウェアメーカー、アドビ（Adobe）でＣＩＯを務めるシンシア・ストッダードは言う。「継続的に自分を見つめてイノベーティブになり、自問すべきです。『どうすればもっと顧客に寄り添えるか』『どうすればカスタマージャーニーをより円滑にできるか』。そして、カスタマージャーニーのさまざまな地点を見渡して、こう問いかけます。『どうすれば摩擦や障害を取り除けるか』『どうすれば、顧客自身も自分がそれを求めていると自覚していない価値を付加することができるか』と」

アメリカを拠点にするレストランチェーン、ヤム・ブランズ（Yum!Brands）の一部門であるケンタッキー・フライド・チキン（ＫＦＣ）でＣＤＯを務めるライアン・オストロムは、「カスタマージャーニーは、変革に向けた複数の取り組みを結びつける基準点となる」と語る。「従来の視点で組織構造を眺めると、そこには、従来のＩＴ部門があり、従来のマーケティング部門があります。カスタマージャーニーを最適化するには、これら2つの部門のあいだに、顧客だけでなく技術にも精通し、両方の世界をひとつにする方法を理解している人間が必要です」

カスタマージャーニー・マップを作成することは、企業とのやりとりにおいて顧客がどんな体験をしているか、最初から最後までその詳細を理解することだ。デジタルチャネルの拡大によってカスタマージャーニー・マップの作成方法も変わりつつある。

典型的なマルチチャネルの小売業者について考えてみよう。かつて、買い手との接点には、数えきれるほどのジャーニーしか存在しなかった。が、いまではどうだろう。モバイルやオンライン、ウェアラブル端末、家庭内デバイス（アマゾンエコーなど）といった新しいチャネルを考慮すれば、私たちが試算しただけでも、今日の買い手が取りうるジャーニーは800種類以上ある（注1）。

評価額910億ドル、スイスに本社を置く消費財業界の巨人、ネスレのコーヒーブランドである「ネスプレッソ」でEビジネスならびにデジタルマーケティング責任者を務めるシリル・ランブラードは、複数のチャネルのカスタマージャーニー・マップの作成や見直しをおこなった際に採ったアプローチについて、私たちのチームによるインタビューのなかで説明してくれた。ネスプレッソは、顧客がどのチャネルを選ぼうと最高の体験を届けることに精力を傾けてきた。ランブラードの仕事は、「顧客がどこにいようと、一貫した、適切な顧客経験を届けること」だ。実店舗についても、オンラインストアについても、ネスプレッソはカスタマージャーニーのペインポイント（顧客が抱えている問題や悩み）をミクロレベルでマップ化し、可能なかぎり摩擦点を排除し、チャネル間の調和を図っている。

ランブラード率いるデジタルチームは、他のチャネル責任者たちと同様、世界中の顧客からの苦情をひとつ残らずすくい上げている。彼らは週ごとに苦情を集め、フィルターにかけて分類し、カスタマージャーニー上の主要な摩擦点を特定すべく、解析している。ランブラードは「私たちは、自社の弱点を週単位で把握しています」と言う。こうしてネスプレッソは、実際の顧客経験に合わせるかたちで、ジャーニーを最適化するために何を優先すべきか調整している。

ランブラードによれば、Ｅコマースと顧客経験（ＵＸ）はますますカスタマージャーニー上の摩擦点を取り除く方向に向かっている。「ＵＸの未来はＵＸをなくすことです。Ｅコマースで精算する手続きもなくなるでしょう」。オムニチャネルを実現するためにネスプレッソは、データとパーソナライズを駆使してカスタマージャーニーから不要なステップを取り除こうとしている（たとえば顧客が店舗で買い物をする際には、ただコーヒーを手に取り、そのまま店を出ればよい）。つなぎ目のないシームレスなカスタマージャーニーを可能にするデジタル能力には、予約注文モデルやＡＩ、自動化、Ｐ２Ｐコマースなどがある。

ネスプレッソは、チャネルを横断して従業員のインセンティブを調和させることで、チャネル間の協働も促進している（カスタマージャーニー・マップ作成だけでなく、複数の楽器を組み合わせるオーケストレーションのお手本でもある）。

たとえば、モバイルチャネルの売上を伸ばそうとしたとする。このとき、全世界に７００以上ある店舗の従業員をやる気にさせるのは難しい。最前線に立つ従業員は、モバイルチャネルの売上がショップの売上を奪うことになるだろうと恐れるからだ。この問題を解決するため、ネスプレッソでは、実店舗の売上だけでなく、モバイルチャネルも含めた、特定の受け持ち区域（地理的なエリア）内の全売上でショップ従業員を評価することにした。こうすることで、すべてのチャネルを後押しする動機が従業員に与えられた。ショップ従業員はタブレットを使って顧客を登録し、モバイルとＥコマースのチャネルを宣伝する。と同時に、会社はオンラインチャネルを通して顧客に実店舗を紹介する。この結果、顧客は、自分のニーズにぴったりのチャネルを通してシームレスなジャーニーを享受できるようになった。

ほとんどの場合、これくらい徹底的にカスタマージャーニー・マップを作成しておけば、まずまちがいないだろう。「カスタマージャーニーこそが肝心要《かなめ》です。特定のチャネルをサイロ化させてはいけません。顧客がどのチャネルを通して接点を持とうと、重要なのは、顧客にフォーカスすること、ただそれだけなのです」。これは、評価額320億ドル、アメリカの通信業者であるスプリント（Sprint）のCDO、ロブ・ロイの言葉だ。

❷ビジネスモデル設計

ビジネスモデル設計は補完的な能力だ。顧客が何を期待し、何に消費するのかをよく理解することが、ビジネスモデル改革のカギになる。その設計においては、カスタマーバリュー創出に対する理解と同じくらい、戦略やビジネスモデルに関するスキル（たとえば「ビジネスモデル・キャンバス」など）が重要となる。他社、とりわけディスラプターたちは、どのようにして、コストバリューやエクスペリエンスバリュー、プラットフォームバリューを創出しているのか。

ライバル企業に関する情報は、市場の推移を理解するうえでも大きな役割を果たす。「ライバル企業はどうやって顧客価値を見直そうとしているのか」「自社の製品やサービスにどのバリューを組み込むべきか」などを経営陣（変革目標策定の責任者）に理解させるのもオーケストレーターの仕事だ。

ドイツの化学業界の巨人、BASFのCDOであるフリスヨフ・ネッツェルは、自社の組織についてこう語る。

私は、デジタル・ビジネスモデルに習熟したビジネスパーソンを雇っています。彼らには特殊なスキルがあるからです。それは「方法論」です。彼らは、総収入を増やすためだけに高水準のイノベーションを用いようとするワークショップに、その方法論を持ち込みます。それから業界の特定分野の専門知識を持つ人々と、業界知識を持たない人々を組み合わせて、チームをつくります。その後は、自らが刺激剤となってチームを助け、実行可能で妥当なビジネスのアイデアを着想させます。数カ月後にはMVP（必要最小限の機能を持った製品）ができあがっています。

デジタル・ボルテックスによる破壊の力学や、組織のもつれに伴う複雑な課題など、本当に厄介な問題に対して、多くの実践者が「デザイン思考」を活用するようになってきている（注2）。私たちが調査した企業の多くが採用していたこのアプローチは、カスタマージャーニー・マップ作成やビジネスモデル設計に応用できる。エーオンのCDO、トリシア・ブレアは語る。「私たちが創設した、デザイン思考とUXの研究拠点は、会社が進化し発展するために、まちがいなく不可欠なものでした」

私たちが推奨するのは、少数の者たちにデザイン思考のトレーニングを受けさせることだ。そうすれば、彼らが社内外の人々に対して「ソリューショニング」することができる。つまり、影響を受ける人々（顧客や営業担当者、エンジニア）が本当は何を重視しているのかを理解し、問題や機会を認識できるようになる。また、デザイン思考は、ブレインストーミングやラピッドプロトタイピング、反復設計にも利用できる。

カスタマージャーニー・マップ作成とビジネスモデル設計には、「バリューモデリング」のスキルも必要になる。これは、変革プログラムがもたらす事業成果と財務的な影響を、活用事例や論理値から定量化するスキルだ。バリューモデリングは、効果的に進捗を把握し、プロジェクトの透明性を保ち、組織のあちこちにいる関係者を積極的に関与させるために不可欠だ。強力なモデリングスキルと独創的な定量化スキルを持った財務アナリストのチームがいれば、バリューベイカンシー（価値の空白地帯）での旨みを測定したり、組織内のどこかに眠ったままになっている価値を発掘したりすることができる。

このチームは、新事業によって取り込める市場の大きさを計算したり、変革に向けた投資が生み出すＮＰＶ（将来キャッシュフローの正味現在価値）を計算したりすることに注力させるべきだ。また、変革プロジェクトにかかるコストやそこから得られる利益の大きさを測ったり、新たなチャンスとリスクを定量化して変革目標そのものを設定したりする際にも役立つ。変革ネットワークの測定基準を定めておくことも重要だ（コラム参照）。

ただし、注意しておきたい点がある。測定とバリューモデリングは、変革プログラムを軌道に乗せるために重要なスキルだが、財務的な制約がイノベーティブな活動に待ったをかけることもある（リターンを実感できるようになるまでには何年もかかるかもしれない）。評価額２７０億ドル、アメリカの電子部品販売ならびにコンピューターサービス提供業者であるアロー・エレクトロニクス（Arrow Electronics）のCDO兼代表取締役、マット・アンダーソンは言う。「いろいろな意味で、ビジネスの是非を判断するプロセスというものは、イノベーションを抑圧し、握りつぶしてしまう文化の遺物なのではないかと思っています」

私たちが対話してきた企業の多くが、自分たちがやっていることを測定する技術に長けていなかった。それは彼らが長年鍛えてきた「筋肉」ではないのだ。（ある意味では）こうした理由から私たちは、（カギとなるオーケストレーション能力として）少数の財務アナリストを雇い、変革に向けた取り組みのバリューモデリングをしてもらうことを推奨する。変革がもたらす旨みを測定し、ゴールまでどれくらい進んだかを測れるようになることには、莫大なメリットがあるからだ。インテルの元CEO、故アンドルー・グローヴの箴言《しんげん》にもあるとおり、「測定できないものは管理できない」。これは、デジタルビジネス・トランスフォーメーションを成功に導く秘訣でもある。

バリューモデリングは測定に依存するが、測定とイコールではない。バリューモデリングとは、事業の成果を見積もるためにデータを集め、それを活用することだ。

新規顧客は「測定値」であり、新規顧客から得られる収益増が「事業成果」だ。事業成果には、獲得した市場シェアや、増加した収益、削減されたコストなども含まれる。いずれも、競争力と株主利益に貢献する有形の進歩だ。

測定可能性を盛り込んでおく

　エグゼクティブたちからよく「どうやって成功を測定したらいいんですか？」という質問を受ける。これは難しい問題だ。変革理念や変革目標、それらから生まれる課題には、ほぼ無限のバリエーションがあるからだ。

　変革理念には「測定可能性」（私たちのPRISMフレームワークで言うところの「M」）が含まれていなければならない。測定された数値を見れば、国外から市場に参入している企業は何社あるのか、自社のデジタルチャネルはどれくらいの収益をあげているのかといった会社の競争力がすぐにわかる。

　測定が容易にできないという、ただそれだけの理由から、多くの変革プログラムが失敗とみなされてしまっている。企業文化を変革するとか、イノベーションを増加させるといった「緩い目標」が設定されているプログラムも多い。そんなぼんやりした目標を評価することは、定量化不能なものを定量化するエクササイズのようなものだ。

　変革ネットワークから生み出されるのは「プロセスの変化」と「よりよい能力」である。したがって、このプロセスと能力の「ビフォー」と「アフター」を測定できる基準を設けておくべきだ。

　たとえば、「この変革がおこなわれるまえはサービスコール1本当たりのコストは59ドルだったが、変革後は35ドルになった」というように。ただし、最初はゆっくりと物事を進め、関連するプロセスと能力の「ビフォー」を測定できるようにしておこう。

　変革ネットワークがあれば、実行にどのリソースが関係しているのか（そして、どのリソースが変革の影響を受けるのか）を正確に把握することができる。また、実行にあたっては、特定されたリソースを優先事項に割り当てるといった「切り分け作業」も容易にできるようになる。変革ネットワークはひとつの事業分野とひとつの課題のためのものなので、プロセスや能力の変化のモデリングや測定ははるかに実行しやすく、単純にできる。投資利益率のような測定基準を把握しようとする際、既存企業がやってしまいがちな悪習は、「投資」ではなく「利益」のほうにばかり注目してしまうことだ。変革ネットワークを明確に定義しておけば、コストの測定ははるかに容易になる。

組織の状態を把握する

❸ビジネスアーキテクチャ

ビジネスアーキテクチャは、組織リソースを動員したり、変革ネットワークを構築したりするのを支援する能力である。

ベンダーに偏らないグローバルな非営利団体として技術基準の策定をおこなうオープン・グループ（The Open Group）は、ビジネスアーキテクチャを「事業の戦略や組織、部署、プロセス、情報ニーズ間の構造や交流を説明したもの（注3）」と定義している。本書における「ビジネスアーキテクチャ」は、組織内のノード（リソース）とリンク（リソース間の結びつき）のマップを作成する能力を指す(注4)。

変革ネットワークのリソースを動員する際に企業は、「誰が(どのチームが)何をしているのか」「どんなデータが存在しているのか」「さまざまな種類のモノ(コンピューターや資本などの資産)がどこにあるのか」「それらがどういう状態にあるのか」を特定する必要がある。巨大なペンを使って、トランスフォーメーション・オーケストラ内の特定の「楽器」に所属する人やデータ、インフラを残らず丸で囲むところを想像してほしい。こうすることで、変革が必要になったとき、どのリソースを活用できるかを把握することができる。適切なリソースをリスト化すれば、自社のレバレッジ・ポイント(梃子《てこ》のように、小さな力で大きな作用を生み出せるポイント)が明らかになるはずだ。

シスコのリーダーシップならびにチーム情報統括責任者であるアシュリー・グッドールは、人事部が直面した変革課題に対処するにあたり、こうしたリソース・マップの作成がいかに重要だったか、そのおかげでシスコ内のあらゆるチームがいかに最良のパフォーマンスを発揮できたかを説明してくれた。

まずは、組織内で稼働しているチームを残らず割り出します。簡単そうに思えるかもしれませんが、優秀なチームを増やすよりも先に、すべてのチームの所在を把握しておく必要があります。HRIS(人事情報システム)や組織図を見ても、現状がまったく反映されていない古い情報しか手に入らないでしょう。変化が起きても、チームの現状がシステムに反映されるまでに時間がかかってしまいますから。もっと重要なこととして、こうした情報は不完全です。多くの仕事がプロジェクトベースで、部門間を横断したチームや組織図の垣根を越えたチームによって成し遂げられているからです。さまざまなチームの現状すべてをリアルタイムで把握できるような技術プラットフォームを持つ組織はあまりないでしょう。皆無と言ってもいいかもしれません。シスコで真っ先にやっているのは、パフォーマンス管理技術を使って、すべてのチームを把握できるようにすることです。この技術で人材をシステムに組み込み、私たちが呼ぶところの「動的チーム（注5）」をつくるのです。

組織リソース・マップを作成しておけば、ある課題にとって「どの楽器とリソースが重要か」ということを、まとまったかたちで把握することができる。このマップがなければ、組織が持つ「もつれ」の性質により、変革の舵取りは困難をきわめる。「アーキテクチャ責任者として言うと、このマップは不動産で言うところの『所在地』を表しています」と、サンコーのミカエル・ロクリンは言う。「私たちはデジタルのどの分野を重視しているのか、この能力については誰に責任があるのか、同じ能力が組織内の他の場所にもあるのかといった情報は逐一把握しておく必要があります」

テクニップFMCのCDOに任命されたあと、アン＝クリスティン・アンデルセンがそうしたように、進行中のすべてのデジタル・プロジェクトの一覧をつくっておくのも賢明だろう。現在の状況を記録しておけば、どこに投資が向けられていて、それをどこに向け直させるかに気づけるようになる。評価額100億ドル、オランダの消費財・工業製品業界の巨人、DSMでデータ解析統括責任者を務めるパトリック・アタラーの言葉を借りれば、「ドローンからの視点で事業を俯瞰する」ことが、その狙いだ。直接的ではないが、マップを作成することで無駄や冗長性、非効率を割り出せる場合もある。また、能力ギャップを特定して、それまで誰も気づかなかった変革課題を発見できるかもしれない。

誰が何をしているかといった「可視性」が不足すると、オーケストレーションに対する取り組みが酸素不足に陥り、重複が発生したり、生まれるはずの相乗効果が生まれなくなったりする。グループの可視性を高める方法について、BASFのCDO、フリスヨフ・ネッツェルはこう語る。「私たちは、コストや予想される利益を含め、すべてのデジタル・プロジェクトを記録できる『共同デジタル・コックピット』を提供しています。こうした情報を記録すれば、ベストプラクティスを共有できるようになります」。プロジェクトへの投資を検討しているマネジャーたちは、この「共同デジタル・コックピット」を使って、関係する一連の作業や優先事項、プロジェクトの状況やその管理者などの詳細を確認しているという。

変革への取り組みにおいて企業が直面する課題は、組織リソースの能力ギャップから生じている。バイクコーがプラットフォーム事業を立ち上げたいと思ったとして、そうするためのリソースを持っているだろうか。トランスフォーメーション・オーケストラのフレームワークを当てはめれば、バイオリニスト（たとえばパイソンやルビーなどのプログラミング言語を使える開発者）がいないことがわかったり、いたとしてもスキルが不足していることがわかったりするかもしれない。その場合、どうすれば適切なリソースを配置し、協働させられるかを考える必要がある。

〈巻末資料2〉は、8つの楽器を構成する組織リソースを示した包括的なリストだ。まずは、このリストにもとづいて、手持ちのリソース（特定の課題に関係するリソース）にはどんなものがあるのか考えてみよう。

❹能力評価

したがって、「能力評価」が、リソースを動員するために不可欠な次のステップとなる。能力評価には、そのリソースが手に入るかどうか、すぐに利用できるかどうかを査定するプロセスも含まれている。能力評価をおこなうにあたり、まずは次の質問に回答してほしい。

・戦略を実行するための適切な「人」はいるか？　彼らはこの業務に必要なスキルを持っているか？　ギャップはどこにあり、どうすればそれを埋められるか？
・戦略を実行するために必要な「データ」はそろっているか？　データを効率的に収集、集約、解析できているか？　ギャップはどこにあり、どうすればそれを埋められるか？
・戦略を実行するための適切な「インフラ」はあるか？　設備や施設、ＩＴなどの資産で、何か不足しているものはないか？　ギャップはどこにあり、どうすればそれを埋められるか？

図表 5-3　能力評価フレームワーク

bikeco		存在しない	少し	まあまあ	かなり	エキスパート
チャネル  市場への道筋	人			✓		
	データ		✓			
	インフラ					✓
製品・サービス  製品・サービスの変革	人				✓	
	データ					✓
	インフラ				✓	
提携業者エンゲージメント  提携業者と関与する新たな手段	人		✓			
	データ	✓				
	インフラ		✓			

Source: Global Center for Digital Business Transformation, 2019

図表5-3は、組織リソースの基本的な能力を評価するフレームワークだ。その熟練度に応じて「存在しない」から「エキスパート」までの5段階に分けられている。これを使って、変革目標とそれに関連する楽器とのあいだの能力ギャップを特定してみよう。バイクコーの場合、プラットフォーム事業に欠かせない楽器は「チャネル」「製品・サービス」「提携業者エンゲージメント」だった。彼らはこの能力評価フレームワークを使い、大きな能力ギャップがどこにあるかを突き止め、投資の優先順位を決めた。

　このフレームワークを使えば、組織リソースに対する解析をしなくてもよいというわけではない。このフレームワークはある程度の方向性を示すものだと考えよう。これまでの歴史や変革目標は会社によってさまざまで、リソースのギャップとそれに対処するための道のりも当然異なる。大中規模企業では変革に向けた取り組みの範囲が大きくなるため、自分たちがどのリソースを自由に使えて、どのリソースを使えないのか、その全体像を正確に把握するためには大変な労力が必要となる。

〈巻末資料3〉に、より詳細な能力評価のフレームワークを示した。トランスフォーメーション・オーケストラの8つの楽器すべてを網羅している。

相乗効果を生む

❺コミュニケーションとトレーニング

大規模なデジタルビジネス・トランスフォーメーションを実行中の企業は、しばしば混乱に陥る。明確なビジョンを伝えてストーリーを共有し、変革に向けた取り組みをことあるごとに説明しておかないと、従業員は確信を持って行動することができない。そのため、「コミュニケーション」と「トレーニング」も重要なオーケストレーション能力である。

「なぜ変革しなければならないのか」を伝える魅力的なストーリーをつくり、それを広げていく際には、オーケストレーターが中心的な役割を果たす。このストーリーには、業界の力学についての説明や破壊的なライバル企業についての考察、変化する顧客ニーズの実態、変革に失敗した場合のリスクの説明などが含まれる。変革理念の策定はエグゼクティブがおこなうべきだが、コミュニケーションはその変革理念を明確なかたちにするのに役立つ。変革理念は、誰かひとりの優先順位や方向性を表すものであってはならない。組織内のあらゆるコミュニケーションにおいて、その中心にあるべきものだ。

ビジネスモデルをどう進化させるか、どういうロジックでそれをおこなうかをおもな利害関係者に理解させたら、それに付随する経営モデルの変化について（とりわけ、個々の従業員にとってどんな意味があるのかについて）明確に説明しなければならない。これはきわめて重要だ。オーケストレーターは、聞き手や変革目標に応じてストーリーをカスタマイズする必要がある。そのうえで、マーケティング施策や対面型イベント、ワークショップ、研修、メディアなどを通じてストーリーを広げていく。マーケティング部門やPR会社、広報担当役員、投資家向け広報チーム、人材開発部門もこれに貢献する。

さらには、経営陣や共同事業者（事業分野や部門の代表者）、従業員、提携業者などの利害関係者に向けたコミュニケーションを専門とする担当者も必要だ。その役割は、変革に向けた利害関係者の積極的な関与を促すことにある。変革理念の強化や説明、事業分野ごとの変革目標の論拠や詳細、これまでの進捗と最新の状況、測定基準の説明などがこれに含まれる。

私たちがインタビューした実践者の多くが、数えきれないほどの時間を「教育」に費やしていると語った。あるＣＤＯは、「私がどれだけの時間を利害関係者の教育に費やしているか、言ってもきっと信じてもらえないでしょう」と述べた。個々の貢献者から、「フローズン・ミドル」と呼ばれる、創造性や意欲に欠けた中間管理職、エグゼクティブまで、社内のあらゆるレベルの者を教育することになる。共同事業者との取り組みの一環として、もしくはデジタルビジネスや変革についての研修として教育をおこない、さまざまなグループにとって変革にどんな意味があるのかを伝えるのだ。

❻社内プラットフォーム

オーケストレーターは、事業の支援や育成と成長を促す「社内プラットフォーム」も提供すべきだ。プラットフォームは市場に変化をもたらす大きな力となるが、組織変革でもきわめて重要である。相乗効果をもたらし、拡張するための原動力となる。評価額125億ドル、アメリカの金融サービス業界のリーダー企業、マスターカード（Mastercard）でデジタル・ソリューション執行統括責任者を務めるジョーン・ランバートは、新しいプロセスとよりすぐれた組織能力を大規模に活用したときにこそ価値が生まれると説く。「私がいつも自分のチームに言っているのは、気の利いた機能や気の利いた商品を開発するのは造作もないことだが、それを2万3000もの銀行ネットワーク全体にまで押し広げるのはきわめて難しいということです。だから、もしその機能を2万3000の銀行に広めるプランがないなら、私にはなんの興味もありません」

こうした社内プラットフォームは、オーケストレーションを可能にするうえで並外れた役割を果たす。一般的なツールやアセットを使って協働しているリソースたちを、その弱い結びつきを通じて拡張させるのだ。私たちがインタビューした複数の企業が、リソースの協働とソリューションの迅速な開発を可能にする社内プラットフォームを構築していた。

評価額340億ドル、スイス産業界の巨人、ABBグループで大規模な変革の推進を可能にしているのが、革新的な社内プラットフォームの「ABBアビリティ」だ。互換性のあるプロトコルやテクノロジーをまとめたこのプラットフォームは、異なる製品やサービスをまたぐかたちで機能する。CDOのグイード・ジョーレットは、ABBアビリティについてこう説明する。

「基本的には、接続されたロボットやモーターをより早く組み立てられるようにしたり、新しいデジタルサービスを顧客に提供したりするためのソフトウェアです。私のチームはテクノロジーの現状に目を光らせ、有望な企業や技術を探しています。私たちはそれらを調達・斡旋し、事業部門で利用できるようにします」

アドビの社内プラットフォーム「DDOM（データ・ドリブン・オペレーティングモデル）」も紹介しておこう。「これは、事業チームと製品チームがデータ資産を活用して、洞察や予測解析をできるようにするためのものです」と同社CIOのシンシア・ストッダードは語る。「この企業規模でデータ主導型のオペレーティングモデルを使うと、性質がまったく異なるビッグデータを大規模に統合できます。これにより、共通言語や統一された測定基準、データガバナンス、実行可能な洞察をもとに、社内のあちこちにいる利害関係者の足並みをそろえることができます」

こうした社内プラットフォームは、サイロとサイロのあいだでオーケストレーションに必要な相互授粉作用を生む。ランスタッド・ノースアメリカのCDO、アラン・スタカルスキーはこう説明する。「(グローバルに建設された同社の『デジタル工場』は)どこかの場所、たとえばアメリカやメキシコ、日本などでつくられたすばらしいアイデアやコンセプト、製品を集めています。そういった製品や技術、改善されたプロセスが『移動』して、他の国で一からつくる必要がないように、容易に実装できるかたちに『梱包』されるのです」

変革実践者の多くが、「ハドゥープクラスター(データを複数のサーバーに分散させ、並列処理させるミドルウェア)」のような社内プラットフォームを使って相乗効果を生み出すデータ・オーケストレーションの重要性を強調している。「データをがっちりと抱え、整理し、使いこなす。これが変革の基礎となります」。トムソン・ロイターのCDO、ジョー・ミランダは言う。そうすることで企業は、結びついたかたちで、解析やデータ主導型の意思決定ができるようになる。ミランダによれば、トムソン・ロイターにおける大きな課題は、他の大中規模企業と同じく「断片化して散らかっているデータをどうやって有効に利用できるようにするか」だという。ダッシュボードを通してデータを見られるようになっておらず、オーケストレートされていなければ、そこから洞察を得たり、意思決定に役立てたりすることはできない。

イギリスを拠点とする生地メーカーのコーツで、CDOとCTOを務めるヒズミー・ハッセンは言う。「カギとなる洞察は、私たちが構築したデータレイク(さまざまなデータを格納しておく場所)からもたらされています。多様なアプリケーションから集めたデータをそこに取り込み、混ぜ合わせています。そうすることで、事業や顧客のエンゲージメント、サプライチェーンの運用方法などについて、以前は得られなかったような洞察が得られます。そうした洞察が、プロセスの再設計など、これまで考えたこともないような意思決定につながっているのです」

変革を加速させる

❼社内ベンチャーファンド

私たちがよく見聞きした、まちがったオーケストレーションについて考えてみよう。変革を推進するうえで差し迫った課題に取り組むために創設された「部門間横断型のタイガーチーム（特定の事柄を検討する専門家チーム）」を想像してほしい。このチームは、外部の高額なコンサルタントによるサポートのもと、数カ月前から一連の主要プロセスを変革するためのプランを練ってきた。このプランどおりに新しいプロセスを導入するには、会社のあらゆるところからリソースをかき集める必要があった。

しかし、いざ実行という段階になると、彼らは力を失ってしまった。プランの実行に不可欠なリソースを管理する者が、こう言ったからだ。「君たちのプランは確かにおもしろいが、残念ながらその仕事はうちの今年の予算に入っていないんだ。君たちを手伝うと、うちのノルマが果たせなくなってしまう。すまないね、こっちも手いっぱいで」

部門間横断型のプランの実行にあたっては、予算が、そして大中規模企業では予算の組まれ方が最大級の障害になる。予算そのものが、事業の状況に左右されるからだ。また、チームごとにきわめて直線的に割り当てられており、原則として変更できない。そしてふつうは、四半期もしくは1年の途中で変更しようとも思わない（もしくはそんな余裕がない）。こうして予算は、変革に向けた取り組みから活力を奪い、手を引く際の口実となる。

この問題に対処するため、「社内ベンチャーキャピタリスト」を任命している企業もある。社内ベンチャーキャピタリストは、イノベーションや変革に特化した「社内ベンチャーファンド」を管理している。

ＳＧＳのＣＤＯ、フレデリック・ヘレンは皮肉交じりに言う。「コストセンターの言うことには誰も耳を傾けようとはしません。共同事業者として魅力的になるには、自前の予算を持っている必要があります」。中規模企業なら数百万ドル規模のファンドとなるかもしれない。グローバルな大規模企業なら、数千万ドル、数億ドルに達するだろう。こうした社内ファンドは、部門間横断型の成果を後押しする特定の用途のみに使われる。

２０１３年にＡＢＢグループのＣＥＯに就任したウルリッヒ・シュピースホーファーは、デジタルビジネス・トランスフォーメーション・プログラムを自ら着想した。その一環として彼はＣＤＯ職を設け、２０１６年に入社したグイード・ジョーレットを任命した。ＣＤＯが率いる組織は小さかったが、強い権限を持っていた。利害関係者がありがたがるもの、すなわちファンドを持っていたからだ。

社内ベンチャーファンドがインセンティブをつくり出し、そうしたインセンティブが部門間横断型の成果を促進した。ジョーレットはこのファンドを使い、ＡＢＢグループの目標に沿う変革プロジェクトに投資した。「私が影響力を行使している方法のひとつに『灯台プロジェクト・ファンディング』と呼ばれるものがあります。基本的に、協働を促すプロジェクトに投資をするのです。利害関係者たちには『部署間で協働するプロジェクトならカネを出す』と言っています。うまくいけば、１＋１が3になります」。このアプローチを使えば、部署間の協働に対する利害関係者らの財務的負担を分散し、ありがちな「協同活動のジレンマ」を解消させるとともに実行力を発揮できる。

専用の社内ベンチャーファンドで組織内の部門を超えて変革プログラムを加速させる方法については、シスコにも好例がある。２０１５年のプランニングプロセスで同社の経営陣ならびにデジタルビジネス・トランスフォーメーションのリーダーたちは、「部署や部門をまたいで変革プロジェクトを実行するためには、これまでとは異なるアプローチが必要だ」と理解していた。きわめて複雑にもつれた組織のあちこちで、大きな変革を進めようとしていたからだ。そのため、「オーケストレーション・ゾーン」で活動する必要があった。

部門間を横断する大きな変革のためにリソースを準備し、資金を供給して管理することは、非常に複雑な作業だ。たとえば、各部門がそれぞれどう貢献し、何に取り組むかについてはどうやって決めるのか。とりわけ、業務は部門というサイロをまたいで発生し、企業全体に利益がもたらされる成果は共同で生み出さなければならないのに、個々の部門にはなんの結果ももたらされないとなれば……。こうした問題は、企業全体のデータ品質を改善する、バリューチェーンの隅々でプロセスを加速させる（見積もりから請求まで全体の流れを自動化するなど）、あるいはコアとなる研究拠点を設立するための能力を共同開発するといった場面で、しばしば発生する。

これに対処するため、シスコは、重層的なガバナンス・モデルを使った一元的なファンド「シスコ・トランスフォーメーション・ポートフォリオ（ＣＴＰ）」を設立した。経営陣による支援のもと、さまざまな職務や業務、ＩＴを担当する上級リーダーのなかからＣＴＰ意思決定委員会のメンバーが選ばれた。同委員会は四半期ごとに会合し、ファンドに関する意思決定をおこなう。

こうしてシスコでは、上級リーダーレベルでの一元的なファンディングと優先順位づけの仕組みが導入された。年間予算1億ドルのこの社内ファンドは、全体的なバリューとリターンにもとづき、部門間横断型のワークストリームに対して優先的に使用される。その際には、ちゃんと利益が出ることをプロジェクトのスポンサーが確認し、バリューへの影響を各部門の年間予算に盛り込むことに合意する必要がある。シスコ内のグループはＣＴＰで検討してもらいたいプロジェクトを「シャーク・タンク（投資家のまえでプレゼンテーションするテレビ番組）」形式で売り込み、資金を獲得する。委員会は、投資したプロジェクトの進捗を月ごとに確認し、それらが期限どおり、予算どおりに進み、期待された価値をもたらしているかどうかを監督する。

❽アジャイルな作業方式

最後に、変革プログラムを加速させるためには、実践者が「アジャイルな作業方式」にも習熟していなければならない。アジャイルは、変革に向けたプログラム全般、そのなかでもとくに変革ネットワークを機能させる際に重要な働きをする。評価額1060億ドル、日本の自動車メーカーである日産自動車でCIOを務めるトニー・トーマスはこう断言する。「社内組織の階層や硬直といったものはいっさい捨てなければなりません。成果を迅速に引き出せる機敏でアジャイルなチームになる必要があります」

通常、アジリティを伸ばすことは、誰かの仕事でもなければ、誰かが専念すべきことでもない。自然に発生することが望まれている。しかし（驚くべきことに）自然には生まれないのだ。

ここで言う「アジャイル」は、2001年にケント・ベックら17名によって文書にまとめられた「アジャイル開発宣言」にもとづく実践のことで、ソフトウェア開発における顧客フィードバックや反復型のデザイン、継続的な改良を（他の何よりも）優先するアプローチを指す（注6）。

この宣言にもとづき、関連するフレームワークが無数に生み出され、アジャイルの世界はバズワードや省略語であふれ返った。たとえば、リーン、スクラム、SAFe、LESS、XP、クリスタル（Crystal）、かんばん（Kanban）などだ。不幸なことに、アジャイル方法論を取り巻く熱狂や専門用語のせいで、世の上級ビジネスリーダーたちはアジャイルの採用に警戒感を抱いてきた。一般には、アジャイルの方法論はソフトウェア開発には向いているが、もっと範囲の広い企業変革に使えるかどうかはよくわからない、となんとなく認識されている。

デジタルビジネス・トランスフォーメーションをオーケストレートするうえで、アジャイルな作業方式は非常に有用だ。エーオンのCDO、トリシア・ブレアは言う。「デジタルビジネス・

トランスフォーメーションとは、よりアジャイルになることでもあります。アジャイルなデリバリーの方法論にしたがうだけでなく、実験と学習によって、自分たちの考え方をも俊敏にするのです」

私たちが見てきたかぎり、洗練されたデジタルビジネス・トランスフォーメーション・プログラムには、ほとんど必ずと言っていいほどアジャイルな作業方式が組み込まれていた。アジャイルが変革において果たす役割を少し見てみることにしよう（ひとつ断っておくと、私たちはアジャイルを全社的に採用すべきだと主張しているわけではない。アジャイルは変革の実行作業に限定しておいたほうがいい）。

評価額200億ドル、オランダを拠点とする金融サービス業者、INGグループの例を見れば、アジャイルな作業方式の有用性がよくわかる。INGは顧客の期待の変化とフィンテック業界からの競争圧力増加により、自社事業を見直す必要に迫られていることに気づいていた。2014年、INGは「シンク・フォワード戦略」というかたちで変革目標を発表した。その大きな目標のひとつは、顧客との接点すべてをデジタル化することだった。グーグルやフェイスブック、ウーバーのような企業に触れたことで顧客のそうした期待が大きくなっていると、エグゼクティブらも理解していたのだ。

もうひとつの目標は、会社のプロセスを隅々までデジタル化し、コスト削減と経営のスピードアップを図ることだった。この戦略は2016年にアップデートされ、CEOのラルフ・ハマーズはデジタルビジネス・トランスフォーメーションに9億ドルを投資すること、ならびに

2021年までに年間10億ドルの経費削減を実現することを約束した（注7）。

これらの目標を達成するため、2012年、INGはまず、社内のIT部門にアジャイルを採用することにした（注8）。さらにアジャイルを拡張し、新製品・サービスの開発手法を変革するためにも利用した。2015年、本社スタッフの構造に大規模な変革を起こし、85あった職種を15まで削減し、従来のフルタイムマネジャーという役職を廃止した。この変革は2カ月以内に完了し、3000人が影響を受けた（注9）。

従業員は、アジャイルのアプローチによって構成されたポジションに応募しなおすよう要請された。INGは、全従業員を350の「スクワッド（同じ仕事に従事する部隊）」に分け、各スクワッドの最大構成人数は9名とされた。各スクワッドは、顧客にフォーカスした特定の事業目標を持ち、IT開発や製造管理、マーケティング、流通など複数の分野の従業員で構成される。また、スクワッドはそれぞれ自律的に機能する組織として、目標達成のための独自の方向性やタスク、優先事項、戦略を持っている。複数のスクワッドにまたがる同分野のメンバーをつなぐ「チャプター」や、関連するミッションに就く複数のスクワッドを束ねた「トライブ」などの公式のアプローチで連携が図られた。また、スクワッドとトライブに配置された「アジャイルコーチ」が支援することで、この新しい作業方式で成功を収めるために必要な企業文化の変革を推進した（注10）。

「ふつうのやり方では変革を実現できません。ウォーターフォール型（前工程が完了しないと次工程に進まない伝統的な開発モデル）からアジャイルに移行するだけでは駄目で、一から十まですべてをひっくるめて変革する必要があります。事業がどのようにおこなわれているのか、課題はなんなのか、どうやればそれらをひとつにまとめられるのかを理解しなければなりません」と、INGのCTO兼COOであるロエル・ルーホフは言う。「そのため、私たちは『大部屋』を構築しました」

「大部屋」方式の先駆者は自動車メーカーのトヨタで、これは「作戦室」という意味だ。「作戦室はINGの変革の心臓部です」とルーホフは言う。「目的はシンプルで、全プロジェクトの概況を完全に把握し、問題を迅速に解決することです。5分で解決できない問題は、次のレベルに繰り上げられます。すべてがどう噛み合っているのか、ひと目でわかります（注11）」

バンクウェスト・オブ・オーストラリアも同じような取り組みをしている。「私たちは特定の顧客成果を重視する多数のトライブや、多分野からなるチームを中心に、事業を再構築しようと考えました。そうすることで、ほとんどの組織に存在している従来の階層やサイロを効果的に解消しようとしたのです」と、CIOのアンディ・ウィアーは語る。これはオーケストレーションにアジャイルな作業方式を持ち込む最大のメリットだ。

アジャイルな作業方式を導入すると、ガチガチに凝り固まった開発や「プログラム・マネジメント・アプローチ（同時進行する複数のプロジェクトを管理する手法）」を脱却し、「連続的なデリバリー・モデル」に移行できる。そうなれば、はるかに頻繁に（数カ月や数四半期ごとにではなく、数日や数週間おきに）イノベーションをもたらせるようになる。シスコのCIO、ギレルモ・ディアスはこう述べている。

シスコでは、目標達成までのあいだだけ、基本的には数週間から数カ月間だけ協力する動的なチームへの移行を続けています。これなら、つねに組織図を更新しなければならないという面倒もなく、イノベーションを起こすのがずっと簡単になります。いったんチームが組まれると、連続した開発モデルとツールチェーンが使われます。お互いが非常に緊密に連携しており、複数のタイムゾーンをまたいでやり取りすることもしょっちゅうです。別の場所や組織にいるチームを接続するため、「ウェブエックス・チームズ（WebEx Teams）」などの技術を使い、ビデオ通話やチャット、ドキュメント共有をおこなっています。「アジャイルなマインドセットを持とう」と口で言うだけでは十分ではありません。正しい教育や協働ツール、文化を提供することで、こうした言葉に力を与えるのです。

評価額80億ドル、銀行・金融サービス業者であるマッコーリーグループのCDO、ルイス・ウギーナはこう語る。「私が入社した際、商品化されるまでの通常のタイムフレームは4カ月でした。デジタル企業になることが目標でしたので、週ごとに商品化できるようにする必要があり、実際にいまではそうしています。大きなちがいは、いまではどんな問題も数カ月ごとではなく、週ごとに特定できるようになったということです。それが秘訣です」

アジャイルな作業方式の基本的な概念のひとつに「スプリント」がある。スプリントのもとでの作業は、タイムボックス式の反復型作業になる。厳密に定義されたアウトプットと標準的なチェックポイントがあり、それが学習と変化を可能にするのだ。評価額129億ドル、テネシー州の健康保険組織、ブルークロス・ブルーシールドのニック・コスールは言う。「変革に向けたプロジェクトはどれもそうですが、『思考は大きく、行動は小さく』です。ゲーム終盤を思い描くのは心躍ることですが、まずは調整を繰り返して、一歩一歩着実に進んでいかなければなりません」

ランスタッド・ノースアメリカのアラン・スタカルスキーによれば、「実験と学習」の考え方がアジャイルな作業方式の要素として、実行と企業文化の奥深くにまで（上は経営陣にいたるまで）浸透していなければならない。「何かを試してみて、そこから学習し、方向転換し、また別の何かを試して、そこから学習し、拡張して……。デジタルビジネス・トランスフォーメーションのすべてがホームランや大当たりになると期待してはいけません。それでよしとすることです。そのためには経営陣への教育が必要となるでしょう。彼らにそうした心構えができていなければいけませんし、企業文化に組み込まれていないと駄目なのです」

トヨタ・モーター・ノースアメリカでは、IT開発だけでなく、組織変革の実行という幅広いかたちでアジャイルな作業方式が使われている。CDOのザック・ヒックスはこう説明する。

いくつかのケースでは6日で製品をデリバーしており、最初のリクエストのあとにMVP（必要最小限の機能を持った製品）を用意できています。おかげではるかに早いペースで業務ができるようになりました。……2年経ったいまでは、この方式が車両の設計方法にまで影響を与えています。私たちが車両の内装をデザインすることで、他の部署や部門の人たちまでもがアジャイルな方向に向かっているのです。彼らに対して、どうやったらトヨタ流のアジャイルなやり方ができるのか、私がレクチャーしたりもしています。

デジタルビジネス・アジリティ――変化するための組織能力

前著『対デジタル・ディスラプター戦略』の後半（第Ⅱ部）は、私たちが「デジタルビジネス・アジリティ」と呼ぶ組織能力の説明に割いた。私たちはそれをシンプルに「変化するための能力」と定義し、どうすればデジタル・ボルテックスによって変化しつづける市場に組織が適応していけるかを説いた。

デジタルビジネス・アジリティには、「ハイパーアウェアネス（高度な察知力）」「情報にもとづく意思決定力」「迅速な実行力」という核となる3つの能力があり、これらが調和することで組織にアジリティが生まれる（図表5-4）（注12）。

ハイパーアウェアネス（察知力）は、自社を取り巻く環境やワークフォース、顧客起点の変化を察知する能力だ。バリューチェーン上のどこにあろうと、競合他社や顧客、サプライヤー、物理的資産に関する情報を収集する能力がこれに含まれる。

情報にもとづく意思決定力は、ハイパーアウェアネスによって得られた情報を使い、考えられるかぎり最良の意思決定をする能力だ。この能力を実現するには、きわめて包括的になり、集合知や専門知識を活用して、適切な決定をするために必要な情報や視点、意見を探し求める必要が

図表 5-4　デジタルビジネス・アジリティ

Source: Global Center for Digital Business Transformation, 2015-2019

ある。また、データ解析の力も借りなければならない。

迅速な実行力は、デジタルビジネス・アジリティの3つ目の要素で、時宜にかなった効果的な方法で意思決定を実行する能力を指す。適切なリソースを必要な場所に動的に割り当てることも、これに含まれる。事業プロセスも動的でなければならない。迅速に実行するには、チャンスが生まれたらすぐに新しいプロセスを生み出し、それを展開してテストし、変更し、さらに学習しなければならない。でなければ、破壊的な企業にチャンスを奪われてしまう。

高レベルのアジリティを備えるディスラプターたちと渡り合うには、デジタルビジネス・アジリティこそが要であると私たちは考えてきた。私たちの調査と、世界中の何百もの企業と交流をしてきた経験も、その考えを裏づけている。アジリティは、デジタル・ボルテックスの渦中にある企業にとって本当の意味で成功の礎となるものだ。こうした変化するための能力があれば、オーケストレーターは必要に応じてリソースを活用して変革に引き込み、たとえ一時的であるにしろ、特定の需要に対処させることができる。

人のリソースのエコシステムから瞬間的に高レベルの専門知識を引き出す能力、私たちが前著で「人材クラウド」と呼称した能力は、変革ネットワークの機能に計り知れない恩恵をもたらす。

組織リソースとしてのデータも、また重要だ。トヨタ・モーター・ノースアメリカのＣＤＯ、ザック・ヒックスは言う。「たくさんのデジタルビジネス・トランスフォーメーションがデータの力を解き放ち、サイロから奪い返しています。データと洞察が自由になることで、企業はよりよい、より迅速な意思決定ができるようになります」

インフラ、とりわけＩＴ資産は、優先順位の変化に合わせて動的にオーケストレートし、迅速かつシームレスに転用しなければならない。

デジタルビジネス・アジリティは、結びつきを強化し、いつでも変革可能な企業を生み出す。新たな情報や関連する情報をもたらす「弱い結びつき」と、組織に信頼と連帯感をもたらす「強い結びつき」をつくり出すのだ。

弱い結びつきは、情報源の巨大なエコシステムからアイデアとデータを集めることで、私たちを「ハイパーアウェア」な状態にしてくれる。そのため、ビジネスの必要に応じて専門知識と洞察にアクセスし、「情報にもとづく意思決定」ができるようになる。弱い結びつきが、分散したリソースを必要なときに必要な場所に転用できるようにすることで「迅速な実行」が可能となる。

強い結びつきは、変革プログラムの実行を妨げる組織的、技術的、個人的な障壁を乗り越えるために、情報をより効率的に伝達することで「ハイパーアウェアネス（察知力）」「情報にもとづく意思決定力」「迅速な実行力」を生み出す。

第6章 オーケストレーションを推進する組織づくり

Organizing for Orchestration

ここの責任者は誰だ？

ほとんどの企業にとって、複雑にもつれた部門をまたいで大変革を起こすデジタルビジネス・トランスフォーメーションは、経営陣の実行力が問われる恐ろしい試練だ。既存企業がこのレベルの変革を効果的にオーケストレートする組織モデルをそなえていることは稀だ。ほとんどの企業は、オーケストレーションとは似ても似つかないアプローチを使っている。そんな彼らにとって、リソースを動員し、その結びつきを機能させるのは、まったく未知のコンセプトだ。

この点についてエグゼクティブたちのあいだでは、「デジタルは、それ自体を他と区別できるものなのか、それとも事業のいたるところに拡散しているものなのか」という議論が巻き起こっている。つまり、デジタルは「誰かの仕事」なのか、それとも「みんなの仕事」なのかという問題だ。

私たちは、この議論がさまざまなワークショップで噴出するのを見てきた。同じ会社のリーダー同士のあいだでさえ、意見が一致しないこともあった。図表6－1からわかるように、私た

図表 6-1　デジタルの管理方法について二分される意見

質問 ▶ デジタル・プロジェクトがあなたの組織でどう思われているかを示しているのは、次のうちのどちらですか？

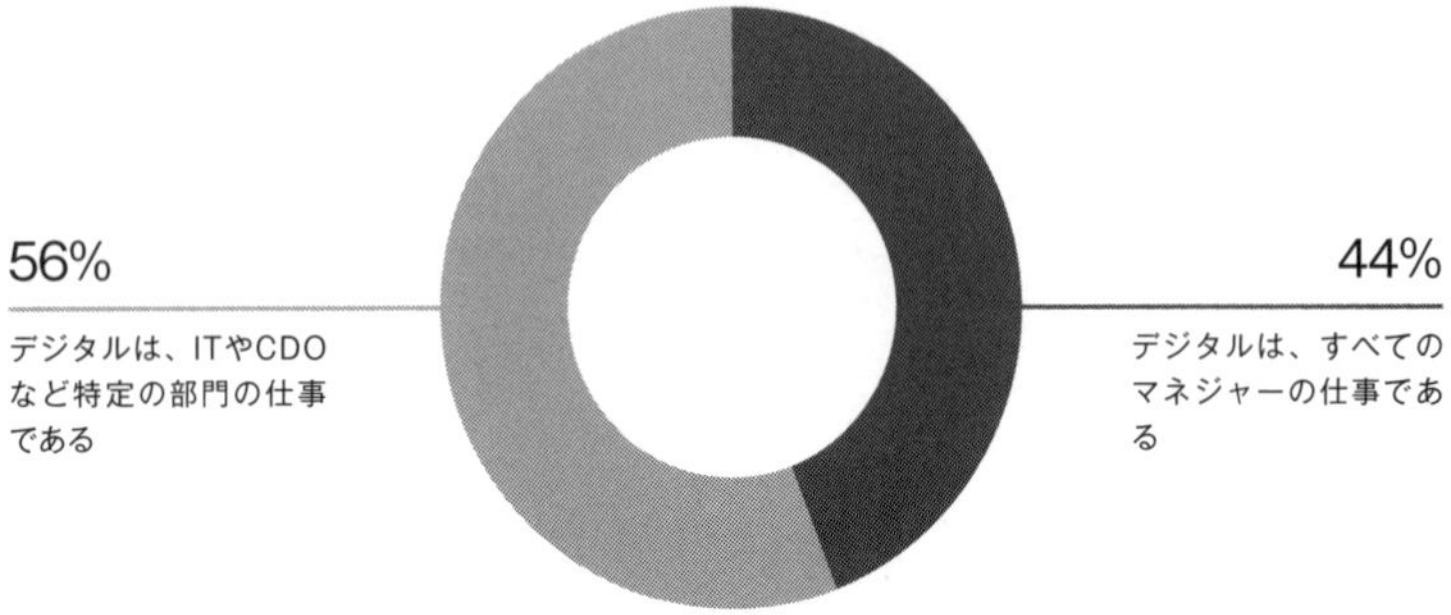

56%
デジタルは、ITやCDOなど特定の部門の仕事である
44%
デジタルは、すべてのマネジャーの仕事である

N=1,030

Source: Global Center for Digital Business Transformation, 2019

ちの調査によれば、この問題に対する意見はまっぷたつに分かれる。

デジタルの責任を一元化すべきか分散すべきかについて意見ははっきりと二分しているが、私たちの調査によれば、こと「デジタルビジネス・トランスフォーメーション」については、84％の組織が専門の、もしくは特別なグループを設立していた（図表6−2）。このことから、「デジタルは変革とは分けて考えるべきだ」ということが読み取れる。ほぼ半数の企業が、デジタルは全マネジャーの仕事だと考えているが、変革はそれに当てはまらない。80％以上の企業が「変革はマネジャーの日常業務に加えられるものではない。的を絞って積極的に推進すべきものだ」と認識していた。

リーダーたる者は、私たちが繰り返し主張してきたこの重要なちがいを肝に銘じておくといいだろう。「デジタル」と「変革」は別物なのだ。

図表 6-2 圧倒的多数の企業が、変革を推進するための専門チームを設立している

質問 ▶ あなたの組織には、デジタルビジネス・トランスフォーメーションの管理に特化した部門またはグループがありますか？

N=1,030

Source: Global Center for Digital Business Transformation, 2019

かなりの数の企業が変革に特化する部門をつくっているが、そのマネジメント方法はさまざまだ。部署や部門、地理レベルで推進している企業もあれば、一元化された、もしくは部門間横断型のアプローチを採っている企業もある。また、正しい道筋を探すため、数多くの試行錯誤が繰り返されている。図表6-3は、「どのようなガバナンスのもとで変革が推進されているか」について私たちの調査で判明した結果だ。

一元型か分散型かの議論は、長きにわたって、変革とは微妙に異なる領域、すなわちイノベーションをめぐる領域のなかで繰り広げられてきた。イノベーションを起こすためには、ベル研究所やゼロックスのパロアルト研究所、X（旧称グーグルX、グーグルの親会社であるアルファベットの子会社）のように、事業のメインストリームから分離した組織が必要だという考え方もある。企業の「母船」という息苦しい制約から、精神やクリエイティブなエネルギーが解放された環境が必要だというのだ。また、そうしたイノベーションのパラダイムは時代遅れだ、という考え方もある。最良のイノ

図表 6-3　トランスフォーメーション・ガバナンスの多種多様なアプローチ

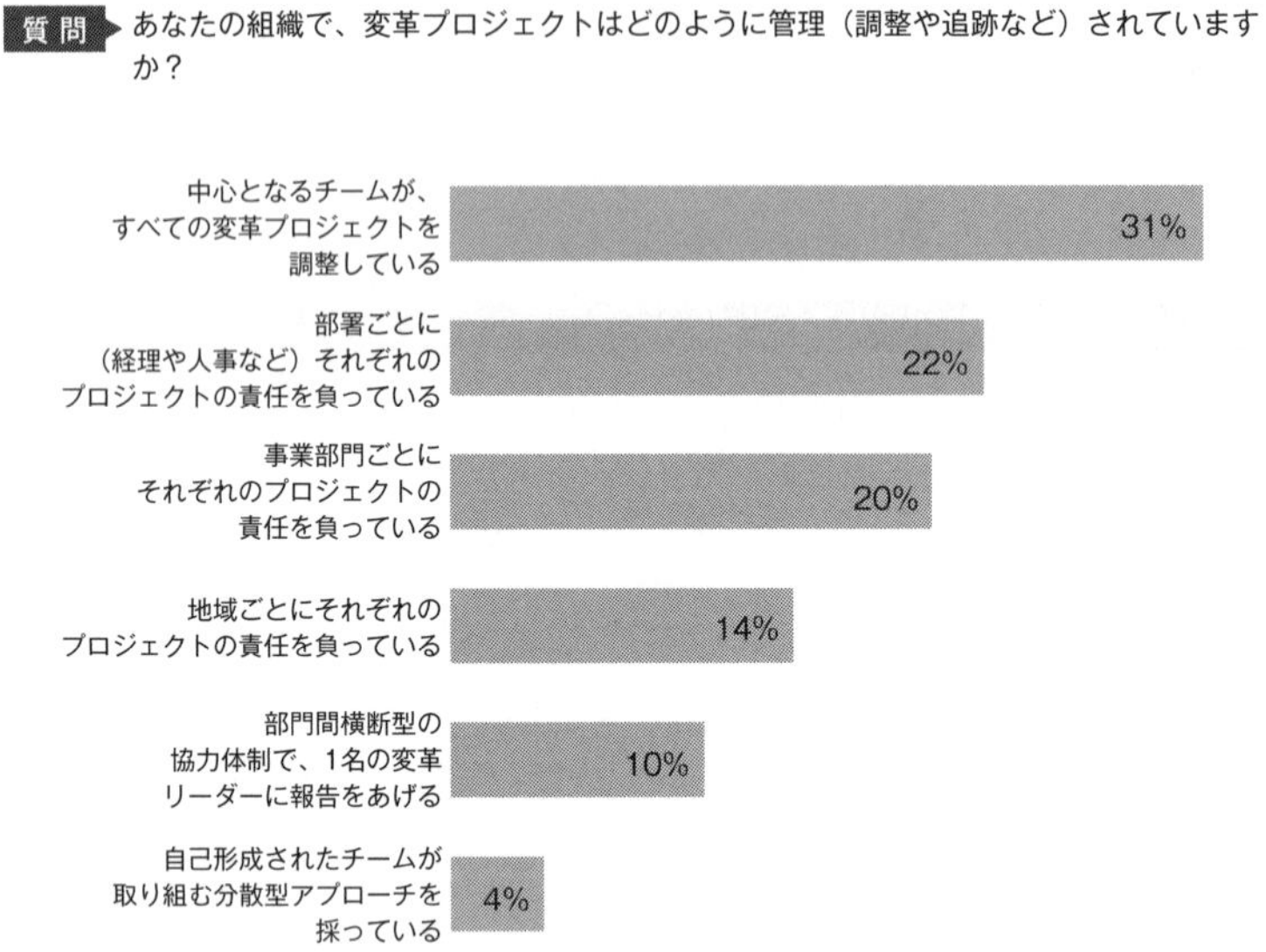

N=1,030

Source: Global Center for Digital Business Transformation, 2019

ベーションは、社内の目に見えない場所や隅っこ、あるいは社外の予期せぬ場所からもたらされる（いわゆるオープンイノベーション）というのだ。

一元化と分散化には、いずれもデメリットがある。一元化には処理能力の限界があり、変化の大きさやスピードについていく、あるいは効率的に進めていく際には、リソースが不足しているかもしれない。多数の人間の意思決定を考慮し、取り入れなければならないが、それが少数の人間からしか伝達されない場合はスピードが停滞する恐れもある。中心的なグループがお高くとまった部外者（パワーポイントの王や女王など）の集団である場合は、他の人間の怒りと抵抗に遭うかもしれない。
一元化されたグループには、あっという間に自らをサイロ化してしまう恐れもある。評価額30億ドル、アメリカのゲノム業界のリーダー、イルミナ（Illumina）のＣＩＯであるノルム・フィエルドハイムは、私たちのインタビューでこう述べた。

一元的なＰＭＯ（プロジェクトマネジメント・オフィス）方式は使いません。そこがチョークポイント（戦略的に重要だが、攻撃されたらボトルネックとなる恐れがある海上水路）になってしまうからです。私たちが使っているのは仮想ＰＭＯ方式で、ＰＭＯのリソースを各部署のチームに分散させています。そうすれば、みんなが別々の軌道にあるプロジェクトを並行して進め、摩擦を軽減することができます。……こうして1年のうちに、本来はひとつの大きなプロジェクトだったものを１２０に分割しました。

しかし、分散型モデルのせいで実行が遅れることもある。伝達するなかでニュアンスが失われたり、他部署ですでになされているのを知らずに重複して手がけたりするなど、連携コストは増大する。評価額５４０億ドル、韓国の鉄鋼メーカー、ポスコグループのＣＤＯで、ポスコＩＣＴのＣＥＯでもあるチェ・ドゥファンは、私たちにこう言った。「特定のエリアだけをカバーするのではなく、体系的・継続的に変革を促進したいと考えました。そのためには、専門の組織が必要でした。新たなテクノロジーの教育やインフラ、データ標準化を同時に推進する組織です」

コルディナティとは

こうしたなか、多くの組織リソースがこの問題に投入されている。序章で示したように、「デジタル・ボルテックスの渦中において変革は急務だ」とエグゼクティブたちは感じ取っており、そうした焦りが多くの活動を呼び起こしている。そのひとつの表れが、変革を推進するために突発的に組み込まれた「上級職」の蔓延だ。私たちはこうしたリソースを、イタリア語でコーディネーターを意味する「コルディナティ」と呼んでいる。彼らの仕事は、物事を調整することだ。

多くの大中規模組織において、チームが（個別に）プログラム管理者の権限を誰かに与えるにつれ、コルディナティはキノコのように増殖していく。管理者たちは、自分たちの仕事を他のグループに対して可視化させ、また反対に、他のグループの仕事が自分たちの仕事とどう関係するかを把握しようと精を出す。グーグルの元CEO、エリック・シュミットは、こうした役職を「グルー・ピープル（糊のような人たち）」と呼び、「（彼らは）部署と部署のあいだに腰を下ろして両者を助けるが、彼自身に大きな付加価値があるわけではない」と語った（注1）。糊は、何かと何かをくっつけるために役立つが、それで身動きが取れなくなってしまうようでは意味がない。

コルディナティを雇う人々の切実な願いとは裏腹に、彼らはほとんど必ず、与えられた仕事とは正反対のことをする。コルディナティの蔓延によって、さらなる複雑さがもたらされ、かえって変化が遅くなってしまうのだ。意思決定サイクルを鈍化させる、特例とカスタマイズの必要性を声高に主張する、あるいは複雑さを放置して実行力を阻害するなど、さまざまなレベルの議論が起こる（彼らはこれを「社会主義化」と呼んでいる）。コルディナティの競争フレームワークやツールが、組織のもつれを解消するどころか、悪化させてしまうのだ。

コルディナティに「組織の料金所」としての役割しか与えられていないために起きることもある。変化の大きさとスピードを取り締まるなかで、組織変革とそうした取り組みでの役割が、彼らの守るべき縄張りとなる。もし何もかもがシンプルになり、スピーディになったら、コルディナティは必要なくなるだろう。自分が職を失う羽目になるかもしれない仕事を上手にこなしたいと思う人間がいるだろうか。つまり、コルディナティは、議論と意思決定の密度を増やすことで変革プログラムを官僚化し、実行に伴う複雑さを悪化させる傾向にある。

コルディナティは、組織内のサイロと支離滅裂な変革アプローチによって生まれる。そこではリーダーたちが、サッカー遊びをする5歳児のように、自分のポジションをプレーすることなど考えもせず、みんなでいっせいにボールを追いまわしている。コルディナティは、楽器や変革ネットワークのように多面的な結びつきをつくって変革を推進するのではなく、2つの点（部署）だけをつなごうとする。

デジタルの大家なる人物が「変革推進者」という盛大な肩書とともに鳴り物入りで社内にやってきて、結局は「コルディナト・デ・テュッティ・コルディナティ（すべてのコーディネーターをコーディネートする）」だけで終わってしまうこともしばしばだ。彼らは、変革ポートフォリオの主流から窓際に追いやられたボスとなり、配達不能な郵便物の取り扱いを指揮するだけの存

図表 6-4　トランスフォーメーション責任者の多様性

質問　あなたの組織では、そういう役職があるとして、どのエグゼクティブがデジタルビジネス・トランスフォーメーションを監督していますか？（複数回答）

39%	38%	38%	29%	25%
最高経営責任者	最高情報責任者	最高デジタル責任者	最高執行責任者	最高戦略責任者
22%	18%	15%	1%	1%
最高データ責任者	最高マーケティング責任者	最高カスタマーサクセス／顧客経験責任者	その他	なし

N=1,030

Source: Global Center for Digital Business Transformation, 2019

在になり下がってしまう。

権限を委譲されていない低中レベルの戦略担当職（あるいはプランニング担当職）が特定のチームのために存在することは、チェンジマネジメント・ゾーンでは適切だが、オーケストレーション・ゾーンでは変革を台なしにしてしまう。部署間にまたがるリソースをアジャイルな変革ネットワークとしてオーケストレートすることは、コルディナティやその上司たちがせっせとやっている見当ちがいの仕事とはまったく異なる。

とはいえ、コルディナティは、変革プログラムを泥沼化させてしまう無力症が目に見えるかたちで表れた「症状」であり、そうした無力症の「原因」ではない。根本的な原因は、権限が多数の役職と責任者にあまりに広く分散されてしまい、「変革の責任者は誰なのか」がはっきりわからなくなってしまっていることにある。

デジタルビジネス・トランスフォーメーション

に関与している幹部レベルのエグゼクティブが千差万別であることは、世界中のエグゼクティブたちに対する私たちの調査で明らかになったが、こうした事情を考えればそれも驚くには値しない。

図表6‐4からわかるとおり、変革を受け持つエグゼクティブはピンからキリまで存在する。さらに、回答者の54％においては、その回答者以外にも変革の責任者がいた。つまり、複数のエグゼクティブが、デジタルビジネス・トランスフォーメーションの「監督責任者」として任命されているのだ（平均すると3・3人）。

CDOを雇うべきか？　どんな役割にすべきか？

CDO（最高デジタル責任者）は、デジタルビジネス・トランスフォーメーションにおける重要なリーダー職のひとつとして誕生した。企業のなかにはCDOの必要性を熱心に説いているところもある。一方で、「グーグルにCDO職が創設されることはないだろう。BBC（英国放送協会）にCRO（最高ラジオ責任者）がいないのと同じだ。グーグルはデジタル・ネイティブだから、CDOは必要ないんだ」という意見もある。彼らは、このトレンドがやがて他の企業でも定着するだろうと予想している（注2）。

赤十字国際委員会でデジタルビジネス・トランスフォーメーションを率いるシャーロット・リンゼイ＝カーテットは言う。「CDOは『緑の党』と少し似ています。まだ決して主流派とは言えないけれど、いまではテーブルに席が用意されています。そして、CDOは誰もが理解すべき重要な視点を持っているという共通の認識があります」。私たちが世界中の幹部レベルのエグゼクティブらと話をしたところ、CDOの役割は得てして曖昧で、緊張をはらみ、組織ごとに大きく異なっていることがわかった。

実際、私たちのワークショップで一番よく訊かれる質問のひとつは「CDOを雇うべきでしょうか」「だとしたら、その人物に何をさせるべきでしょうか」というものだ。ときに、こうした質問の背後には「変革するためにどう組織づくりをすべきでしょうか」という疑問もあった。これは、「デジタル」と「変革」という単語がひとくくりに使われることがあまりに多いからだ。そこで少しページを割いて、CDOの問題について考えてみよう。

近年、「グローバル1000」にランクインする企業や公営企業の多くがCDO職を設けている。すでに述べたように、DBTセンターの最新の調査によれば、大中規模組織の65%がCDOを任命している。

この調査により、CDOにはおもに次の3つのタイプがあることがわかった。

1　顧客経験のエキスパートタイプ——CDOの1つ目のタイプは、おもにマーケティングやコミュニケーション、Eコマース、顧客エンゲージメント、製品開発に注力している。その多くは、CMO（最高マーケティング責任者）や広告、クリエイティブ業界の出身者だ。また、企業ブランドの位置づけや強化、顧客とかかわるための方法として「デジタル」を捉えていることが多い。おもな焦点は、既存製品にデジタル能力を付加すること（冷蔵庫にセンサーをつける、クルマの運転席にコンピューター画面を搭載するなど）になるだろう。ＣＤＯの25％がこのタイプに分類される。

2　これまではＣＩＯと呼ばれていたアーティストタイプ――2つ目は、数年前からＣＩＯ（最高情報責任者）としてやってきたタイプで、これまでと同じように、おもにＩＴの観点からデジタルを推進する。権限はほとんど変わらない場合が多い。つまり、引き続き会社のＩＴを監督しているが、名刺だけが刷新されている。多くは、うわべだけの変化だろう。

「Ｉ」よりも、デジタルを意味する「Ｄ」のほうが流行りだと考えられている。当然（不当にと言うべきか）、その人物はより大きな価値と強力なスキルを持つとされている。実際、近年では、ＣＩＯ職の妥当性が疑問視されている。ＩＴのリーダーシップが抱えている課題は、戦略的な連携とイノベーションの欠如だと、企業のエグゼクティブたちは口をそろえて言う（注3）。「ＣＤＯを雇わなければならないのは、ＣＩＯがちゃんと仕事をしていないからだ」と考える向きもある。ＣＤＯの肩書を持つ者の3分の2が、実際には肩書が変わっただけ、もしくは責任が少し増えただけのＣＩＯだ。

3　アジテータータイプ――3つ目は、たんに「デジタル」のリーダーとしてではなく、広く認められたやり方や確立されたアプローチに疑いを持つ「推進者」になることが求められているタイプだ。あるエグゼクティブの言葉を借りれば、自社のビジネスモデルを破壊することが仕事となるケースもある。その多くは、スタートアップ企業や経営コンサルティング企業の出身だ。ここでは、自社の戦略に大きな変革を起こし、新しい方法で利益を出せるようにすることが焦点となる。一般的には、破壊的なライバル企業や変化する顧客ニーズに対応するかたちでおこなわれ、攻撃的戦略（破壊戦略、拠点戦略）を追求している場合が多い。CDOの10％がこのタイプに該当する。

CDOは、誕生から比較的間もないにもかかわらず、激動を経験してきた。私たちの調査によれば、CDOの平均在職期間（雇用から退職までの期間）は2年と少しである。実験的にCDO職を設けたものの、はっきりしない権限や縄張り争いが、プロジェクトの進捗を鈍化させたり、台なしにしたりしていることに企業も気づきはじめている。CDO職を設けること自体が賢明なのかどうか、疑問視されつつある。業界ウォッチャーのなかには、CIOやCOOといったポジションが進化し、CDOは終焉を迎えると予言している者もいる（注4）。

「CDOを雇うべきか」「どのような役割にすべきか」といったよくある質問に対する私たちの答えは、こうだ。「あなたが言うCDOは、どのタイプのCDOのことなのか？」。CDOはただの省略語にすぎない。だから、そうした質問にエネルギーを費やす代わりに、別の質問の答えについて考えることを勧めたい。それは「企業をデジタル能力でエンパワーするにあたり、最もよい方法は何か？」という質問だ。

「それを誰が率いるべきか」という疑問について、私たちは、ヤム・ブランズ傘下のピザハットでデジタルビジネス・トランスフォーメーション責任者を務めたバロン・コンカーズと同意見だ。「あなたが従業員に『誰が変革の責任者か』と訊けば、幾通りもの答えが返ってくるでしょう。……誰が責任者なのか、あなたは自分自身に訊いてみないといけません。結果を出し、それをもとに組織を連携させる責任を負った人物を1人特定しておくことが、きわめて重要です（注5）」

変革推進室を指揮するCTO

本書でさりげなく何度も言及してきた「オーケストレーター」とはいったい何者なのか。トランスフォーメーション・オーケストラを指揮しているこの人物は、いったい誰なのか。

デジタルビジネス・トランスフォーメーションを推進するというタスクは、さまざまな肩書の上級リーダーに与えられる可能性がある。これには、もちろんCDOも含まれる。CDOは経営幹部レベルの役職としてはその役割がはっきりせず、性質にむらがあるが、変革を導くには見晴らしのいい理にかなったポジションだ。実際、私たちが本書のためにインタビューした実践者の大半がCDOだった。

とはいえ、「デジタル」と「変革」を混同すべきではないと何度も強調してきた立場から、私たちはオーケストレーションの性質とよりつながりのある、別の肩書を提案したい。それが「C

TO（最高トランスフォーメーション責任者）」だ。もうひとつのCTO（最高技術責任者）と混同してはならない。呼び名はどうあれ、CTOは、社内で最も地位の高い変革実践者である（あなたの組織にぴったりの名称ならなんでもいいので、その仕事を指揮する人物に適切な肩書を与えるといい。本書ではとりあえずCTOの呼称を使う）。

実際、CTOの肩書を使っている企業は増加の一途をたどっている（注6）。本書のためにインタビューをした人たちのなかでも、INGグループのロエル・ルーホフやインテュイットのアルバート・コウをはじめ、大勢がこの肩書を持っていた。

CTOには、オーケストレーションの権限と変革プログラムの実行方法についての責任が与えられる。**CTOは、組織リソースを動員し、結びつきを機能させるという責任を持ち、相乗効果を生み出すという使命を帯びている。**ある変革実践者の言葉を借りれば、「私がとる行動は、次のドミノを倒すだけでなく、10～12枚のドミノを倒さなければならない」。

理想を言えば、CTOはCEOの下に就くのがいいが、企業によっては現実的ではない、あるいはあまり好ましくないかもしれない。そういう場合は、CIOかCOOの下に就くのが一番いいだろう。いずれにしろ、このポジションは、会社全体のリーダーたちから敬意を払われる程度には高くなければならない。CEO直属にするのが一番手っ取り早い方法だ。

アロー・エレクトロニクスのCDO兼代表取締役であるマット・アンダーソンも、企業の最高レベルからサポートを受ける、変革の「チャンピオン」が必要なのだと力説する。「CTOは、CEO級の人物の直属でなければなりません。社内の無力症や障害物、縄張り意識などを克服するには、非常に高い地位が必要なのです」

CTOは、社内の「変革推進室（transformation office）」を指揮する。特定の変革ネットワークを一時的に動員する「外科手術」や、デジタルビジネス・アジリティを通じてすべてのリソースを機能させるための土台づくりが、変革推進室の仕事だ。つまり、的を小さく絞った使命（バイクコーのプラットフォーム立ち上げなど）と組織との結びつきの改善に力を注ぐ。

変革推進室の規模について決まった目安はない。が、中規模の既存企業であれば50人前後で構成されることになるだろう。大規模な多国籍企業なら200人くらいになるかもしれない（いずれも大まかな見積もりにすぎない。会社独自のニーズにふさわしい規模にすべきだ）。

変革推進室は無秩序に広がったオーバーレイ型の（表面を薄く覆うような）組織にはせず、少数精鋭にしてコストを抑えるべきだ。業務運営コストが膨らまないよう、チームは小さいままにしておいたほうがいい。損益の基準で考えてはいけない。変革推進室は、成熟しつつある事業を管理するためではなく、変革を推進し、困難に立ち向かい、新たな組織能力を孵化《ふか》させるためにあるのだから。

変革ネットワークは幅広いリソースに支えられているが、そうしたリソースを変革推進室に一元化してはならない（だからこそオーケストレーションという）。社内のあらゆるところからITをはじめとするリソースをかき集めるのが、変革推進室の仕事だ。

組織の階層を「ファブリック」で覆う

組織構造がトランスフォーメーション・オーケストラに不可欠の楽器であることはすでに述べたとおりだが、他の楽器と組み合わせることで、その価値はもっと高くなる。音楽では、シンバルが単体で鳴り響くのを聴きたいという人間はめったにいないだろう。シンバルは楽譜上の句読点として音楽に力を与えるすばらしい楽器だが、バッハがシンバルのための協奏曲を作曲しなかったのは、理由あってのことなのだ。

ＡＢＢグループのＣＥＯ、ウルリッヒ・シュピースホーファーがＣＤＯという役職を設けた際、社内の他の部門や部署から独立したまったく新しい組織をつくるつもりはなかった。その代わりに、社内のいたるところでデジタルビジネス・トランスフォーメーションを可能にする小規模かつ強力なチームを立ち上げた。

ＣＤＯのグイード・ジョーレットは、同社のアプローチについてこう語る。

私はＣＥＯの直属です。組織におけるＣＤＯの役割は、次のように決めました。海賊旗を掲げて船出し、まったく異なる何かをつくり出すようなことはしないと。独立した「デジタルＡＢＢ」を設立するようなこともしません。反対に、できるかぎり中核事業に密接に組み込まれたものにしたいと考えました。たとえるなら、私たちの任務と目的は、ＡＢＢの他の部門や部署をもっとデジタルにすることです。自分たちは、他のチームのスピードを加速させる「触媒」であり、「変革推進者」「イネーブラー」「共有リソースの提供者」だと考えています。

ＡＢＢグループにおけるジョーレットの役割は、変革を「実装」するというより、変革を「可能」にすることだ。実装は、事業の細かな点についてはるかによく理解している作業単位に任される。しかし、放置したままでいると、その作業単位が、組織内の他部署や幅広い変革理念とは互換性がないソリューションを勝手に構築してしまう恐れがある。このソリューションは、ローカルには最適化されているが、全社的な能率や効率が犠牲にされているかもしれない。たとえば、技術と事業プロセスのかなりの部分が送電部門のデジタル自動化ソリューションと重複しているにもかかわらず、船舶部門のデジタル自動化ソリューションが独自に構築されてしまうかもしれない。

私たちはオーケストレーションを、既存の組織構造にまたがって実行力を発揮するものとして導入するよう推奨する。現行の組織図を「ファブリック（織物や生地）」のようなものですっぽりと包み込む様子をイメージしてほしい。弱い結びつきと強い結びつきで編まれた生地が、デジタルビジネス・アジリティに支えられ、変革のための「結びつきのアプローチ」を可能にする。インターネットやＷＡＮ（ワイドエリア・ネットワーク）などのテクノロジーのネットワークは、ときにファブリックにたとえられる。ネットワークのノードとリンクを視覚的に表現しようとすると、その密度や重なり、相互の結びつきという性質が、織物を思い起こさせるからだ。

組織の概念モデルとして「織物」を選んだのは、私たちがインタビューをしたさまざまな人たちからの影響も受けている。彼らは、変革するための「結びつきのアプローチ」を、織物と関係のある言葉を用いて語っていた。その言葉は「thread」だ。threadには「糸」という名詞の他に、動詞として「何かのあいだを縫う」という意味がある。だから、変革推進室は、企業という組織のファブリックに縫い込まれた糸ということになる。

組織モデルを「縫い込む」ための一般的な方法は、個々のチームや事業部門から「トランスフォーメーション・リード（transformation lead）」（変革を導く糸となる、変革の第一走者）を任命することだ。こうした人々は自分のチームや部門のなかに残るが、CTOと点線で結ばれた上下関係を築き、自分のチームや部門と変革推進室とのあいだの架け橋となる。彼らは、自分のチームや部門が「人」や「データ」「インフラ」といった組織リソースを縫い込むのを補佐する。

トランスフォーメーション・リードとなるのは、実際に事業責任を負う、高いポテンシャルを持った上級リーダーたちだ（コルディナティではない）。変革推進室との橋渡し役が、彼らの日常の業務ではない。彼らは自分が受け持つチームや部門の日々の業務を果たすエキスパートであり、変革推進室が把握しておくべき現場の実際の様子を伝える。また、変革推進室の社内クライアントとして機能する。

トランスフォーメーション・リードは、企業に入ってくるコミュニケーションと企業から出ていくコミュニケーションの双方を手助けし、変革の啓蒙を図る伝道者として機能する。また、自分たちの部門から適切なリソースを動員して変革ネットワークに組み込めるよう、CTOを補佐する。関連するすべてのリソースをひとつに縫い合わせ、ひとまとまりとなって実行することで、企業はより包括的に能力ギャップを眺め、リソースをバリューチェーン全体にどう割り振ればいいかを検討することができるようになる。

また、トランスフォーメーション・リードは、ある実践者が「カタパルト問題」と呼ぶ問題を緩和する。「たとえるなら、これは、新しいシステムやポリシーなどのツールを（カタパルトから発射して）さまざまなグループや地域に送り込んでも、着弾の衝撃でバラバラに壊れてしまうという問題です。どうすれば受け取る側がそうしたツールや恩恵を役立てられるのかということが、ほとんど何も考慮されていません」

トランスフォーメーション・リードを指名するというやり方は、シスコやKFC、スプリント、テクニップFMCをはじめ、私たちが調査した多くの企業で採用されていた。評価額110億ドル、フランスの金融グループのナティクシス（Natixis）でCDOおよびCTOを務めるリュック・バルノーはこう語る。「私たちは、アンバサダーたちのコミュニティを立ち上げています。アンバサダーは約50名いて、事業領域ごとに、そしてコンプライアンスやリスク管理といった特定の部署ごとに1名のアンバサダーがいます。……（わが社がこのチームを定期的に招集するのは）コミュニティ間でプラクティスやプロジェクトを共有するためです。そのうえで、彼らに立ち上げてもらう新しいプロジェクトを提示し、私のチームがそれを一元的にサポートすることを伝えています」

ABBグループでは、CDOのグイード・ジョーレットが200名ほどのチームを直接率いているが、トランスフォーメーション・リード（この名称はABBから借用した）として、プラス数百人の人員を間接的に率いている。トランスフォーメーション・リードは、各事業部門に属した高い地位にある従業員たちで、それぞれの部門の仕事をしつつ、間接的にジョーレットの下に属している。彼らは、それぞれの地で啓蒙を図る「変革の伝道者（デジタル・エバンジェリスト）」として機能し、各事業のデジタル・ソリューションと変革プログラムを推進している。ジョーレットは言う。「私が自分のチーム内で起きていることすべてに対応するすべはありません。言葉は悪いかもしれませんが、各事業部門にいい意味で『潜入』する必要があります。そのため、すべての事業部門と部署からデジタル・リーダーを1名ずつ選出するよう要請しました」

一元化されたグループが、指名されたトランスフォーメーション・リードと点線でつながれた上下関係を築き、事業部門と提携する「ファブリック型の組織モデル」は、必ずしも画期的なものではない。中核的研究拠点やマトリクス構造、ハブ&スポーク・モデルに代表されるように、企業はこれまでも組織デザインにおける一元化と分散化のバランスを取ろうと努力してきた。多くの企業が「バイモーダル（二人二役）（注7）」や「アンビデクストロス（両利き）（注8）」といった組織モデルを追求し、成熟したビジネスを「深化」しつつ破壊的なイノベーションを「探索」してきたが、これらのアプローチは功罪相なかばする結果に終わってきた。企業をどう経営するかにおいて分岐点が生じ、非効率とさらなるサイロが生み出されてしまったからだ（注9）。

マトリクス構造の組織も、部門が「断片化（フラグメント化）」してしまうという問題を抱えている。2方向のレポートラインを持つことがマトリクス構造の組織の特徴だが、組織のもつれに対処するうえでは一時しのぎにしかならない。サイロに橋をかけ、意味のある相乗効果を生み出すには、あまりに限定的すぎるからだ。

一方、私たちが本書で説いているのは、たんにレポートラインだけの話ではないし、もうひとつのIT部門を新設するという話でもない（変革推進室が特定の技術スキルを持ち、デジタル・ソリューションへの投資や構築にかかわることになるかもしれないが）。オーケストレーション・ゾーンでの活動が最も大きく異なるのは、「離れているからといって、結びついていないわけではない」ということだ。

オーケストレーションは一元化と分散化の双方について最良の部分をもたらし、一元化と分散化の共存を可能にする。編み込まれた「ファブリック型」組織は、一元化（変革推進室）だけでなく、分散化（変革ネットワークとトランスフォーメーション・リード）をもたらす。これにより、弱い結びつき（分散したリソースからの新しい情報、もしくは関連する情報）と強い結びつき（実践者と利害関係者の密接な連携から生まれる信頼と連帯感）の両方が促進される。

ここにデジタルが絡むことで、過去のマトリクス構造とはまったくの別物になる。デジタル技術は従来よりも劇的に「結びつき」を生むかたちで組織を協働させ、変化させる。デジタル技術はリソース間の結びつきを縫い込む「針」となり、組織のファブリックを織る助けとなる。

たとえば、組織ネットワーク分析アプリは、協働システムのデータを使って「人と人とのあいだの交流パターン」の詳細なネットワークマップを作成し、従業員がどう仕事をしているか、チームはどう機能しているか、誰が人と人を結びつけているか、誰が隠れた影響力を発揮しているかを可視化する。これにより変革実践者は、能力ギャップを特定するだけでなく、変革ネットワークでの実行について「今後」の状態を定義することができる。協働プラットフォームは急速な進化を続けており、時間や形態、場所を問わずに協働し、情報を共有できるようになっている。こうした柔軟性のおかげで、変革ネットワーク内の人々が取り組みに貢献し、仮想チームのなかで信頼と連帯感を育むかたちでの交流が容易になっている。

データはこれまでサイロに閉じ込められていた。ひとつのグループのデータマートやデータウェアハウスのなかに。ひどいときにはユーザーの個別のデバイスのなかに。結果として、手持ちの情報を適切に使えていないため、ほとんどの組織変革が妨害されている。しかし、物理的な場所やフォーマットを問わず、作業者が異なるソースの情報にアクセスできる「データ仮想化技術」が、こうした状況を変えつつある。仮想化技術を使うと、技術的な抽象化レイヤーにより、ユーザーはリアルタイムで情報にアクセスすることができる。その情報がどんな見た目をしていようと、会社のどこに眠っていようと、コストのかかるデータ複製をおこなわなくてすむし、システムを統合する必要すらない。こうした「データの解放」が、社内の弱い結びつきの数を劇的に増やし、変革ネットワークが（それ以外の全員も）必要なときに貴重なデータを利用できるようになる。

同様に、クラウドベースのＩｏＴ資産管理システムを使えば、従業員のカバンのなかにある携帯電話だろうと、北海に設置された石油プラットフォームのポンプだろうと、あらゆるインフラの状態をリアルタイムで把握できる。ＡＩと自動化は、生命のないインフラを、特定の条件が満たされたときに自律的に行動する知的エージェントへと変化させる。インフラは、ますます他のインフラと交流するようになるだろう。それも人間が関与する必要なしに。作業者が1人もおらず照明器具さえ不要な工場のように（完全に自動化されているため、明かりが要らない）。このように、デジタル技術の影響は、リソースについて理解するだけにとどまらなくなっている。デジタル技術は組織に変革をもたらす。つまり、新しい方法で仕事を完了できるようになる。こうしたインテリジェントなアプリケーションやシステムにより、変革実践者は新しいツールを使って組織のもつれに対処し、変化するための「結びつきのアプローチ」を実現することができる。

オーケストレーション・ゾーンでの変革には「ネットワーク的」な性質があるため、変革の実行責任者は1人に限定すべきだが、孤立した存在であってはならない。CTOには、組織の境界をまたいで存在している多様なリソースを効率よく動かすための新しいスキルセットが求められる（コラム参照）。

こうしたスキルはいずれも、組織のもつれに伴う「変革のジレンマ」のなかで舵取りをするために役立つ。なかでも、上級リーダーや「働きバチ」たちとかかわり合う能力が最も重要だ。CTOは、変革目標や変革理念のもとで、組織の主流から外れた新しい組織能力を立ち上げるために、それぞれの社内事業と深くかかわらなければならない。

CTOが変革を推進する際には、他の上級エグゼクティブからの支援を得て、彼らと連携することになるだろう。主要なリーダーからの援護がなければ、取り組みは孤立してしまい、変革が成功する確率はほとんどゼロになってしまう。

スプリント社のCDO、ロブ・ロイはこう語る。「デジタルビジネス・トランスフォーメーションは、人にかかっています。彼らの考え方を変革し、彼らを巻き込めるかどうか、それがすべてです。サイロ化された私のチームだけでやらずに、会社のより大きな部分とかかわるようになって、さらなるスピードを得ることができました」

マストＨＡＶＥ

ＣＴＯにはどんな素質を求めるべきか。私たちは、ドイツのリーダーシップ・コンサルタント企業、メタベラトゥングの力を借りて、世界最大規模の経済圏の1000人を超えるエグゼクティブたちに「有能な変革リーダーに求められるスキル」について尋ねた。

その結果、エグゼクティブ（とりわけＣＴＯ）が優秀なデジタルビジネス・トランスフォーメーション・リーダーになるためには、次の4つの特性が必要であることがわかった。それは、謙虚（Humble）、順応性（Adaptable）、ビジョナリー（Visionary）、積極的な関与（Engaged）だ。これらの頭文字を取って「ＨＡＶＥ」と呼ぶことにする。

謙虚とは、フィードバックを受け入れ、他者のほうが自分より知識があると認めることだ。謙虚さは、拡張をもたらしてくれる大勢の人たちを信用することを意味する。1人のリーダーの力だけでは絶対に達成できない。

順応性とは、「変化はつねに起きており、新たな情報にもとづいて自分のマインドを変化させることは、弱さではなく強さだ」と受け入れることを意味する。起業家精神あふれるイノベーティブなマインドセットも、順応性のひとつの要素だ。

ビジョナリーであることは、短期的な不確実性に直面しても、長期の方向性に明確な意識を持つことを意味する。また、先を見越す能力、とりわけ市場がどのように進化していくか、顧客が何に価値を見出すか、デジタル技術とデジタル・ビジネスモデルが競争にどのような影響を与えるかについて、先見の明を持つことが重要である。

積極的な関与は、変革リーダーとして成功するために最も重要な能力だ。なかでも、変革における戦略的・財務的な論拠を多様な利害関係者たちに伝える能力が求められる。

Source: Global Center for Digital Business Transformation, 2017-19

リーダーにリードさせるべし

評価額140億ドル、アメリカのエンターテイメント企業であるワーナー・ブラザーズで、戦略および事業開発部門のCDOならびに執行統括責任者を務めるトーマス・ジウェークは、組織内のどこで誰が何をしていようとデジタルの影響からは逃れられないと語る。

手がけているのが映画だろうと、テレビ番組だろうと、ゲームのソフトウェアだろうと、コンテンツをテレビや映画館、ネットフリックス、iTunesで配信することだろうと、DVDやブルーレイといった媒体でウォルマートに流通させることだろうと、あるいはコンテンツの保存から最終製品を製造するまでのあいだのなんらかのクリエイティブな側面を担当していようと、誰もがデジタルのツールを使い、デジタル媒体で仕事をしています。……デジタルは、ほぼすべての部署に完全に浸透しています。そのためマネジャーは例外なく、デジタルを前提とした組織運営能力を持たなくてはなりません。

それぞれのマネジャーがデジタルを理解し、それを自分が責任を負う分野に適用する道を探すべきだが、変革そのものはただ1人のリーダー、すなわちCTOによって推進されるべきだ。

私たちが学んだ重要な教訓は、「リーダーにリードさせるべし」というものだ。あなたの会社をこれまで成功に導いてきた人々（各部門の事業リーダー）には、これまでどおりの仕事をさせよう。もちろん、もし彼らのパフォーマンスがよくなかったり、上層部の合意（変革理念）を台なしにしようとしているようなら（四六時中蒸し返し、疑念を表明しているようなら）、代わりを見つけなければならない。しかし、事業リーダーには事業リーダーの働きと専門知識がある。大きな変革を成し遂げるには、彼らの積極的な姿勢と関与が必要となるだろう。

ほとんどの組織とその上層部の構造は、「変革」ではなく「経営」をするために最適化されている。そして上層部は、「変革推進者になる」ためでなく「結果を出す」ために存在する。結果は、株主の期待に応えるとか顧客からの緊急の要望に対処するといった、即時的な枠組みで評価されがちだ。

誰もが部門間を横断して成果を出すオーケストレーターになれると期待してはならない。その役割は、誰かのフルタイムの仕事にしよう。サイロをまたぎ、行き詰まりを解消できる誰か、リーダーたちが直面している困難なタスク（事業を効率よく効果的に運営すること）以外のタスクに集中できる誰かの仕事にするのだ。

「リーダーにリードさせるべし」というのは、チェンジマネジメント・ゾーンのなかでの変革を事業リーダーたちに任せることだ。意思決定をおこない、変革を実装することは、マネジャーたる者の仕事だ。しかし、**オーケストレーション・ゾーンでの変革は、事業と足並みをそろえたオーケストレーションを実現させるためにCTOに一任しよう。**

「リーダーにリードさせるべし」の教訓はCIOやCOOにも当てはまる。彼らは、事業の運営という懸案事項に集中させておくとよい（だからといって、それが非戦略的な業務だというわけではない）。部門内での調整に限定された「古典的変革」や、新しいアプリをグローバル展開する（包括的変革）、製造プロセスをデジタルに移行する（スマートX）などといった変革では、彼らがその中心的な役割を担うべきだ。もちろん、ITや業務運営のためのリソース（CIOやCOOの下に就いている人、データ、インフラ）は、トランスフォーメーション・オーケストラ内の多くの楽器にとって重要な要素であり（巻末資料2を参照）、変革ネットワークで中心的な役割を果たす。

企業のリーダーは、サイクルタイムを鈍化させたり、取り組みを重複させたりするだけのコルディナティという上位職を大量につくり出さないように留意しつつ、部門を超越した大きな仕事ができるように変革推進室を活用しよう。その際には、CTOと「点線のレポートライン」で結ばれた各事業部門の「トランスフォーメーション・リード」が助けとなる。このことは、効果的な拡張と実行を生み出すために重要であり、それが実現されれば、誰もが自分なりの貢献をしたり、変革推進室で何が起きているのかを把握したりすることができる。

オーケストレーターは、変化の触媒となり、変化を加速させるために存在する。会社の方向性を決める「新たな国王」となるためではない。デジタルビジネス・トランスフォーメーションのリーダーがすべてを取り仕切るべきだという考え方は幻想か、もしくは愚かな考えだ。

変革目標の設定にあたり、変革推進室は大きな貢献をするが、ビジネスモデルと対応戦略の最終決定は、その事業分野を担当する上級リーダーがおこなうべきだ。経営陣は、戦略ポートフォリオ全体を管理し、変革理念に描かれた状態に関する意思決定権を持つ。CTOは、問題を枠組みに当てはめて、専門家としてのアドバイスを提供し（市場破壊や顧客行動、「旨み」の測定法など）、意思決定のためのプロセスとツールを提供する。

どうやって変革を実行するかについての責任はCTOにあるが、その結果についての責任は経営陣が共有する。バンクウェストのCIO、アンディ・ウィアーはこう語る。定義上、彼は技術と変革についての責任を負うが、「エグゼクティブは1人残らず、モデルの構築や運用を成功させることに責任を負っています」。

ＣＴＯは、すべてのデジタル・プロジェクトを所有したり、リソースや権力のために社内の他の人間と張り合ったりする必要はない（また、そうすべきではない）。事業部門やＩＴ部門のリーダーはＣＴＯを「ライバルや侵入者」ではなく「重要な仲間」とみなすべきだ。そうは言っても、他の部門や部署と変革推進室のあいだには、ある程度の緊張感があるのがふつうだし、そのほうが生産的でもある。スプリント社のＣＤＯ、ロブ・ロイはこう指摘する。「誰にも文句を言われないなら、あなたはあまりイノベーティブではないということです」

インタビュー中、ある人物が私たちに言ったように、煎じ詰めれば、事業の利害関係者間で物事をどう調整するかにかかっている。「私は彼らにこう言います。『私は警官ではないし、あなたの仕事を奪うつもりもない。私の唯一の業績指標はあなたの成功です。あなたの勝利を助けるためにここにいるんです』と」

変革ネットワークとともに実行する

ＣＴＯと変革推進室のメンバーは、オーケストレーターとなる。彼らはリソースを動員し、結びつきを機能させる。しかし、変革ネットワークを通じて生み出される新しいプロセスとよりよい能力は、実際にはどのようにして構築されるのか。誰がアプリケーションを開発してサービスを供給し、成果をテスト、デリバーするのか。

それは、変革ネットワークに存在する組織リソース（人、データ、インフラ）の仕事だ。変革推進室は、ビジネスアーキテクチャのマップ作成やコミュニケーションなどのオーケストレーション能力（図表5‐2参照）に集中し、それらを監督し、変革ネットワークが新しいプロセスとよりよい能力を創出するのを（何かを新しい方法でおこなえるようになるのを）手助けする。

大中規模の既存企業なら、さまざまな事業分野の課題に並行して対処するため、複数の変革ネットワークを持つことになるだろう。CTOは、この複数の変革ネットワークからなるネットワーク、すなわち変革プログラム全体に対して責任を負う。しかし、現実には、CTOが複数の変革ネットワークの細部まで監督することはできない。その責任は、変革ネットワークを構成する個人（他のリソースとの結びつきを見通し、コントロールできる人物）が負うべきだ。ここでは、こうした役割の人物を「ネットワーク・オペレーター（network operator）」と呼ぶ。

ネットワーク・オペレーターの仕事は、リソースを動員し、結びつきを機能させることだけではない。変革ネットワークの実行を管理するのも、彼らの仕事だ。ネットワーク・オペレーターは、関連するリソースが新しいプロセスやよりよい能力をつくり出せるように舵取りをする。変革推進室の一員として進捗状況を共有し、活動に優先順位をつけたり、障害物を取り除いたりするのだ。

ネットワーク・オペレーターは、自ら管理する変革ネットワークの「アジャイル・ヘッドコーチ」として機能する。アジャイルな作業方式を使って「新しいプロセス」と「よりよい能力」をデザインし、それを開発、展開する。そのためには、連続的な開発と統合をおこなうツール（Jenkins や Jira など）や、バージョン管理システム（Git や Apache Subversion など）、クラウ

図表 6-5　トランスフォーメーション・ネットワークの管理

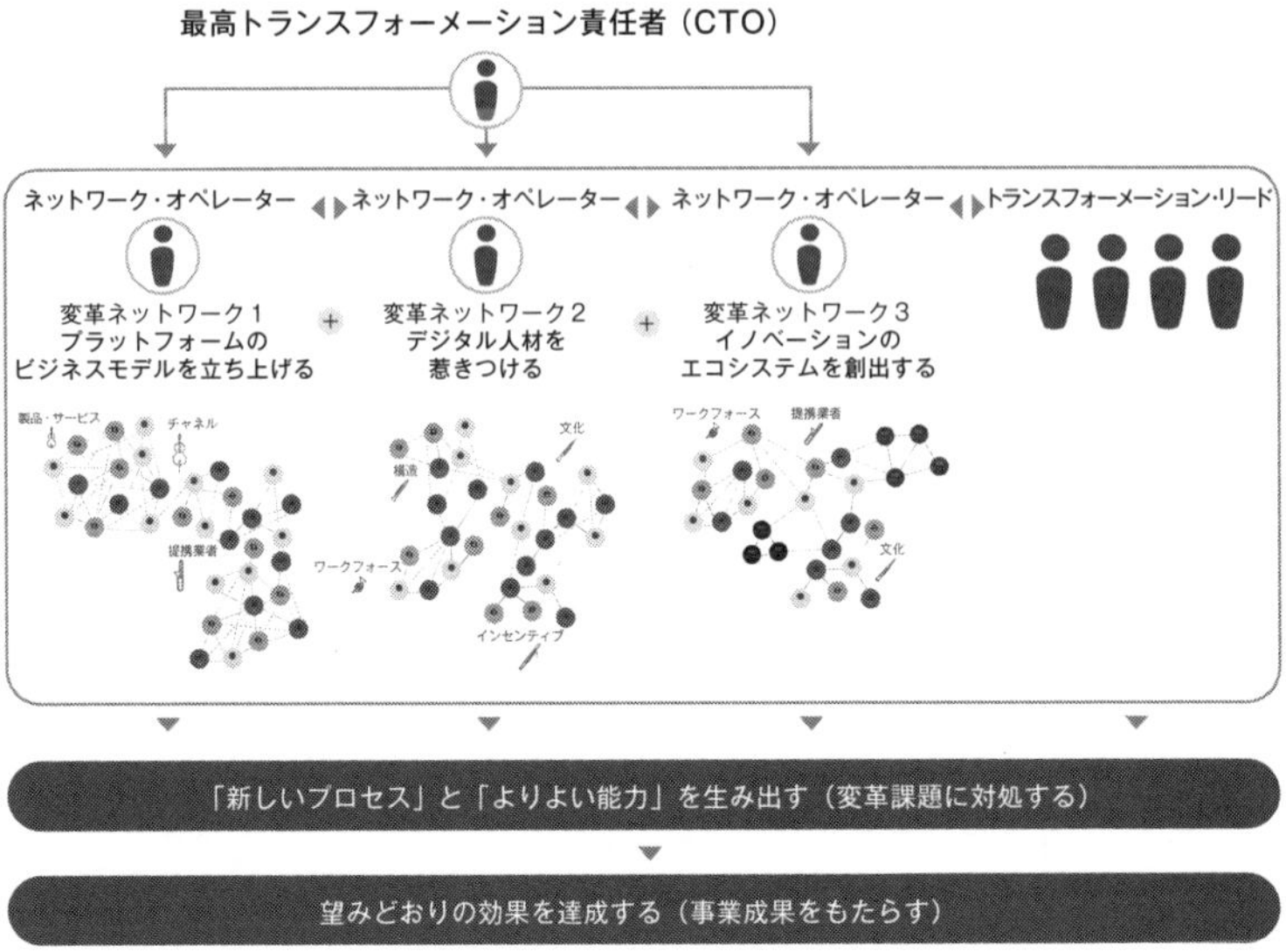

Source: Global Center for Digital Business Transformation, 2019

ドベースのＳａａＳ（ServiceNowやHerokuなど）、コンテナ編成用のアプリケーション（DockerやKubernetesなど）が必要となるだろう。

　また、変革ネットワーク内の作業をシンクロさせるためには、ネットワーク・オペレーター同士が協働しなければならない。変革ネットワークの実行をサイロ化してはならない。図表6－5は、バイクコーのような企業における状態を視覚的に示している。ここでは3つの変革ネットワークが同時に動いている。

　トランスフォーメーション・リードはネットワーク・オペレーターにとって重要なパートナーだ。トランスフォーメーション・リードは、自分が所属する部署のリソースを動員したり、アドバイスしたりするだけでなく、変革ネットワークの作業を自らの部署に伝達する。

変革ネットワークの産物である新しいプロセスとよりよい能力は、目のまえにある課題に向けられるが、それが、オーケストレーションが望んだとおりの効果を生み出す。望みどおりの効果というのは、収益増や利益増といった事業成果の改善だ。しかし、新しいプロセスやよりよい能力を拡張するためには、その成果を事業の中核にまで移行させる必要がある。そうすることで、成果の構築にひと役買ったリソースが、その後もこの成果を日常業務で使えるようになる。

例を挙げよう。バイクコーの2番目の変革ネットワーク（デジタル人材を惹きつける）における主要な楽器は「ワークフォース・エンゲージメント」だ。この楽器には十中八九、人材獲得のエキスパート、つまり同社の採用担当者が含まれるだろう。彼らは、デジタル人材を惹きつける新たな方法を考案する際に貢献し、助けとなる。それが準備万端ととのったら、ネットワーク・オペレーターは新たなプロセスを事業に組み込み、監督作業を終了して、業務を前進させる。そして、採用担当者は、自ら協力してつくり出した新しいプロセスやよりよい能力の主要ユーザーとなる。そもそもリソースとしてこの取り組みに寄与しているため、このやり方であれば、変革プログラムにありがちな「採用」に伴う問題を多少なりとも解消できる。

事業の支援や育成（インキュベーション）はネットワーク・オペレーターと変革推進室の監督下でおこなわれるが、その拡張や運用は、それぞれの事業部内でおこなわれる（必要最小限の機能を持った製品や成果を各部署に移行させる際にはトランスフォーメーション・リードが一定の役割を果たすが)。この移行作業は、アジャイルな作業方式の手法を真似たもので、新しいプロセスとよりよい能力をスピーディに生み出している企業に共通するアプローチだ。これを「デブオプス(DevOps)」(開発担当者と運用担当者が密接に連携する手法)と言う。デブオプスには、開発担当者と運用担当者のあいだでシステム的に統合された「ハンドシェイク(両者間で同期してデータ処理をおこなうための機能)」がある。変革推進室は、新しいプロセスを大規模に運用している部署からのフィードバックをもとに微調整や反復作業をおこなうため、そのアウトプットとの接点を保つ。

一元化したほうがいい場合もあれば、分散化したほうがいい場合もある。変革実践者に向けた覚書として、私たちは以下のような詩をつくった。

新しきを創造するため、孵化の時が訪れたら
賢きエグゼクティブはつねに「分離(separate)」するを知る
されど時流がスケールに移ろうのなら
過《あやま》たず思い出せ
運用と伝播《でんぱ》のため、「統合(integrate)」することを

変革ネットワークは、変革するための「結びつきのアプローチ」を採用するにあたり、要となる存在だ。しかし、なぜ変革ネットワークは機能するのか。なぜ変革ネットワークを使うと成功

する確率が高まるのか。

そこにはいくつもの要素が絡んでいる。変革ネットワークはタスクを明確にする。そこには、「変革目標を定めることによって浮き彫りになった能力ギャップを埋める」という具体的な仕事があるからだ。タスクが明確になることで、何が変革の範囲内で何が変革の範囲外なのかを整理し、実行にあたってのガードレールの役割を果たす。

「ネットワークからなるネットワーク」のなかに変革ネットワークを組み込むことで、CTOは、どんなリソースが存在し、それらがどのように交流しているのか（あるいはしていないのか）、特定の課題とどう関連しているのかを見通すことができる。この見通しのよさが、相互調整に伴う課題の解決に貢献する。左手は右手が何をしているのか把握できるし、逆もまたしかりだ。見通しのよさは、組織学習にも貢献する。変革を繰り返すたびに企業は、前回よりも容易に、効率よくできるようになる。変革推進室は、変革ネットワーク全体で学習した内容や資産を体系的に抽出し、文書化して共有すべきだ。

リソースを集め、効果的に協働させることで変革ネットワークを適切に機能させるには、本書に記したオーケストレーション能力が役立つ。デジタルビジネス・アジリティとアジャイルな作業方式は密接に関連しており、**「結びつきやすさ」が「結びつき」の下地となる。**そして、度重なる変革の失敗から形勢を逆転する一手となる。変革ネットワークが、弱い結びつきを通して、分散したリソースにアクセスできるようになり、それぞれのリソースは変革のタスクに貢献する。強い結びつきは、ほとんどの部門間横断型の作業に著しく欠けている信頼と連帯感を生む。

変革ネットワークから生じる「弱い結びつき」と「強い結びつき」は、変革を成功に導く相乗効果を生み出すうえでカギとなる要素だ。

企業がオーケストレーション・ゾーンで活動すると、競争上の利益という意味で多くのバリューが得られる可能性があるが、同時にリスクもある。しかし、変化するための「結びつきのアプローチ」と関連するアジリティは、取り組みをより小さく、よりシンプルに、実行可能なピースに分解して、弾みをつけ、うまくいっていない箇所の針路を修正するチャンスを与えてくれるため、そうしたリスクをなくすことができる。実践者がこれらのピースをつなぎ合わせれば、包括的で大規模なデジタルビジネス・トランスフォーメーションを成功に導けるだろう。

終章　企業がとるべき21のアクション

Orchestration in Action

コンセプトを当てはめる――バイクコーはどう実行したか

本書は、変革実践者のマインドセットや、変革の捉え方、組織そのものをどう新しい目で捉えるかに主眼を置いてきた。しかし冒頭で私たちは、「どうやって？」という疑問に対する答えを出すことを約束した。変化するための「結びつきのアプローチ」のもと、どうやってデジタルビジネス・トランスフォーメーション・プログラムを実行すればいいのか？

終章では、これまでに紹介してきたさまざまなフレームワークを実践に移す方法を具体的に示す。数々のコンセプトをつなぎ合わせて「オーケストレーション・ゾーンでの変革」を推進するにはどうすればいいか、バイクコーの例に立ち戻って考えてみよう。

さまざまなアドバイスやフレームワークを紹介してきたが、この章ではそれらが順番に登場するわけではないことに注意してほしい。その理由は、それらがあなたの会社のなかで直線的に使われることはないからだ。デジタル・ボルテックスの渦中にある多くのものと同様、連続した明白なプロセスはない。それでも、どんな旅にも最初の一歩があるように、どこかを出発点としなければならない。楽団の指揮者やバンドのリーダーならきっとこう言うだろう。「とりあえず頭からやってみよう！」

なお、本書の〈巻末資料4〉は「オーケストレーター虎の巻」となっている。これは、本章で説明するカギとなるアクションをまとめたものだ。デジタルビジネス・トランスフォーメーションの実行にあたり最も重要な21個のアドバイスを、いつでも参照できるようにした。

＊＊＊

中核市場が縮小するなか、バイクコーは新しいかたちの競争に直面していた。ＣＥＯと取締役会は、収益とマージンを増加させる新しい方法としてデジタルビジネスを取り入れることにした。それは、ある分野では守りに入り、別の分野では攻撃に打って出ることを意味していた。

将来のプランの大きな部分をデジタルが占めるようになったことに伴い、大規模で複雑な改革が求められていた。実行すれば事業に大変革がもたらされ、会社の全体、ほぼすべての部門と部署に影響が出そうだった。バイクコーのように「組織のもつれ」がある環境で大変革を起こすには、組織リソースを動員し、それらの結びつきと協働を可能にするオーケストレーション・ゾーンでの活動が必要となる。

標準的な組織変革も並行しておこなわれるだろう。しかし、バイクコーの最高幹部陣が思い描いたデジタルビジネス・トランスフォーメーションは、まだその詳細は定まっていないものの、それぞれのマネジャーが社内のあちこちでバラバラに主導するサイロ型の努力では、とうてい達成できないと予想された。

アクション デジタルビジネス・トランスフォーメーションを追求する際には、チェンジマネジメントに頼るのでなく、変化するための「結びつきのアプローチ」の必要性を受け入れ、オーケストレーション・ゾーンで活動する。

そのためバイクコーは、新しいポジションとして「CTO」を創設した。社外から採用されたニーシャ・クマールがこの役職に就いた。スポーツ用品事業に携わった経験はないが、小売業界出身で、小売専門の大企業で上級Eコマース担当者を務めていたため、変革の実践にかけては経験豊富だった。

ニーシャは好奇心旺盛で、チームを編成するのが得意だった。毅然としていたが協力的で、権力を振りかざすタイプではなかった。新たにCTOの座に就き、チャレンジと新しい物事を学べる機会ができたことに興奮していた。技術屋ではなかったが、デジタル・ビジネスモデルに深い理解があり、小売業界に転身するまえは大きなマネジメント・コンサルタント会社で10年以上も戦略を担当していた。

顔合わせや電撃的な発表、利害関係者との関与を経て、彼女はすぐにバイクコーの上級・中級マネジメント層の信頼を勝ち取った。3カ月と経たないうちに、社内の最も疑い深い保守派でさえ、ニーシャは会社の事業分野や現在の経営環境、市場の力学について強力な能力を持っていると認めざるを得なくなっていた。CTOに必要なリーダーシップ特性「マストHAVE」を持っていたのだ。彼女は、謙虚で、順応性があり、ビジョナリーで、積極的な関与をする。

アクション CTOを任命する。謙虚で、順応性があり、ビジョナリーで、積極的に関与してくれる人物を雇う。

CTOであるニーシャの権限は、バイクコーのデジタルビジネス・トランスフォーメーションを推進することだった。彼女は、包括的に変革を監視するという明確な責任を負っていたが、上司にあたるCEOは、ニーシャの成功は社内のリーダーたちの双肩にかかっていると理解していた。そこで責任を分担させることにした。ニーシャとCEOは長い時間を費やして変革に関する役割と範囲を定義し、バイクコーをポジティブな意味で「ディスラプトする」ことに決めた。CEOは、ニーシャが組織を揺さぶってくれることを、そしてたとえ事業上のリスクを引き受けることになったとしても、企業として新しい何かができるようになることを望んでいた。ニーシャは、同社で進んでいるデジタル・プロジェクトをどれも「所有」しなかった（バイクコーではCIOとその傘下の事業部門がプロジェクトを所有し、推進していた）。彼女はむしろ、ビジネスモデルのイノベーションを推進して成長を促す、部門間横断型の取り組みに集中することになった。各部門にデジタル能力を組み込むことについては当事者からの反発が予想された。

アクション デジタルビジネス・トランスフォーメーションをオーケストレートし、組織リソースを動員してその結びつきを機能させる責任を、CTOに与える。一方で、変革の結果については責任を分担し、共通のKPI（主要業績評価指標）を用いる。社内の各部署・部門は、それぞれの領域にデジタル能力を実装し、変革を推進することに集中する。

最初の計画では、彼女のグループはIT部門に属することになっていたが、ニーシャはそれを頑《かたく》なに拒み、CTOを引き受ける条件として、CEOの直属にしてもらいたいと主張した。最高幹部チームの一員になれば、成功に必要なレベルの権威が得られるとわかっていたのだ。社内ヒエラルキーの下層にいるようでは、求められている種類の変革を実行することはほとんど不可能だった。

アクション CTOに高いレベルの序列を与える。中間管理職やコルディナティ（調整役）としてではなく、組織内に大きな影響力を持つ経営幹部の一員として扱う。

CTOの役割に関する初期の対話のなかで、CEOは「一人二役のアプローチ」を提案した。ニーシャが100名以上のIT部門の人員をCIOから引き継ぎ、彼らを指揮してさまざまな「次世代プロジェクト」を進めるというのだ。ニーシャは自分の勢力の拡大や、そうした組織を指揮することには興味がなかった。そこで、その提案に異議を唱え、①デジタルビジネス・トランスフォーメーションとはITの行使だけではないこと、②自分がバイクコーに入ったせいで、この会社の経営が「多重人格」を持つような状態になることはまったく望んでいないことを説明した。組織が貴重な時間を無駄にすることも、組織再編に莫大な費用をかけることも、望んでいなかったのだ。

アクション CTOの下に「変革推進室」を立ち上げる。チームは小規模にとどめること。このチームには変革を実行させるのではなく、変革に関係する業務の大部分をオーケストレートさせる。

CEOもそれに賛成し、ニーシャは40名ほどの小規模で機敏なチームを立ち上げた。バイクコーの変革推進室だ。しかし、自分と数十名の部下だけでは、大規模な変革を起こせないこともわかっていた。変革を起こすには、会社のあちこちにあるリソースや主要な提携業者、ベンダーのリソースをオーケストレートし、必要な処理能力と専門知識を手に入れる必要がある。

彼女は、社内に分散したリソースの複雑なオーケストレーションをおこなうために必要な、特定の能力を持った人材を多数集め、慎重に変革推進室を立ち上げた。このチームをつくるうえでニーシャが真っ先にしたのは、IT部門に属していた「ビジネスアーキテクト（ビジネスの専門家であり、ITにも精通した人物）」を10名ほど借りたいと交渉することだった。ビジネスアーキテクトたちは会社のプロセスやシステムについて体系的で豊富な知識を持っており、彼らはすぐに組織内の「人」「データ」「インフラ」というリソースのマップづくりに取りかかった。

バイクコーのデジタル能力はきわめて平凡だった。ガリ版や緑色の画面の端末、ファックス機を現役で使っていたわけではないにしろ、ニーシャとの最初の打ち合わせで、ＣＩＯ自身が「デジタル・ソリューションについて言えば、この会社にはやるべきことが山積している」と認めていた。

ＩＴ部門も実に平凡だった。アジャイルな作業方式を実現しようという取り組みもあるにはあったが、ずっとまえからほとんど進捗がなかった。ＩＴ部門というものがおしなべてそうであるように、従業員たちは勤務時間の大半をただ「明かりをつけておく」ためだけに費やしていた。

ニーシャが（ＩＴ部門だけでなく）会社全体の問題だとはっきりと気づいたのは、測定に関することだった。デジタル・プロジェクトや変革に向けた努力、自分たちがもたらしているバリューを測定する基準がほぼ皆無だったのだ。彼女は、コンサルティング業界にいたときに一緒に仕事をしたことのある優秀なファイナンシャルモデラーを引き入れて、作業を記録し、株主価値への影響を定量化できる、一貫性のある方法論を開発させた。

アクション 変革プログラムがバリューに与える影響をモデリングできるリソースを従事させる。これにより、変革に向けた努力を軌道に乗せ、利害関係者、とりわけ上級管理職と取締役会のサポートを獲得できる。

変革推進室に関するニーシャの構想には、バイクコーの社内には存在しない新たな人材とスキルが必要だった。時間の余裕があったわけではないので、バイクコーのＣＨＲＯ（最高人事責任者）と打ち合わせをし、「アジャイルコーチ」を6名ほど雇うプランを考案した。本格的な技術スキルとビジネス知識の両方を持つ人材が求められていたため、バイクコーの人材採用担当者は、キャリアをスタートさせたばかりのソフトウェア開発者と、コンサルタント企業の中堅プロフェッショナルを雇うことにした。

カスタマージャーニー・マップの作成やデザイン思考の経験が豊富なコンサルタントも数名雇おうとしたが、運悪く、本社があるマサチューセッツ州の小さな町ではこうした人材を採用できなかった。これらのスキルは、利害関係者たちが問題の根本的な原因を特定し、クリエイティブな思考法でソリューションを導き出し、カスタマーバリューの向上を第一にした取り組みをするうえで役立つはずだとニーシャは確信していた。ＣＥＯが初日から力説していた「揺さぶり」を生み出すためにも有用だと思われた。そこで、エコシステム内の提携業者や人材派遣会社の力を借りて、こうしたエキスパートを見つけ出し、彼らを雇用するのではなく契約スタッフとして従事させた。

アクション 変革推進室に、「デザイン思考」や「ビジネスアーキテクチャ」などのオーケストレーション能力を持った人材を引き入れることを最優先する。能力ギャップを埋めてくれる人材がいないかどうか、エコシステムにも目を向け、機敏に人材を引き入れる（貴重なスキルや高額なスキル、たまにしか必要としないスキルを持った人材の「タレントプール」を開発するなど)。

ニーシャは、最初に雇われたときはもちろん、その後も継続的に、自分が強固なサポートを必要としていることをCEOと取締役会にはっきりと伝えていた。前職での経験から、マネジャーたちが徐々に手を引いていってしまうことが、変革プログラムの終わりの始まりだとわかっていたからだ。CEOと取締役会はその期待に応え、さらに本腰を入れるようになった。CEOは経営陣と社員全員のまえで、自分が変革推進室を無条件でサポートしつづけていくこと、すべてのマネジャーと従業員に「同じ灯台に向かってボートを漕ぐ」よう期待していると繰り返し語りかけた。

これは、CEOが自ら手本を示したリーダーシップの姿勢であり、組織内のコミュニケーションに対する規律あるアプローチでもあった。つまり、「手を引く」という道はないのだ。とはいえプランが石に彫り刻まれているわけではない。ニーシャたちは変革の道中で学習し、条件の変化に適応していくことになるだろう。しかし、経営陣が思い描く会社の変革と、責任の構築のされ方にはある程度の一貫性があった。

アクション 経営陣は「変革の方向性を強化する」と一貫して明言する。マネジャーや従業員に対しては「その方向性をサポートするよう計画し、投資し、実行してほしい」とはっきり伝える。

ＣＥＯと取締役会は、スピーディかつアジャイルに動くために必要な予算に、柔軟性を持たせたいと考えていた。ニーシャはＣＦＯと協力して、社内ベンチャーファンドを設立した。変革の実行にあたって財務面を円滑にし、プロジェクトを加速させるため、１５００万ドルがファンドに投じられた。

彼女が入社するまえから、バイクコーのＣＥＯと取締役会は、心のどこかで変革の必要性を感じていた。社内のあちこちでデジタル・プロジェクトやパイロット版が動いていたが、いずれもちぐはぐなもので、自動化による効率化や生産性の向上といった意味では、わずかな収穫しか得られていなかった。ニーシャとそのチームは、会社がどの領域をデジタル化しようとしているのかについて基本的な理解をしておくため、ＣＩＯと協力して早急にこれらのプロジェクトを仕分けし、新しいプロジェクトがはじまると、そのリストをアップデートした。こうしてガバナンスのプロセスが良好になり、ポートフォリオをしっかりと把握できるようになった。

アクション 適切な規模の「社内ベンチャーファンド」をつくり、部門間横断型の取り組みと事業成果を加速させる。

ニーシャが会社に入ってから5カ月ほど経ったころ、バイクコーの会計年度が終わり、決算が完了した。結果はひどいものだった。収益、マージン、市場シェアは軒並み低下していた。デジタルビジネス・トランスフォーメーションに向けていますぐに行動しなければならないことは明らかだった。

この散々な結果に焦り、ニーシャと経営陣はケープコッドで重要なプランニング会議をひらいた。このセッションで得られたおもな結論は、収益を増加させ、マージンの低下に歯止めをかけるため、デジタルビジネスの機会を模索する作業グループを設立することだった。CTOであるニーシャはこのグループを指揮することになった。

アクション 社内のあちこちで進行している大きなデジタル・プロジェクトを文書にまとめ、見通しをよくし、相乗効果を生みやすくする。しかし、オーケストレーターはこうしたプロジェクトを「所有」すべきではない。

この作業グループは、20名ほどの上級・中級エグゼクティブから構成された。彼らはデータを精査し、外部のアナリストや提携業者たちと打ち合わせをし、会社が採りうる選択肢を熟考した。ニーシャとそのチームの主要メンバーは作業グループの仕事を手助けし、プロジェクトマネジャーとして、またトレンドや市場の規模、顧客データの「鑑定人」として補佐した。彼女が引き入れたカスタマージャーニーとデザイン思考のエキスパートたちは、顧客視点からさかのぼって考えることで作業グループを助けた。「顧客は何を望んでいるのか」「顧客の行動と期待はどう変化しているか」「私たちはどうやったらデジタルを使って新しいかたちで価値を創出できるか」

アクション 顧客を、デジタルビジネス・トランスフォーメーションの中心に据える。新しい価値もしくは改善された価値をどうやって最終顧客に届けるか、顧客視点からさかのぼって考える。

作業グループはバイクコーの4つの主要な事業分野を見渡し、部品部門に、なかでもそのチャネル構造に興味深いデジタルビジネスのチャンスがあると考えた。チャネルは、独立系バイクショップと小売チェーンという大きなネットワークに依存していた。

部品部門の事業について、作業グループはサプライヤーとバイクコーの最終顧客を新しいかたちで結びつけられるプラットフォームモデルを追求することを推奨した。部品部門の責任者はそのプランを気に入った。プラットフォームはバイクコーの顧客に大きな価値をもたらすはずだ。それには、コストバリュー（自転車用部品をより安く買える）、エクスペリエンスバリュー（部品を売買する方法の選択肢と利便性が増す）、プラットフォームバリュー（プラットフォームによってもたらされる新しい結びつき）が含まれていた。部品部門の責任者は「破壊戦略」を支持し、新しいプラットフォームを「バイクコーＳＨＩＦＴ」と名づけた。プラットフォームバリュー、マーケットプレイス指向のビジネスモデル、それから破壊戦略が、この事業分野における「変革目標」となった。

アクション 変革目標を設定する。これには、「カスタマーバリュー」を創出し、供給、実現するための適切な「ビジネスモデル」と、それを実現するための「対応戦略」が含まれる。変革目標は事業分野ごとに設定すること。各事業分野のリーダー（ならびに経営陣）は変革目標をサポートしなければならない。各事業の変革目標を定めるのはＣＴＯの仕事ではない。

しかし、作業グループは、部品部門以外の事業分野では破壊戦略を採っても旨みがないと感じていた。それらの事業分野で特定された機会は「防衛的」なもので、デジタルツールやデジタル技術を使って事業を合理化し、徐々にコストを減らし、チャネルのエクスペリエンスを強化することだった。これらの事業分野のリーダーたちは「収穫戦略」を追求することにした。

バイクコーの全事業分野について変革目標が設定されると、ニーシャは経営陣と協力して「変革理念」による補強をおこなった。この理念により、変革に向けた取り組みの範囲と、会社が望む競争力のレベルが定義された。売上に占めるデジタルの割合を大幅に拡大することを目標としたこの変革理念は、「25年までに４つで50」というかたちで表現された。これは「２０２５年までに、４つの事業分野すべてで、デジタルチャネルから収益の50％を得る」という意味だ。変革理念は、取り組みに必要な、規律あるコミュニケーションを維持するのに大きく貢献した。会社の方向性についての自覚や理解、積極的な姿勢が生まれたのだ。それは過去数年間、会社のワークフォースのなかにまったく存在しなかったものだった。

アクション 事業分野ごとに異なる変革目標を立て「対応戦略のポートフォリオ」を作成する。

変革推進室は前進を続け、自転車用部品事業については「バイクコーSHIFT」の立ち上げとインキュベーション、その他の事業分野については経営の合理化とチャネル・エクスペリエンスの改善がおこなわれた。いずれも性質上、部門をまたいだ課題であり、バイクコーの「組織のもつれ」のせいで、問題が複雑化していた。ニーシャとそのチームはトランスフォーメーション・オーケストラのフレームワークに着目し、社内の「人」「データ」「インフラ」というリソースをシンプルかつ包括的に見直すことにした。彼女のチームがまとめたビジネスアーキテクチャ・マップをもとに、言わばドローンの視点から組織を俯瞰し、誰が何をしていて、ワークフローやプロセスがどのようになっているかを把握できるようにした。こうして、自分たちが何に取り組み、何に取り組まなくてよいかを理解した。

アクション 変革理念（会社全体の変革ゴール）を明確に伝えること。理念は、正確で、現実的、包括的で、簡潔、測定可能（PRISM）なものでなければならない。上級リーダーたちに変革のアンバサダー役を務めてもらい、それぞれのチームのコミュニケーションやプランニングの場で変革理念を強調してもらう。

バイクコーSHIFTを機能させるにあたり、新たなビジネスモデルを構築するために最も重要な楽器は「製品・サービス」「チャネル」「提携業者エンゲージメント」だと思われた。この3分野に関連する人、データ、インフラというリソースを社内のあちこちから集める必要があった。防衛的戦略を採った事業分野については、目のまえのタスクに適切なリソースを動員できるように「文化」「インセンティブ」「組織構造」「ワークフォース・エンゲージメント」という楽器の優先順位を高くし、目のまえのタスクのために適切なリソースを集められるようにした。

アクション トランスフォーメーション・オーケストラのすべての楽器を網羅した「ビジネスアーキテクチャ・マップ」を作成する。存在している人やデータ、インフラのマップの他、それらの関係性とワークフローについてもまとめる。

オーケストレーション・ゾーンで変革を進めるため、ニーシャとそのチームはこうしたリソースを動員し、結びつきを機能させなければならなかった。新しいプロセスとよりよい能力を構築するために「変革ネットワーク」が形成された。それぞれの変革ネットワークは、会社が直面しているさまざまな課題に対処するための複数の楽器（と、それらが表しているリソース）で構成された。集められたリソースの能力評価をおこなったところ、人材やデータの利用可能性、完全性、関連する資産との結びつきに、いくつもの不備やギャップが発見された。こうした情報にもとづき、変革推進室は変革を実行するためのそれぞれの活動に優先順位をつけた。

アクション 変革目標から浮き彫りになった課題と最も関係が深い「楽器（あるいは組織リソース）」を突き止める。

バイクコーでは3つの変革ネットワークが同時に動いており、それぞれが、①プラットフォーム（バイクコーSHIFT）を立ち上げる、②デジタル人材を惹きつける、③イノベーションのエコシステムを創出するという目標を持っていた。目標は明確で、実行範囲も正確に定義されていた。そのため、進捗の管理と、もたらされる価値も容易に測定できた。ニーシャは、3つの変革ネットワークをすべて成功に導く責任があった。この「ネットワークのネットワーク」は直線的ではなかったが、会社のデジタルビジネス・トランスフォーメーション全体像のロードマップになっていた。

アクション 変革を進める際に直面する課題に取り組むために、複数の「楽器」で構成された「変革ネットワーク」をつくる。それぞれのネットワークは俊敏に動けるよう小規模にとどめ、的を絞った特定の課題だけに注力させる。こうすることで、変革の進捗や影響が測定しやすくなる。

それぞれの変革ネットワークは、「ネットワーク・オペレーター」が指揮した。オペレーターはいずれもニーシャが雇ったアジャイルコーチで、それぞれが受け持ちの変革ネットワークに必要なリソースを動員し、リソース間の結びつきを機能させる使命を帯びていた。加えて、新しいプロセスとよりよい能力の構築についても責任を負っていた。これには以下のものが含まれる。

・カスタマージャーニー・マップの作成を手配し、関係者に向けたデザイン思考のワークショップを実施する
・ビジネスアーキテクトと協働し、組織リソースとその関係性のマップを活用する
・リソースの能力評価をおこない、改善すべきエリアの優先順位をつける
・変革ネットワークに組み込まれたリソースが適切な協働ツールを使えるようにする。また、関連するコミュニケーションが変革ネットワークの内外を円滑に流れるようにする
・迅速な実行を可能にする共有データ保管方法や開発プラットフォーム、「サンドボックス」を活用する
・ソフトウェア開発者にＡＰＩ（アプリケーション・プログラミング・インターフェース）を書かせて、必要だが結びついていないデータとインフラをつなぐ
・アジャイルな作業方式を使い、反復型スプリントで作業を進める

残念ながら、バイクコーの経営陣にトラブルメーカーがおり、２人の非協力的なエグゼクティブが、ＣＴＯという役職に対して敵意をむき出しにしていた。しかし、残る７人のエグゼクティブは変革の必要性を理解しており、日常的な対立こそあったものの、変革推進室の誠実なビジネ

スパートナーであることがわかった。

アクション CTOが他部門や他部署のリーダーたちと強力な信頼関係を築けるようにする。変革推進室は、他の事業と張り合うものではなく、イノベーションやアジリティ、スピードの源泉だと考える。

ニーシャの仕事を認めようとしない2人のエグゼクティブのうち1人は、家族ともっと時間を過ごすよう諭され、早期退職金を受け取ることになった。もう1人は変革推進室をサポートせず、そのファンドや能力を有効に使わなかったため、自業自得と言うべきか、すぐに仲間外れになった。彼の担当部署の業績は傾き、主要な人材はよりよい環境を求めて去っていった。

ニーシャはCFOやCIO、COOといった他の経営幹部たちと仕事上の密接な関係を育み、1年と経たないうちに彼女のチームは、エグゼクティブたちが監督する全グループのクリティカルパス（プロジェクトのスケジュールを決定する作業経路）の見きわめに欠かせない存在となっていた。ニーシャは主要な部署や部門のマネジャーたちに対し、変革推進室との継続的な連絡役となる「トランスフォーメーション・リード」を各自任命するよう依頼した。トランスフォーメーション・リードで構成される「顧問団」はニーシャを補佐し、彼女のチームが陣頭指揮を執っている変革ネットワークの舵取りをサポートする。トランスフォーメーション・リードは双方向の情報伝達役として機能し、自分が所属している部門や部署からの情報を伝え、また逆に自分の部門や部署へ情報を伝えた。利害関係者とのこうしたかかわり方は、部門間をまたぐかたちで実行を「縫い合わせて」積極的な関与を引き出せるため、きわめて有用であることがわかった。

アクション 他のチームから「トランスフォーメーション・リード」を指名し、グループをまたいだ実行の「縫い合わせ」をサポートさせる。サイロ化した部門をつくるのではなく、「結びついた実行」をおこなうために「組織のファブリック」を織り、それを既存の組織構造の上にかぶせる。

エグゼクティブのなかには、変革より優先すべき業務があると考えている者もいた。バイクコーSHIFTの構築を目的とする変革ネットワークに組み込まれたリソースのいくつかは、そのエグゼクティブに管理されていた。バイクコーの経営陣には、まだトラブルメーカーが残っていたのだ。その人物はきわめて問題が多く、「そんな科学プロジェクトに使う予算はない」というのが口癖で、自分の部下たちは別の仕事に集中させると言い張っていた。

ニーシャはそんな彼にいくつかのことをはっきりと説明した。まず、バイクコーSHIFTの設計とインキュベーションに欠かせないリソース（このエグゼクティブの担当部門に所属しているリソース）は、重要なプロセスの変革と新しい能力の創出のために一定期間だけ必要になること。数回の大きなスプリントののちにそれが完了すれば、そうした人的リソースはまた解放されること。そして、このエグゼクティブが管理している関連データ源やインフラ資産をつなぐAPIの作成はニーシャのチームが引き受けること。

次に、ニーシャはこう説明した。あなたの部門の予算が厳しいことは重々承知しています。プラットフォームを構築することは会社全体にメリットがありますが、それを実現する責任はあなたにはいっさいなく、あなたにとってはなんの問題もありません。バイクコーSHIFTに必要な資金はすべて、変革のためにつくられた社内のファンドから出すつもりです、と。

また、バイクコーSHIFTの構築だけでなく、他にも2つの変革ネットワークが動いていることを説明した。ひとつはデジタル人材の発掘、もうひとつは会社のイノベーション・エコシステムの構築。どちらもあなたにとって具体的な利益があるし、あなたには機会費用は発生しません。それらについては、あなたの部門のリソースを借りなくても大丈夫ですから、純粋にメリットしかないはずですと。そして彼女は、あなたのリソースがバイクコーSHIFTの業務に奪われてしまうという問題にばかり目を向けるのではなく、会社全体の変革をもっと大きな目で見てくださいと頼んだ。

このエグゼクティブはそれでも考えを改めず、部下のマネジャーたちにプラットフォームなどという「お遊び」に手を貸さないよう指示し、変革推進室の仕事を妨害しようとしたため、ニーシャは彼と差し向かいで話し合うことにした。彼女はこう説明した。プラットフォームに対する意見や、成功につながるアドバイスであれば歓迎するが、①バイクコーSHIFTを本当に構築しなければならないのかどうか、②それについて、あなたのリソースが本当に必要なのかどうか、この2点に疑問があるのなら、ＣＥＯから直接あなたに話をしてもらうと。それは最後の手段だったが、彼女は自分の背後に強力なリーダーたちの合意があり、反対意見に対してはＣＥＯ権限を発動できるとわかっていた。

３つの変革ネットワークの作業が十分に成熟すると、そのアウトプットの所有権は変革推進室からそれぞれの事業部門に移行した。バイクコーＳＨＩＦＴについては、部品事業の責任者をプラットフォーム運営の統括責任者として新たに指名した。

ニーシャのチームも引き続き関与し、顧客やサプライヤー、営業チームからのフィードバックを受けて、調整と改良を続けていった。

それから数カ月のあいだに、ニーシャのチームが率いる変革ネットワークの産物である新しいプロセスとよりよい能力が実を結んだ。バイクコーＳＨＩＦＴは収益目標を達成した。他の２つの変革ネットワークは純利益の改善につながり、バイクコーのマージンは過去３年間で初めて上向きになった。会社はディスラプターを破壊し、市場シェアを取り戻そうとしていた。

アクション 変革推進室は、「新しいプロセス」と「よりよい能力」のインキュベーションに注力する。成熟期に入ったら、こうしたプロセスと能力の管理は事業部門に引き継ぐ。変革推進室はその後も時間をかけてアウトプットの調整に従事する。

バイクコーの市場が進化を続けるなか、ニーシャと変革推進室は新たな課題に目を向けた。それは複数の事業分野が、さらなるビジネスモデルの転換と戦略によってライバル企業の脅威をかわし、デジタルビジネスのチャンスを利用しようとしたことで浮上していた課題だった。変革推進室は変革ネットワークを立ち上げ、統合し、時間の経過とともに解散するため、アジャイルである必要があった。

新しいプロセスとよりよい能力を構築することや、変革ネットワークを通した「結びつきの実行アプローチ」を指揮することも重要だったが、変革推進室にはもっと基本的なタスクがあった。CEOがニーシャに頼んでいたのは、バイクコー社内に「揺さぶり」をかけることだけでなく、会社全体の「アジリティ」を改善することだった。「必要な新しいプロセスとよりよい能力を、もっと早く実現できるようにしてほしい。会社として私たちは、片手をうしろに縛られたまま戦っているように感じている。スピードとアジリティの点で私たちは、デジタル・ネイティブの足元にもおよばないのだ」

アクション CTOが他の主要なリーダーたち、とりわけCIOやトランスフォーメーション・リードたちと協働できるようにして、会社全体のアジリティのレベルを高める。これは変革のための基礎能力となる。新たな情報もしくは関連した情報を提供してくれる組織リソース同士の「弱い結びつき」や、結びつきのアプローチに必要な信頼と連帯感を育む「強い結びつき」の促進もここに含まれる。

会社全体の変革能力を強化するため、ＣＴＯとしてのニーシャの権限は拡張された。組織変革に向けた彼女の「結びつきのアプローチ」はうまくいってはいたが、会社全体を変革するにはより多くの「結びつき」を生み出す必要があった。それこそが変革を維持し、バイクコーを「いつでも変革可能な企業」へと変えるためのカギだった。ニーシャの組織は、ＣＩＯやＣＯＯ、部門や部署のマネジャーから任命されたトランスフォーメーション・リードと協力して「ハイパーアウェアネス（察知力）」「情報にもとづく意思決定力」「迅速な実行力」を伸ばす計画を推進した。情報を収集し、解析と総合的な意思決定のプロセスを使い、プロセスとリソースを事業上求められている場所で動的に使えるようにするため、さらに包括的な取り組みが必要となった。「デジタルビジネス・アジリティ」は社内の実践者たちのあいだで、ある種の標語になった。

ニーシャは、新たな情報もしくは関連する情報が組織リソース間で流通するよう、たくさんの「弱い結びつき」を創出した。また、とりわけ「人」のリソースのあいだに強い結びつきを育み、信頼と連帯感をつくり出して、効率的に協働ができるようにした。

現実に当てはめる

ここまで読んで、たぶんあなたはこう考えているだろう。「バイクコーの場合はそれでいいかもしれないが、こんなのは架空の企業の話じゃないか！」と。しかし、変化するための「結びつきのアプローチ」の説明としてバイクコーの例を出したのは、これらすべてを実際におこなっている企業は私たちの知るかぎり存在しないからだ。バイクコーの例は、企業のオーケストレーションを俯瞰するとどのように見えるかを説明するために引いたにすぎない。もう少し言えば、バイクコーは、私たちが調査した実在の民間・公営の組織像を融合させたものだ。彼らは、組織変革のための「より強固な結びつきのアプローチ」に向けて歩んでいる。

ここに挙げたようなことすべてを実践している企業が存在しないのなら、どうして私たちは「結びつきのアプローチ」こそが正解だと強く感じているのだろうか。あるいは、どうして組織リソースを純粋な職務以上の意味合いで捉える（楽器とみなす）必要があるのだろうか。変革ネットワークこそが組織変革実行の新しい道を切り拓くと、なぜ断言できるのだろうか。

第1に、私たちは「遅行指標」を探し出して定義したり、変革の手本になるような会社の過去数年間の道のりをチャート化したりしようとしているわけではない。私たちが必要としているのは「先行指標」であり、そういったもののうちのいくつかは、まだ完全なかたちでは世に現れていない。バイクコーのニーシャと同じように、私たちの門戸を叩くエグゼクティブたちには、あまり長い時間待っているような余裕がない。ネスプレッソのシリル・ランブラードの言葉を借りれば、「デジタル時代の1年は、犬にとっての1年（人間にとっては7年に相当）のようなもの」なのだ。

私たちのタスクは、特定の変数や特定の企業の業績を観察して、そこからなんらかの実証的な関係性を導き出すことではない（ハロー効果を思い出してみよう）。そうではなく、多様で変化しつづける競争風景を分解して、理解し、蒸留し、何がうまくいって、そしておそらくもっと重要なこととして何がうまくいかないかを伝えることだ。デジタル・ボルテックスのなかで学ぶ身として、私たちは混乱した不透明なビジネス環境でやっていかなければならない。そのため、発表時にはもう「賞味期限切れ」になっている従来のアカデミックな研究よりも、はるかに迅速に洞察を生むことを目指している。

第2に、序章でも述べたとおり、株式市場で注目を集める時代の寵児を真似たり、現代の「もつれた既存企業」とは似ても似つかない未開拓分野のスタートアップ企業やデジタルの巨人たちの変革努力に倣ったりするのではなく、本書では、ほとんど誰もが「まちがってしまうこと」に注目した。私たちの研究により、誰もがやってしまう無数の過ちが明らかになったが、それと同時に、変革のためのアプローチの軌道をうまく修正できる良質なプラクティスや、後悔を生まない方策も学ぶことができた。そうしたアプローチには明らかに共通している性質がある。私たちは紙幅を費やしてそれを説明してきた。

過去2年間でインタビューしてきたエグゼクティブたちのほぼ全員が、変革に向けた自分たちの取り組みは「未完成」であり、今後の競争に対してほどよい緊張を感じていると言った。KFCのCDO、ライアン・オストロムは言う。「デジタルビジネス・トランスフォーメーションを迅速にこなせると豪語する人がいるのなら、その人の素性を知りたい。私が学んだことは、誰もそんなに迅速には動けないということだからです」。これは私たちが本書を書く大きな理由となった。誰もが同じボートに乗り、デジタル・ボルテックスの渦のなかで、完璧ではないにしろ、ベストを尽くしている。

私たちがトランスフォーメーション・リーダーと目している企業、つまり熟慮を重ね、イノベーションや金融資本を注入したアプローチを採っている企業からさえ、優越感のようなものは微塵も感じられなかった。それどころか、他の企業が何をしていて、何を学ぼうとしているのか、誰もが知りたがっていた。すべてわかったと考えているエグゼクティブは1人もいなかった。

それは私たちも同じだ。DBTセンターは世界中の大中規模の企業から話を聞き、そこから学び、かかわりを持てる唯一無二のポジションに位置しているが、デジタルビジネス・トランスフォーメーションのこととなると、すべての答えを持っているなどとは口が裂けても言えない。オーケストレーション・ゾーンで変革を推進することは並大抵なことではない。ほとんどの大中規模企業にとって、デジタルビジネス・トランスフォーメーションは数年がかりの、地球規模の旅になるだろう。障害物やリスクがいたるところにあり、次世代のリーダーとしての素質が求められる。この旅は決してまっすぐにはいかない。不完全な情報にもとづいて行くべき道を定め、進んだと思えば袋小路で、ときには頭の固い同僚からの逆風に遭ったり、意図的にまちがった道を教えられたりすることもあるだろう。

それでも今日のエグゼクティブたちは、デジタル・ボルテックスのなかでは他に選択肢はないとわかっている。変革を正しく実行できなければ、取り残されるか、墓場に行くしかない。

まだ見ぬ未来

本書を通し、私たちは、増加の一途をたどる「規模」や「相互依存性」「ダイナミズム」によって特徴づけられる環境での組織変革において、誰もが直面するマネジメント上の課題を中心に論じてきた。世界中の企業に見られる変革プログラムがいまのような状態になってしまったのは、基本的には、人間の脳は「組織のもつれ」のなかを効果的に航海することができないからだ。

オーケストレーション・ゾーン内での変革のような、大きな変化に対峙するとき、私たちは主流派のマネジメント理論の壁にぶつかっているだけでなく、人間の脳と認識の限界にもぶつかっているのだ。人類は、指数関数的、多次元的、ネットワーク的な物事を考えるのに向いていない。

今日の行動経済学の基礎をつくった1人であるアメリカの経済・政治学者のハーバート・サイモンはこのことを理解しており、意思決定における「限定された合理性」を提唱し、生涯の功績によってノーベル賞とチューリング賞を受けた(注1)。限定された合理性とは、人が意思決定をする際には、その問題の難しさや自分自身の認知の限界、意思決定に費やせる時間の制限などにより、その合理性が限定的になってしまうという理論だ。

これを、エグゼクティブたちが直面している今日の組織と「変革のジレンマ」に当てはめて考えてみよう。自然な傾向として、彼らは企業のひとつの部分に注目し、そこから複雑にもつれた組織環境を理解しようとする。サイモンは、ホモ・エコノミクス(経済人)は「最大化」し、ホモ・アドミニストラティウス（経営人）は「satisfice（満足化）」するとしている。これは「satisfy（満足する）」と「suffice（足りる）」をくっつけた言葉だが、サイモン自身は「まあまあで満足する」という意味で使っている。

これといった理由もなく「経営人」としてふるまう人が増えれば、「まあまあで満足」が蔓延して、業績は悪化する。サイモンは、「まあまあで満足」してしまうのは「結びつき」を理解できていないからだと考えた。理由はこうだ。（経営人は）世界をずっと空疎に扱い、すべての事柄のあいだの相互関係性を無視する（こうして思考と行動は麻痺する）ため、思考の容量に対して不可能な要求をしない比較的単純な経験則で決定する（注2）。

「結びつき」が持つ真の意味を見誤り、デジタルビジネス・トランスフォーメーションを「ほどほどの満足」ですませてしまうことによって私たちは、サイロの破壊に失敗するだけでなく、自らサイロをつくり出してしまっているのだ。デジタル空間で働く者は誰もが「一点突破型のソリューション」が褒め言葉でないことを知っている。この言葉が示唆しているのは、統合性や戦略的協調性、バリューの欠如だ。

問題は、限定された合理性のせいで、ほとんどの変革プログラムが「一点突破型のソリューション」の寄せ集め、もしくはデジタルの「モグラ叩きゲーム」のように見えてしまうことだ。自分のところを優先しろ、自分のところにこそ必要だと、それぞれの部門や部署が変革のための予算やマネジメント上の処理能力を奪い合っているだけで、企業全体として求められている相乗効果やインパクトをもたらせずにいる。オーケストレーションは、そんな従来の変革との向き合い方から離れ、新しいアプローチに向けた道をつくってくれる。

　相互依存した動的で巨大なシステムを理解するために、神経学や気候学といった分野ではコンピューターが活用されているが、それと同じ理由で、解析は今後、いまよりもはるかに大々的に組織変革の分野で使われるようになるだろう。もう少し言えば、私たちはこの分野のイノベーションが「変革の科学」の創造につながり、熟練した企業が競争優位を獲得するための大きな基盤になると信じている。

　企業がデジタル・ボルテックスに順応していくにつれ、今後数年のうちに、ＡＩや自動化、ＩｏＴ、５Ｇ、ブロックチェーンといったデジタル技術が大きな影響を持つようになるだろう。あまり遠くない未来、ＡＩがロボットなどのインテリジェント・システムで構成される変革ネットワークをオーケストレートし、組織の変革目標を実現するようになったとしても意外ではない。すでに私たちは、ＩＴの世界に「オーケストレーション」と「リソースのプログラム可能性」が到来する前兆を見ている。解析やテレメトリー、クラウド、仮想化技術の力を借りて、組織はテクノロジーが影響をおよぼす巨大な範囲のいたるところで処理能力やコンピューターなどのリソースを移動させたり、新しいポリシーやアクセスルールをその場で設定したりしている（注３）。

　ＩｏＴの進化と５Ｇの運用開始を受け、組織内の結びつきは飛躍的なレベルにまで上昇している。ＩｏＴと５Ｇにより、組織は自社の人やデータ、インフラをリアルタイムでつぶさに眺められるようになり、リソースの状態と、それらがどのように協働しているのか（もしくはしていないのか）をかつてないほど詳細に把握できるようになる。こうした技術は、データに途方もない進歩をもたらすだろう。企業は、リソースをうまく活用できていないせいで効率や価値創出が妨げられているパターンを見出せるようになる。よりよいデータが手に入るようになれば、意思決定も改善されるだろう。

ブロックチェーンとスマートコントラクト技術には、企業内と企業間のサプライチェーンや法務、経理、人事、営業などの運用プロセスを変革する力がある。たとえば、ブロックチェーン技術を人事に活用すれば応募者の職歴と資格を検証できるかもしれないし、経理に使えば決済処理と契約管理を改革できるかもしれない。サプライチェーンに使えば追跡可能性を向上できるだろう。オーケストレーターはスマートコントラクトをプログラムするだけで組織変革を実行でき、条件が満たされた際に自動的に金銭や情報を送信できるようになるかもしれない。

その結果、今後数年のうちに変革ネットワークの動員と機能化は、はるかにインテリジェントで自動化されたものになる。そこから貴重な情報が生成され、組織デザインやチーム編成、優先順位づけが最適化されるようになるだろう。

こうした諸々の要素が、組織をより動的に、迅速に、スマートに、アジャイルにし、変革のための能力もはるかに増すだろう。破壊的イノベーションは組織を変えると同時に、組織が変化に臨む姿勢をも変化させることになる。これらの問題は、ＤＢＴセンターの今後の研究テーマとなるはずだ。

波瀾万丈の1年、その後のアンデルセン

テクニップFMCでCDOの役職を引き受けてから1年後、アン＝クリスティン・アンデルセンは自身のキャリアにおける波乱万丈の1年を振り返った。旅の最初の仲間は社内のあちこちからかき集めた小さなチームで、与えられた使命は「自社のデジタルビジネス・トランスフォーメーションを推進する」という曖昧なものだった。進捗したりしなかったりが繰り返された。「3歩進んだら2歩下がるような感じでした」と彼女は言う。「わずかながらにも前進していることを確かめるためだけに、うしろを振り返ることもありました。どこにも向かっていないような気がするからです」

ときに方向感覚が混乱したが、目的地も同じくらいぼんやりとしていた。「最初の大きな課題は、ポジティブな成果というのがどういうものなのか、自分にもイメージできていなかったことです。ふつうのプロジェクトマネジメントだったら、成功は比較的はっきりしています。期限どおりにゴールにたどり着いて、何かが実装されていたら、それで完了です。でもこの役職については、何をもって成功とするかを模索しなければなりませんでした。それは、私にとって新鮮なチャレンジでした」

最初のステップは、社内の3つのおもな事業部門とサポート部門のデジタル・プロジェクトを監査することだった。主要なライバル企業や顧客のデジタル活動の解析を依頼し、社外環境も研究した。これにより、デジタルの成熟度がまちまちであることが判明した。テクニップFMCの

ライバル企業のなかにはとても先進的な企業もあれば、何も手を打っていない企業もあった。同じだけのばらつきが、顧客のあいだにも見受けられた。

やがて彼女は、圧力をかけたり、交渉したりして、主要な利害関係者に変革の必要性を説くことに成功していった。しかし、この成功は諸刃の剣だった。社内に危機感を抱かせることはできたが、結果に対する期待も大きく高まったのだ。短期間で達成できそうなものもあったが、それ以外についいては実を結ぶのにかなりの時間がかかりそうだった。2018年のなかばには、テクニップFMCのCEOは会社のデジタル構想についておおっぴらに語るようになっていた。アンデルセンの役割はその舞台の中央に立つことであり、成功のプレッシャーはいやがうえにも増した。

期待は大きかったが、いざ実行となるとアンデルセンは、会社の各部門にいる主要な意思決定者に対して直接的な権限を持っていなかった。変革に必要な、関連するわずかなリソースさえコントロールすることができなかった。それに、誰もが目のまえのこのタスクを同じ目で見ているわけではなかった。「この旅をはじめたとき、組織の期待は信じられないほど高かった。誰もが『ようやくわが社もデジタル分野で何かすることになったか』と口にしました。でもその『何か』というのは、みんながバラバラのものを思い描いていました。3万7000人の従業員がいる会社には、3万7000通りの考え方があります」

社内のデジタル能力と社外環境の解析をしたことで、どこに集中すればいいかを具体的に考えられるようになった。「デジタルに関する顧客の声だけでなく、市場の課題と機会を分析し、変革する際に直面する課題に優先順位をつけました。私はスタッフ部門に所属していましたが、顧客と交流を続けられたことがプラスに働いたんです」

自分のチームをつくる際に彼女はまず、技術エキスパートやプロジェクトマネジャー、コミュニケーション担当者で構成される中核チームをつくった。チームは小規模で、直属の部下が30人いるだけだった。1年後、メンバーは60人を少し超える程度になっていたが、そのチームに含まれるのは彼女の直属の部下たちだけではなかった。各事業部門とサポート部門で指名された「デジタル・リード」もここに含まれていた。デジタル・リードはそれぞれの部門に残ったまま、アンデルセンと部門責任者の両者の下に就いた。これにより彼女は、社内のさまざまな部門や部署をまたいで、人やデータ、インフラを行使できるようになった。

デジタル・リードや経営陣と力を合わせ、アンデルセンとそのチームはテクニップFMCのデジタルビジネス・トランスフォーメーション全体にかかわる目標を3つ定めた。①低コストを実現する「効率（efficiency）」、②雇用主または提携業者として好ましい存在になる「エクスペリエンス（experience）」、③新たな収益源と既存の収益源からの売上増を目指す「拡張（expansion）」だ。これらの目標は社内で「3E」と呼ばれるようになった。

「もし初日に『私のおもな業績は、何をもって成功とするかを定義した変革目標を共同でつくり上げることだ』と聞かされていたら、私はそんなのありえないと思っていたでしょうね」と彼女は笑う。「それは、どんな場合でも最初から明らかなはずですから。でも、私たちにとっては本当に大きな達成でした。私にとっても、他の誰にとっても、何をもって成功とするかはまったくわからなかったからです。会社のために、事業部門のリーダーやエキスパートたちと一緒に3Eという戦略をつくったことは非常に大きな仕事でした。いまではすべてのデジタル・プロジェクトが3Eの目標につながり、私たちのチームだけでなく、会社全体のモチベーションが上がっています」

彼女はデジタル・リードと協力して、これらの優先項目と関連する「実行可能な変革プロジェクト」を定義した。このプロジェクトは焦点も範囲もさまざまだった。比較的ゆっくりした進捗を目的としたプロジェクトは、既存のツールや方法論ですぐに対処することができたが、もっと野心的な、ブレークスルーを狙ったプロジェクトもあった。それらについてはオーケストレーションを中心に据えたアプローチを用いて、適切なリソースを動員し、協働を機能させる必要があった。個々の部門やアンデルセンのチームだけでは、こうした全社的な変革の実現は見込めなかった。会社全体が力を合わせることが何よりも重要だった。「全員を動かすことはできませんが、取締役会の中心的な人物は動かせるようにしておく必要があります。ワンマンでは何もできません。これはまちがいなく、チーム全体の努力の成果です」

この役職に就いた最初の1年のうちに、CDOとして彼女が担当するのは「デジタル」だけでなく「組織全体の変革」であることが明らかになっていた。テクニップFMCのような大規模で複雑な企業にとっては、変革するための新しいアプローチが必要だった。

「私たちにとっての大きな課題は、ビジネスモデルが変化しつづけ、顧客とサプライヤーという従来のつながりが試される新しい勢力図のなかにあって、自社をどう位置づけるかということです。もしサプライヤーが私たちの領域に入り込んできて、私たちが顧客の領域に入り込むようになったら、私たちの存在が無意味になってしまう危険性があります。デジタルがこうしたジレンマをまたたく間に浮き彫りにするようになりました。どうやって価値を創出するのか。私たちはバリューチェーンのもっと下にいるべきなのか、それとも、もっと上にいるべきなのか。ここでは従来のチェンジマネジメントは通用しません。もっと包括的な、結びついたかたちで考え、行動する必要があります」

謝辞

本書は著者として4人の名前がクレジットされているが、実際には何十人もの才能ある人々との協働の産物だ。研究者や編集者、グラフィック・アーティスト、管理者、プロジェクトマネジャーといったすばらしい人々の絶え間ないサポートがなければ、本書が世に出ることはなかっただろう。

まずはIMDから。莫大な量の知的探訪が研究者のドリームチームによってなされた。ジアル・シャン、アンドリュー・ターリング、ハイジ・ガウトスキ、エリザベス・テラチノ、ニコラウス・オブウェゲサーに感謝する。レミー・アッシルは、チームに不可欠なメンバーとして、これまでどおり裏方の管理作業に精を出してくれた。ジャスミン・スティーガーは、何曜日の何時だろうと世界クラスの管理サポートを提供してくれた。IMDの研究活動を監督してくれたセドリック・バウチャー、マルコ・マンセスティ、アナンド・ナラシマンに。君たちは重要で価値のある仕事をしてくれた。IMDの歴代の学長たち、ドミニク・テュルパン、ジャン＝フランソワ・マンツォーニは、必要なときに上空から援護してくれたばかりか、DBTセンターの多数の活動を経済的にサポートしてくれた。シエリー・モーピルとクリス・ブチェリはDBTセンター外部の役員として、魅力的な洞察を数多く提供してくれた。他にもさまざまなインターンが救いの手を差しのべ、退屈なデータ収集や解析に協力してくれた。君たちの犠牲は無駄にはならなかった！

シスコのデジタル・ソート・リーダーシップのチーム、アーファン・アリ、ステーシー・カッシュマン、アリ・ホークスワース、ハイテン・セシにも等しく感謝を。ときに私たちの思想的パートナーに、ときに相談役になってくれてありがとう。とりわけマイケル・アダムズの忍耐と活力があったからこそ、これだけのコンテンツをまとめ上げ、本書のイメージを固めることができた。そして、「リサーチ・オーケストレーター」ならびにプロジェクトマネジャーとして働き、複数のパートナーのフィールドワークを監督し、本文をつねにストレステストし、「変革」という話題に独自の洞察を提供してくれたローレン・バッカチューにふたたび、特別な感謝を。

シスコの経営陣、とりわけチャック・ロビンス、アーヴィング・タン、ケリー・クラマー、フラン・カツォーダスに。DBTセンターへの寛大な出資とサポートに心からお礼を言う。シスコの変革実践者であるギレルモ・ディアス、サイモン・ロングハースト、マーク・ヒル、ヴィヴェク・グプタ、チー・ウァイ・フーン、マイク・ミッチェル、ニーナ・ラルディ、トマス・ウィンターと彼らのチームは、惜しみなく時間を割き、シスコが変革の旅から学んだ洞察や教訓を伝えてくれた。シスコの貢献者たちがおこなった複雑な取り組みの内部事情に触れられたことは、本書にとって計り知れないほどの価値があり、おかげで「変革において真に何が必要なのか」を理解することができた。アメリカの心理学者、クルト・レヴィンがかつて言ったように「何かを真に理解したかったら、それを変えてみるとよい」。

シスコの元同僚であるジェフ・ルークスとケビン・バンディにも感謝を。このプロジェクトの初期段階でテーマを決めるにあたり、君たちのアイデアは大きな役割を果たした。他にもシスコのたくさんの人たちがさまざまなかたちで私たちの仕事を助けてくれた。「DBTセンターの友人」であるジョセフ・ブラッドレー、イーラン・レヴィ、ジェフ・クリスティー、ゴードン・ガルツェラノ、マキエイ・クランツ、ガイ・ディードリッヒ、キャスリン・ハウ、ジム・グラブ、ティム・グリューバー、アヌイ・ジャイン、クリスティアン・クーン、イザベル・レドンド・ゴメスに。それから言うまでもなく、過去2年にわたって私たちのエグゼクティブ向けワークショップに顧客を引き合わせてくれた、世界中のシスコのチームに感謝を。

編集者のピート・ゲラルドとボブ・モリアーティの誠実さと鋭い批判に。絶えずこの仕事を導いてくれてありがとう。私たちのビジョンの実現を助けてくれたデザイン・パートナーであるデュアルテのメレディス・サレス、ジェイコブ・レイド、エリン・ケイシーにも。著作権代理人にしてメディア広報チームのネッド・ワード、テイラー・フェンスク、レイチェル・アウアーバック、それからスターン・ストラテジー・グループのステファニー・ヘックマンとターゲット・マーケティング・デジタルのケネス・ギレットに。

リサーチ・パートナーであるシセロ・グループのチャド・バーバート、ダニエル・ケース、ベン・ステファァン、ジュド・ニールセンに。エバリューサーブのディヴヤ・カプーア、ビシャル・グプタ、バイハブ・アガーワル、それからガーソン・レーマン・グループのジョン・デニー＝ブラウン、シャーラ・チェンバレン、エマ・マーシャル、ライトスピード・リサーチのケイシー・マークル、リンゼイ・スミス、グレース・フロロスに。君たちのおかげでこの2年間に得られた明敏な洞察は、「いかにしてデジタルビジネス・トランスフォーメーションを実行すべきか」という複雑きわまりない問題に取り組むにあたり、不可欠だった。

プロフェッショナルとしての能力開発のためにＩＭＤを訪れていたエグゼクティブたちを相手に、自分たちのアイデアを継続的に試すことができたのは僥倖《ぎょうこう》だった。私たちにとってＤＢＴセンターは、思想的リーダーシップのキッチンのようなもので、そこではさまざまなアイデアやツール、フレームワークが調理されている。私たちのエグゼクティブ向けワークショップはダイニングのようなもので、そこでこうした料理が共有され、食される。参加者が大盛りを頼んだり、生焼けだと言って料理を突き返したりすることもある。こうした反復型のアプローチを経て、私たちの仕事は幾度となく試され、磨かれてきた。だから私たちの思想的リーダーシップの受け手となってくれた何百というエグゼクティブたちに感謝しなければならない。多くのケースにおいて、彼らはこの作品の触媒であり、共同制作者であり、彼らの知恵が本書の核となっている。

グローバルな旅行業界は本書の出版で非常に大きな恩恵を受けたはずだ。地理的に分断された4人の著者たちと、同じく分断された協力者たちは、本書のための調査や執筆、アイデアを伝える過程で、のべ160万キロ以上の距離を移動した。私たちは顔を合わせられるときにはいつでもどこでも、バンクーバーでも東京でも、ラスベガスでもトロントでも、シンガポールでもロンドンでも、サンノゼでも、もちろんローザンヌでも顔を合わせてきた。数えきれないほどのウェブエックス（シスコのオンライン会議ツール）とテレプレゼンスのミーティングによりプロジェクトは動きつづけたが、数カ月ごとに地球のどこかの会議室の隅に何日もこもったことがすばらしい作用をし、私たちの思考を加速させ、厄介な問題を解決してくれた。

この本の日本語版の刊行に尽力してくれた日本の友人たちに。

前著『対デジタル・ディスラプター戦略』は日本でも大きな反響があった。多くのビジネスリーダーが手に取って活用してくれている。日本での成功は、優れた日本のチームとのコラボレーションに負うところが大きく、本書でも再び共に取り組めたことを嬉しく思う。

まずは、横塚裕志と西野弘に。ふたりを中心とした特定非営利活動法人ＣｅＦＩＬのチームが構想した「デジタルビジネス・イノベーションセンター（ＤＢＩＣ）」は、２０１６年5月に発足した。現在は30を超える日本の代表的企業の参加を得て、デジタルビジネスのイノベーションや変革における構想と実行の拠点となっている。ＤＢＩＣが主催し、ＩＭＤを中心としたＤＢＴセンターが講師陣とコンテンツを提供して東京で開催するプログラムはこれまでに4回おこなわれ、すでに１００名を超える経営幹部らが学んでいる。加えて２０１９年からは、ＩＭＤのオンラインプログラム「Digital Disruption」を日本語で受講できる体制も整えることができた。さらには、メンバー企業の社長やＣＤＯクラスを対象とする円卓会議の開催など、議論と対話の機会も設けてくれた。本書でも、ＤＢＴセンターが策定したアンケートを日本企業の経営幹部らを対象に展開してくれている。ＤＢＩＣとの縁から私たちが学んだことはとても大きい。彼らとは「ヨーロッパを含む世界の既存企業の取り組みから日本企業が学べることは多い」という点でも考えが一致しており、今後のコラボレーションのさらなる深化を楽しみにしている。

早稲田大学ビジネススクール教授の根来龍之に。前著の成功は、彼が日本企業にとっての示唆をわかりやすく語ってくれたことにも負っている。ビジネスモデル研究の第一人者であり、特にプラットフォーム・ビジネスに明るい彼の監訳と解説が、前著と同様に本書でも日本の読者にとっての価値を高めてくれていると信じている。

翻訳者の武藤陽生、編集者の伊藤公一に。真のプロフェッショナルとしての、ふたりの質の高い丁寧な仕事に対する尊敬と深い感謝の念は、本書でも揺らがなかった。

シスコシステムズ合同会社の鈴木和洋と今井俊宏に。DBTセンターの世界的な取り組みの価値を信じ、その日本国内での展開を率い、日本企業や日本のリーダーと私たちとの議論や対話の機会をつくってくれた。

IMD北東アジア代表、高津尚志に。「結びつきのアプローチ」を体現する彼の貢献がなければ、日本での取り組みのオーケストレーションは難しかっただろう。

ワークショップへの度重なる移動や大規模な執筆作業、校正、徹底的な一次調査にはかなりの時間がかかった。いつも不在にしていた私たちに我慢してくれた友人や同僚たちに感謝する。家族は私たちの不在で一番迷惑をこうむったはずだ。ある意味では、執筆というのは身勝手な企てであり、無限の忍耐と好意で私たちをサポートしてくれた妻たち、ハイジ、ジェン、カレン、レベッカ、子供たち、家族たちに非常に大きな恩義がある。本当に、本当にどうもありがとう。

巻末資料Ⅰ　デジタル・ディスラプション診断

Digital Disruption Diagnostic

デジタル・ディスラプション診断は、あなたの組織が直面しているディスラプションの脅威を算定し、最も適切な戦略的対応を見つけ出すためのツールだ。

次のページの図表（ワークシート）を使って、あなたの会社を診断してみよう。

1　自社の現在の競争力を支えているのは、どんな形態のバリューか（具体例を挙げること）
2　15種類あるデジタル・ビジネスモデル（詳細は前著の第2章を参照）すべてについて、現時点での脅威レベルを0〜10点で採点する（10点は「深刻かつ差し迫った脅威」を意味する。具体例を挙げること）
3　未来のことを考える。2のプロセスで特定した脅威レベルの高いビジネスモデルに対し、今後4〜5年のあいだ自社が競争力を保つには、どんな形態のバリューを創出する必要があるか（具体例を挙げること）
4　あなたが望む未来を実現するために採るべき対応戦略は？（具体例を挙げること）
5　作成したワークシートを同僚グループに見せる

必要に応じて事業部門ごとに同じプロセスを繰り返す。

デジタル・ディスラプション診断ワークシート

	バリュードライバーの例		いまどのビジネスモデルが脅威か？			対応戦略
	現在	4～5年後		0～10点	例	例
コスト バリュー			無料／超低価格			収穫
			購入者集約			
			価格透明性			
			リバースオークション			撤退
			従量課金制			
エクスペリ エンス バリュー			カスタマーエンパワメント			
			カスタマイズ			
			即時的な満足感			破壊
			摩擦軽減			
			自動化			
プラット フォーム バリュー			エコシステム			
			クラウドソーシング			拠点
			コミュニティ			
			デジタル・マーケットプレイス			
			データオーケストレーター			

Source: Global Center for Digital Business Transformation, 2019

巻末資料2 楽器ごとの組織リソース

Organizational Resources by Instrument

ここでは、トランスフォーメーション・オーケストラの各楽器について主要な「人」「データ」「インフラ」のリソースの詳細を記す。すべてを網羅しているわけではないが、あなたの会社の組織リソースの大半はカバーできるはずだ。

あなたの会社が直面している課題にふさわしい組織リソースを検討する際に、以下のリストをリファレンスとして使おう。

市場開拓セクション

チャネル

人

・チャネルマネジメント（提携業者、チャネルアカウントマネジャー、チャネル開発マネジャー）

・提携業者とサプライヤーの従業員（営業、マーケティング、サプライチェーンの従業員）

データ

- リードタイム、在庫
- 帳簿と収益の見込みならびに実際、価格
- 顧客満足度

インフラ

- データセンター、クラウド、ワイドエリアネットワーク（ＷＡＮ）、エクストラネット
- カスタマーリレーションシップ・マネジメント（ＣＲＭ）／パートナーリレーションシップ・マネジメント（ＰＲＭ）アプリ
- ＩｏＴとサプライチェーン管理インフラ

製品・サービス

人

- 上級管理者
- 主要部署（研究開発、製品マーケティング、製造、経理、サポートサービス、流通など）の従業員
- 提携業者の従業員（デジタル広告代理店、アプリ開発業者）

データ

- 顧客と提携業者のデータ
- 価格設定情報、製品パフォーマンス、ライバル企業の製品やサービス

・施設（オフィス、倉庫、コンタクトセンターなど）、資本設備（工場作業場、社用車、機械など）
・ネットワークおよびコミュニケーション用インフラ、サーバー、ハードウェア、給与支払管理ソフトウェア
・クラウド（パブリック、プライベート、ハイブリッド）

エンゲージメント・セクション

顧客エンゲージメント

・顧客区分（バイヤー、リサーチャー、新規顧客、不満を抱えた顧客、定期的に利用する顧客、上顧客）
・営業・マーケティングチーム、カスタマーサービス、顧客経験

・顧客特定データ（氏名、住所、メールアドレス、ＳＮＳの詳細など）
・取引データ（商品を購入した、商品を購入せずに離脱した、返品した、など）
・コミュニケーション・データ（インバウンドとアウトバウンド、コミュニケーション・チャネル、クリックスルーなど）

・オンライン活動（ウェブサイト訪問、商品閲覧、オンライン登録など）
・SNS（フェイスブックへの「いいね」、ツイッターでのやりとりなど）
・カスタマーサービス情報（苦情の詳細、顧客の問い合わせの詳細など）

・IT資産（データベース、セキュリティならびにプライバシー保護システム、クラウド・プラットフォーム、ネットワークインフラなど）
・施設（店舗、支店、コンタクトセンターなど）

提携業者エンゲージメント

・顧客区分（バイヤー、リサーチャー、新規顧客、不満を抱えた顧客、定期的に利用する顧客、上顧客）
・営業・マーケティングチーム、カスタマーサービス、顧客経験

・顧客特定データ（氏名、住所、メールアドレス、SNSの詳細など）
・取引データ（商品を購入した、商品を購入せず離脱した、返品した、など）
・コミュニケーション・データ（インバウンドとアウトバウンド、コミュニケーション・チャネル、クリックスルーなど）

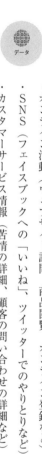

・オンライン活動（ウェブサイト訪問、商品閲覧、オンライン登録など）
・SNS（フェイスブックへの「いいね」、ツイッターでのやりとりなど）
・カスタマーサービス情報（苦情の詳細、顧客の問い合わせの詳細など）

・IT資産（データベース、セキュリティならびにプライバシー保護システム、クラウド・プラットフォーム、ネットワークインフラなど）
・施設（店、支店、コンタクトセンターなど）

ワークフォース・エンゲージメント

・従業員（経営層、知識労働者、オペレーター）
・臨時雇用の労働者
・提携業者ならびにサプライヤーの従業員

・社員数、給与、プロフィール情報（人口動態、所在地、マイナンバーなど）
・パフォーマンス
・建物と施設の管理、占有状態
・スキルセット、学習、開発

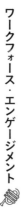

・協働用アプリケーション、ナレッジマネジメント用アプリケーション、SNS、モバイル
・人事システム、研修システム、学習管理システム、アウトソースされた給与管理
・施設管理
・基礎インフラ（データセンター、クラウド、ネットワーク、ストレージ、通信、モバイル）
・職場のリソース（不動産、施設、協働設備）

組織セクション

組織構造

・経営陣
・中間管理職
・オペレーションの中核（何かを直接的に製造したりサービスを提供したりしている労働者）
・技術構造（アナリスト）
・サポートスタッフ（他のメンバーの補佐を職務としている人々）

データ

・組織図（部署、事業分野、階層など）
・さまざまなレベルにおける意思決定力のコントロール期間と範囲

インフラ

・施設（オフィス、店舗、支店、コンタクトセンターなど）
・基礎インフラ（データセンター、クラウド、ネットワーク、ストレージ、通信、モバイル）

インセンティブ

人

・上級管理職、給与管理者、人事管理者

データ

・社員数、給与、プロフィール情報（所在地、マイナンバーなど）
・パフォーマンス、ベンチマークデータ
・スキルセット、学習、開発

インフラ

・ネットワークおよびコミュニケーション用インフラ、サーバー、ハードウェア、給与管理ソフトウェア
・クラウド（パブリック、プライベート、ハイブリッド）

文化

人

- 上級管理職、人事管理者、知識労働者、取引労働者
- 契約労働者

データ

- バリュー、信条、ビジネスをおこなううえでの原則
- 製品やサービス、出版物、プロセス、トレーニングならびに開発（研修）
- ドレスコード、物理的レイアウト、ポリシー（福利厚生、内部告発、セクハラ）

インフラ

- 協働用アプリケーション、ナレッジマネジメント用アプリケーション、SNS、モバイル
- 人事システム、トレーニングならびに学習管理システム
- ネットワークおよびコミュニケーション用インフラ、サーバー、ハードウェア
- クラウド（パブリック、プライベート、ハイブリッド）

巻末資料3 リソース能力評価ワークシート

Resource Capability Assessment Worksheet

次ページの図表は、第5章に示した「楽器」のリストをより詳細にしたものだ。このワークシートを使って組織の能力を評価し、変革を推進するうえで直面する課題と関連する最も重大なギャップを発見しよう。

あなたの会社が直面している課題と、それに関係する楽器について、その楽器に属する「人」「データ」「インフラ」のリソースの能力レベルを採点すること。これにより、どこのリソースを動員し、結びつきを機能させればよいかがわかる。

リソース能力評価ワークシート

		存在しない	少し	まあまあ	かなり	エキスパート
チャネル 小売や卸売、Eコマースなど、市場へのルート	人					
	データ					
	インフラ					
製品・サービス 製品やサービスの変革	人					
	データ					
	インフラ					
顧客 顧客と関与する新しい方法	人					
	データ					
	インフラ					
提携業者 提携業者と関与する新しい方法	人					
	データ					
	インフラ					
ワークフォース 従業員の知識やスキル、モチベーション	人					
	データ					
	インフラ					
組織構造 誰が何をしているのか、責任の所在	人					
	データ					
	インフラ					
インセンティブ 変革をサポートする報奨体系	人					
	データ					
	インフラ					
文化 変革に向けた組織の準備状態	人					
	データ					
	インフラ					

Source: Global Center for Digital Business Transformation, 2019

巻末資料4 オーケストレーター虎の巻

The Orchestrator's Cheat Sheet

一般原則

アクション デジタルビジネス・トランスフォーメーションを追求する際には、チェンジマネジメントに頼るのでなく、変化するための「結びつきのアプローチ」の必要性を受け入れ、オーケストレーション・ゾーンで活動する。

アクション 経営陣は「変革の方向性を強化する」と一貫して明言する。マネジャーや従業員に対しては「その方向性をサポートするよう計画し、投資し、実行してほしい」とはっきり伝える。

アクション CTOが他の主要なリーダーたち、とりわけCIOやトランスフォーメーション・リードたちと協働できるようにして、会社全体のアジリティのレベルを高める。これは変革のための基礎能力となる。新たな情報もしくは関連した情報を提供してくれる組織リソース同士の「弱い結びつき」や、結びつきのアプローチに必要な信頼と連帯感を育む「強い結びつき」の促進もここに含まれる。

変革目標を設定する

アクション 顧客を、デジタルビジネス・トランスフォーメーションの中心に据える。新しい価値もしくは改善された価値をどうやって最終顧客に届けるか、顧客視点からさかのぼって考える。

アクション 変革目標を設定する。これには、「カスタマーバリュー」を創出し、供給、実現するための適切な「ビジネスモデル」と、それを実現するための「対応戦略」が含まれる。変革目標は事業分野ごとに設定すること。各事業分野のリーダー（ならびに経営陣）は変革目標をサポートしなければならない。各事業の変革目標を定めるのはCTOの仕事ではない。

アクション 事業分野ごとに異なる変革目標を立て「対応戦略のポートフォリオ」を作成する。

変革理念を明確に伝える

アクション 変革理念（会社全体の変革ゴール）を明確に伝えること。理念は、正確で、現実的、包括的で、簡潔、測定可能（ＰＲＩＳＭ）なものでなければならない。上級リーダーたちに変革のアンバサダー役を務めてもらい、それぞれのチームのコミュニケーションやプランニングの場で変革理念を強調してもらう。

オーケストレーション能力

アクション 社内のあちこちで進行している大きなデジタル・プロジェクトを文書にまとめ、見通しをよくし、相乗効果を生みやすくする。しかし、オーケストレーターはこうしたプロジェクトを「所有」すべきではない。

アクション 適切な規模の「社内ベンチャーファンド」をつくり、部門間横断型の取り組みと事業成果を加速させる。

アクション 変革プログラムがバリューに与える影響をモデリングできるリソースを従事させる。これにより、変革に向けた努力を軌道に乗せ、利害関係者、とりわけ上級管理職と取締役会のサポートを獲得できる。

リソースを動員し、結びつきを機能させる

アクション トランスフォーメーション・オーケストラのすべての楽器を網羅した「ビジネスアーキテクチャ・マップ」を作成する。存在している人やデータ、インフラのマップの他、それらの関係性とワークフローについてもまとめる。

アクション 変革目標から浮き彫りになった課題と最も関係が深い「楽器（あるいは組織リソース）」を突き止める。

アクション 変革を進める際に直面する課題に取り組むために、複数の「楽器」で構成された「変革ネットワーク」をつくる。それぞれのネットワークは俊敏に動けるよう小規模にとどめ、的を絞った特定の課題だけに注力させる。こうすることで、変革の進捗や影響が測定しやすくなる。

オーケストレーションのための組織づくり

アクション ＣＴＯを任命する。謙虚で、順応性があり、ビジョナリーで、積極的に関与してくれる人物を雇う。

アクション デジタルビジネス・トランスフォーメーションをオーケストレートし、組織リソースを動員してその結びつきを機能させる責任を、CTOに与える。一方で、変革の結果については責任を分担し、共通のKPI（主要業績評価指標）を用いる。社内の各部署・部門は、それぞれの領域にデジタル能力を実装し、変革を推進することに集中する。

アクション CTOに高いレベルの序列を与える。中間管理職やコルディナティ（調整役）としてではなく、組織内に大きな影響力を持つ経営幹部の一員として扱う。

アクション CTOの下に「変革推進室」を立ち上げる。チームは小規模にとどめること。このチームには変革を実行させるのではなく、変革に関係する業務の大部分をオーケストレートさせる。

アクション 変革推進室に、「デザイン思考」や「ビジネスアーキテクチャ」などのオーケストレーション能力を持った人材を引き入れることを最優先する。能力ギャップを埋めてくれる人材がいないかどうか、エコシステムにも目を向け、機敏に人材を引き入れる（貴重なスキルや高額なスキル、たまにしか必要としないスキルを持った人材の「タレントプール」を開発するなど）。

アクション CTOが他部門や他部署のリーダーたちと強力な信頼関係を築けるようにする。

変革推進室は、他の事業と張り合うものではなく、イノベーションやアジリティ、スピードの源泉だと考える。

アクション 他のチームから「トランスフォーメーション・リード」を指名し、グループをまたいだ実行の「縫い合わせ」をサポートさせる。サイロ化した部門をつくるのではなく、「結びついた実行」をおこなうために「組織のファブリック」を織り、それを既存の組織構造の上にかぶせる。

アクション 変革推進室は、「新しいプロセス」と「よりよい能力」のインキュベーションに注力する。成熟期に入ったら、こうしたプロセスと能力の管理は事業部門に引き継ぐ。変革推進室はその後も時間をかけてアウトプットの調整に従事する。

解説

「サイロ化の罠」から抜け出すための組織変革アプローチ

早稲田大学ビジネススクール 教授 根来 龍之

本書は、著者らによる前著『対デジタル・ディスラプター戦略』（日本経済新聞出版社）で展開されたデジタル化への対応戦略論を受けた「組織変革の方法」をテーマにしている。具体的には、デジタルビジネス・トランスフォーメーション（DX）について「どこから着手すればいいか?」「どんな組織づくりをすればいいか?」「アクションの原則は何か?」などを明らかにしようとしている。

既存企業の「組織」が抱えている問題

既存企業はデジタル化に対応するために、デジタル・ディスラプターが持つ能力（カスタマーバリュー創出能力や経営上の敏捷性など）を学ぶ必要がある。しかし、このことは必ずしも、既存企業がデジタル・ディスラプターと同じことができるという意味でも、すべきだという意味でもない。既存企業には、これまで行ってきた既存事業と経営資源があり、それらを「変革」しなければならないからだ。既存企業は、ゼロからビジネスを創っていくディスラプターとは異なる課題に直面する。

既存企業が直面する組織変革に関する課題が、本書でいう「組織のもつれ（entanglement）」だ。組織のもつれとは、組織の多様な資源や制度などが既存のビジネスモデルや戦略を前提にして相互に依存し合っているため、新しいビジネスモデルや戦略を追求する変革が企業内の広範囲にわたって影響を与えてしまうことを指す。

本書では、ＤＸを「デジタル技術とデジタル・ビジネスモデルを用いて組織を変化させ、業績を改善すること」と定義しているが、既存企業のデジタル化対応は、組織のもつれゆえに、既存組織の多様な資源や制度などに広く波及していかざるをえないのだ。

本書が考えるＤＸは、「新聞広告をオンライン広告に変える」といった部分的な変革や、「スマート・ファクトリーを実現する」といったバックヤードの変革とは異なるものである。スマート・ファクトリーの実現は、製造部門の大きな変化ではあるが、必ずしも企業の全部門や全事業に波及する変革ではない。

また、ＤＸは、制度の調整とも異なる。積極的な中途採用を始めたとして、それは全社的な雇用ルールの変革ではあるものの、人材採用の多様化にとどまるかぎりにおいては会社全体を揺るがすものではない。

ＤＸは、全社の屋台骨である事業の「顧客価値（顧客に提供するバリュー）」の変革から始まる。そして、バリューの変革が、既存事業との矛盾を生むときに「組織のもつれ」という大規模で継続的な矛盾が生まれるのだ。具体的には「既存事業とデジタル新事業のカリバリゼーション」や「人材の余剰と不足」などが悩みの種となる。DXを実現するには、こうした矛盾に耐え、それを克服していかなければならない。

その際には、「既存事業と利益相反してもよいから、顧客が求めるものを創り出そうとする」覚悟が、そして、その覚悟を体現する経営者と推進役が必要となる。そのうえで、既存の組織リソース（経営資源やさまざまな社内制度、組織構造、契約など）の全体的な再編成をおこなっていくことになる。

組織のもつれがある既存企業では、変革は一度では終わらず、組織内に矛盾を抱えながら継続的に追求していくことになる。こうした場合の組織変革手法として本書が提唱しているのが、「結びつきのアプローチ（connected approach）」である。

変革を実現する「21のアクション」

結びつきのアプローチは、本書の終章ならびに巻末資料4で「21のアクション」としてまとめられている。

一般原則　21のアクションのうちの最初の3つは、変革のための基礎能力にあたるものであり、この原則を追求する経営者の強い意思が前提となる。具体的には、❶組織のもつれを理解する（結びつきのアプローチの必要性を理解する）、❷経営者が一貫して変革の意思を示す、❸会社全体のアジリティ（敏捷性）を高めると同時に、変革のための組織リソース同士の結びつきを促す。

変革目標を設定する　次の3つのアクションは、変革のための目標設定に関するものであり、これもまた経営者がリードすべき仕事だ。具体的には、❹顧客視点で製品やサービスのバリューを見直す、❺新しいビジネスモデルと対応戦略を設定する、❻事業ごとの目標を束ねた対応戦略のポートフォリオを考える。

変革理念を言葉にして伝える　そのうえで、経営者が、❼会社全体の変革ゴールとすべき「変革理念」を、正確、現実的、包括的、簡潔、測定可能な表現にして組織内に伝える。経営幹部たちは、理念の浸透のために、現場へのアンバサダーとなる必要がある。

これらに続く次のアクションからは、経営者と経営幹部たちの共同アクションという性質を帯びる。

オーケストレーション能力を確立する　次の3つは「オーケストレーション」を確立するため

のアクションである。オーケストレーションとは、「組織リソースを結びつけ、望みどおりの効果（相乗効果）を実現するために、それらを動員し、機能させる」ことである。そのためには、❽社内各所でおこなわれているデジタル・プロジェクトを把握し、相乗効果を生みやすくする、❾デジタル対応のための社内ファンドをつくる、❿変革がバリューに与える影響を測定する体制を整える必要がある。

リソースを動員し、その結びつきを機能させる　本書でオーケストラを構成する「楽器」にたとえられる組織リソースは、「人」「データ」「インフラ」の3つに分類される。変革を実行するために必要な個人やチーム（人）、顧客や製品、パートナーなどの情報（データ）、設備やITシステムなど（インフラ）の組織リソースは、ある特定の部門（サイロ）ではなく、組織のいたるところにバラバラに存在している。これらのうち必要なものを「ネットワーク」的に結びつけることによって脱部門的な連携をはかり、変革ネットワーク（変革のために動くリソースのつながり）を実装していく。そのためには、⓫変革に必要なリソースを網羅したマップ（誰が何をしていて、業務プロセスがどうなっているか）を作成する、⓬カギとなるリソース（楽器）を特定する、⓭課題ごとに複数の楽器からなる変革ネットワークをつくる必要がある。変革ネットワークは、アジャイルに動けるよう、小規模なものをいくつもつくる。

オーケストレーションのための組織づくり　最後は、実行のためのアクションだ。具体的には、⓮変革を推進する責任者（CTO：Chief Transformation Officer）を任命する、⓯リソースの動員とそれらをつなぎ合わせる権限をCTOに与え、社内の各部門はそれぞれの領域で変革を進める、⓰CTOを経営幹部の一員として扱う、⓱変革をオーケストレートする役割を持つ「変革推進室」を立ち上げる、⓲変革推進室に、デザイン思考などの能力を持った人材を配置する、⓳変革推進室と他部署のリーダーたちが強固な信頼関係を築けるようにする、⓴複数のリソースを結びつけて実行するために、新たなサイロをつくるのではなく、既存の組織の上に変革ネットワークをかぶせる、㉑変革推進室は新しいプロセスと新しい能力の開発に注力する。

リクルートの変革を導いた「RING」

これら21のアクションを、創業以来の成長と変身を続けるリクルートの変革活動に重ね合わせてみよう。当然ながら、同社の変革は、本書のアクション原則をそのまま意識しておこなわれているものではない。しかし、結果として、同社の変革のプロセスは本書のアクション原則にほぼ沿うものになっているというのが、筆者の観察である。

リクルートは、2000年代前半に、本書でいう破壊戦略（トレンドに沿ってビジネスモデルを転換する）によって、2000年代前半に、当時急速に浸透していったインターネットへの対応を成し遂げた。具体的には、「エクスペリエンスバリュー」を大きく変える変革が全社的になされた。紙からネットへのマッチング媒体の移行である。たとえば、『リクルートブック』は

「リクナビ」へ、『アルバイト情報』は「フローム・エーナビ」へ、『住宅情報』は「SUUMO」へ、『ホットペッパー』は「ホットペッパーグルメ」へ、『じゃらん』は「じゃらんnet」へと変わった。一方で、リクルートは、拠点戦略（新たなビジネスモデルを寡占的に追求する）を追求するネット系新事業をいくつも成功させている。「ホットペッパービューティー」「エアレジ」「エアペイ」「スタディサプリ」「インディード」などだ。

この変革に大きな役割を果たしたのが、「RING（リクルート・イノベーション・グループ）」と呼ばれる新規事業提案活動だ。1982年から続くRINGは、デジタル対応のために始まったものではないが、同社の変革、特に2000年代以降のネット系新事業の誕生に大きな役割をはたしてきた。

最近では「スタディサプリ」がRINGから生まれた。スタディアプリとは、スマホを使った低価格の動画学習コンテンツ提供ビジネスである。有名講師の講義を月額1000円程度で無制限に視聴することができるスタディアプリは、本書でいう「コストバリュー」と「エクスペリエンスバリュー」を追求した製品であり、追随を許さない一人勝ちサービスになっている。スタディサプリ事業の提案中心者は、提案時点では、高校生の進路選択を支援する情報サービスの企画担当者だった。この仕事をするなかで、高校生の誰でも予備校に通えるわけでないことに顧客視点の問題を感じ、それがスマホを使ったオンライン予備校のアイデアへと発展していった（ちなみに、当初は1講座5000円程度で構想されており、現在の月額1000円程度で見放題という価格設定は事業開始後に大胆に変更されたものである。アジャイルな事業探索の重要性を感じさせるエピソードだ）。

このＲＩＮＧによる新事業探索は、まさに本書が提示する「結びつきのアプローチ」に当たるものだといえるだろう。この活動が始まったときから、❷経営者は一貫して変革の意思を示し、❸会社全体のアジリティを高めることが意識されている。

ＲＩＮＧでは年1回、新事業提案のプレゼン大会がおこなわれる。グループでの提案が多く、協力者も含めると毎年、数千人の社員が新事業提案にかかわっていることになる。協力者は、同じ部門にいる必要はなく、他部門の人間でもよい。その活動の多くは、❽「社内各所でおこなわれているデジタル・プロジェクト」なのである。

オーケストレーターとしての役割を担う次世代事業開発室

ＲＩＮＧを推進する役割を持つのが、「次世代事業開発室」だ。次世代事業開発室は、グループ全従業員に対してＲＩＮＧへの参加を促す。エントリー締め切り前の3カ月間には次世代事業開発室のメンバーが全国を行脚して、ワークショップを繰り返す。次世代事業開発室の役割は、新事業提案をすることではなく、現場の提案を促すことだ。同室は、⓱変革をオーケストレートする役割を担っているのであり、そのために、⓲デザイン思考などの能力を持った人材が配置されている。

ＲＩＮＧは、現場発でおこなわれる不断の事業提案活動であり、❹顧客視点での製品・サービスのバリュー見直しである。そこから始まった事業化活動には、前述した「スタディアプリ」のように、❺新しいビジネスモデルと対応戦略が設定されている。リクルートでは、こうした活動へとつながる変革理念が、❼広く組織末端まで浸透しており、同社には「RING に挑戦しないなら、リクルートを辞めたほうがいい」という文化があるとも言われている。

また、RINGでは、次世代事業開発室のメンバーが、一次審査を通過したすべてのグループをプレゼン大会までつきっきりで支援し、最終審査を通過した提案にはさらに手厚い支援が用意される。既存の事業領域の場合（事業改革に近い提案も実際にはある）は、各事業カンパニーでプロジェクト化し、社長がコミットして予算を付けて事業化の検討を進める。❾経営者主導の社内ファンドがある。完全な新規事業の場合は、次世代事業開発室が進行管理を引き受け、「ステージゲート方式」で事業化を進める。

最終審査を通過した時点で、提案者には事業カンパニー各社を横断した20％の兼務辞令が発令され、事業化が進捗した段階で初めて新規事業への専任辞令が出される。このとき、所属部門・カンパニーには人事の拒否権はない。このことから、事業化の最初の段階では、⓭社内の複数部門のリソースが兼務によって「変革ネットワーク」を作り出していることがわかる。

次世代事業開発室は、⓯リソース動員の権限を持ち、⓱変革をオーケストレートする役割を持つ組織なのである。「組織リソースを結びつけ、望みどおりの効果（相乗効果）を実現するために、それらを動員し、機能させる」役割を担っている。

次世代事業開発室は、あくまでも支援者であり、実際にその事業を担うのは、時に複数部門にまたがる現場発のチームである。この活動では、組織リソースを脱部門的に結びつけることが意識されている。⓴リソースを結びつけた実行をおこなうために、新たなサイロをつくるのではなく、既存の組織の上に変革ネットワークをかぶせる方法がまずとられる。そして、次世代事業開発室は、㉑新しいプロセスとより優れた組織能力の開発支援に注力する。

ＲＩＮＧのような継続的変革活動が発達したのは、リクルートという会社が、❶「組織のもつれを理解」した経営者によって継続的に指揮されてきたことを示す。

「探索」を急速に進めなければならない時代のアプローチ

企業が長期的に発展するためには、「既存事業の改善を担う活動」と「新規事業を創発する活動」の両方を行う必要がある。経営学では、前者を「事業の深化（exploitation）」、後者を「事業の探索（exploration）」と呼ぶ。企業は、「深化」と「探索」の活動を同時に行う必要があるのだ。

これを「両利きの経営」と呼ぶ（くわしくは、拙著『集中講義 デジタル戦略』を参照いただきたい）。

とはいえ、深化と探索のあるべき割合は、時とともに変わる。いまわれわれが直面しているデジタルディスラプションの時代は、「探索」を急速に進めなければならない時代である。

本書が提唱する、ＤＸのための「結びつきのアプローチ」は、単に「デジタルな手段を採用する」あるいは「最適なＩＴ活用をおこなう」というものではない。既存企業がアジャイルに新事業の探索を進め、新しいプロセスとより優れた組織能力の実装を、組織全体への波及を意識しながら実現していくためのアプローチだといえよう。

解説

日本企業は「変革のジレンマ」を乗り越えられるか

デジタルビジネス・イノベーションセンター 副代表　西野　弘
ＩＭＤ 北東アジア代表　高津尚志

デジタルビジネス・トランスフォーメーション（ＤＸ）を成し遂げたい。そう考えている人たちにとって「良い知らせ」と「悪い知らせ」の2つがある。

まずは、良い知らせ。著者たちが本書で述べているとおり、「ほとんどの企業でＤＸはうまくいっていいない」。

日本企業だけが例外ではないのだ。欧米含む世界各国の既存企業も、デジタル変革に悪戦苦闘している。国内大手企業が参加するイノベーション開発拠点、デジタルビジネス・イノベーションセンター（ＤＢＩＣ）の調べによると、名称はさまざまだが「デジタル戦略室」あるいは「ＤＸ推進室」などといった組織は、２０１８年の春ごろから多くの日本企業で設置されはじめたが、彼らの抱えている悩みも、まさにいま欧米の既存企業が直面している課題と同じだ。

「取り組みが必要なのはわかった。でも、いったいどうやって？」

図表　デジタル・ディスラプションに対する姿勢

質問 ▶ 貴社の大多数のリーダー層は、デジタル・ディスラプションに対してどのような姿勢で対処していますか？

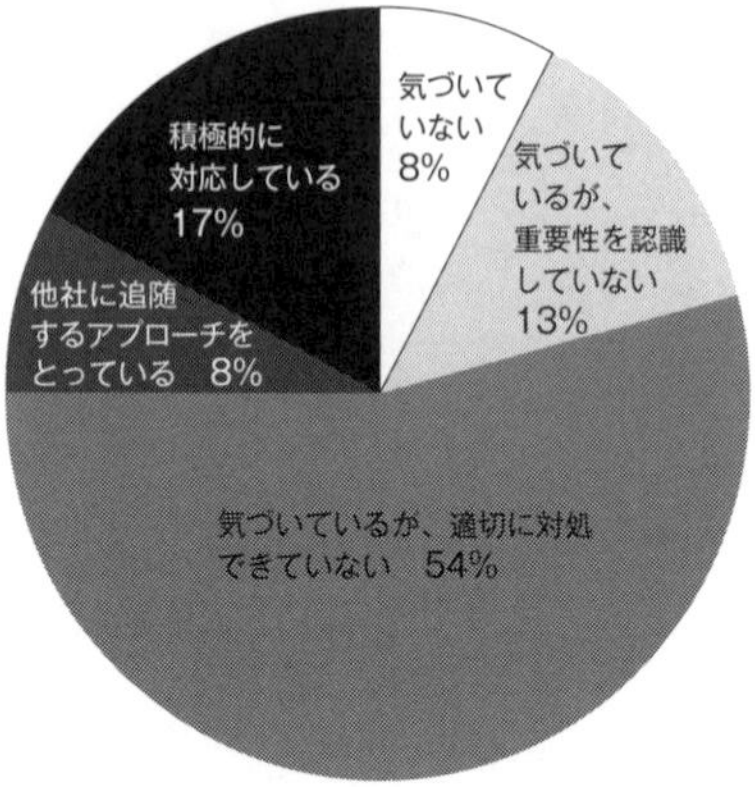

Sourse: Digital Business Innovation Center, 2019

ＤＢＴセンターの協力を得て、ＤＢＩＣがメンバー企業の経営幹部を対象にアンケート調査をおこなったところ（２０１９年6月に実施、有効回答数はさまざまな業種にまたがる21社の24名）、63％の経営幹部らが「デジタル・ディスラプションが自社に与える影響は大きい」と回答した。しかし、その一方で、54％の経営幹部らが「大多数のリーダー層はデジタル・ディスラプションの脅威に気づいているが、適切に対処できていない」と答えている（図表参照）。

日本企業における取り組みの現状は、組織変革を伴うＤＸというより、ＡＩやＩｏＴなどのデジタル技術を活用した「実験工房」にとどまっているではないか、というのが私たちの見立てだ。しかし、これでは、破壊的なデジタル・イノベーションを推進する他企業の挑戦に対抗できない。

自らをディスラプトして変身を遂げる

たとえば、早くからDXに取り組んでいたシンガポールのDBS銀行は、未来に向けて大きな決断をしている。同社が持つシステムのAPI（アプリケーション・プログラミング・インタフェース）を社外に開放したのだ。APIとは、ソフトウェアの機能を外部のプログラムと連携させるための手順をまとめたものである。これによって、社外のアプリからDBSのシステムを使えることになる。

これは、DBSが「銀行」から「ビジネス・アプリケーション・プロバイダー」へと変身を遂げようとしていることを指す。預金や為替のサービスだけでなく「あのシステムを使いたい」という申し出が顧客からあれば、そのシステムを貸し出すのだ。中小規模の企業にとっては、DBSが持つ魅力的で使い勝手がよいシステムを、自前でつくるより借りたほうがよい。まさに自社のインフラを提供して顧客を囲い込む事業モデルであり、アマゾン・ウェブ・サービス（AWS）や、マイクロソフトの「アジュール」、セールスフォースが提供するクラウドサービスを彷彿させる。銀行というよりテクノロジー企業の発想である。

「バンキングは死なないが、バンクは死ぬ」という発言を、最近よく耳にする。銀行業務がなくなることはないが、その業務を今後も銀行がやっているかどうかは、それとは別の話なのだ。著者たちの前著『対デジタル・ディスラプター戦略』では、デジタルの力によって業界の垣根が壊されていることをそのメカニズムとともに示したが、DBSは自らをディスラプトし、銀行業務に縛られないかたちの企業へと変身を遂げようとしている。

本書は、デジタル・ディスラプションの脅威と向き合い、どのようにしてDXを実現していけばよいかを明らかにした実践書である。そこには魔法のような手法はないが、ありがちな失敗例から得られた教訓はある。前著と合わせて読めば、破壊的なライバル企業に対抗するための戦略を策定し、それを実現するための組織変革の手法——既存企業ならではの戦い方を手に入れることができる。

日本企業をがんじがらめにする「もつれ」

もうひとつの「悪い知らせ」とは何か。

それは、「組織のもつれ」のなかに日本企業特有の課題があることだ。組織のもつれとは、今日の既存企業が持つ3つの特徴（規模、相互依存性、ダイナミズム）を指す。本書で述べているとおり、この「組織のもつれ」が、DXの達成を非常に難しいものにしている。組織末端までおよぶ全社的な変革では、従来の直線的なチェンジマネジメント手法では限界があるのだ。

では、さらに日本企業をがんじがらめにし、DXへの挑戦を難しいものにしてしまっている日本企業特有の課題とは何か。以下に3つ挙げる。

強力なタテ構造　ひとつは、既存組織における強力な「タテ構造」である。物事や人を見るとき、上下関係を意識する傾向が非常に強く、そうした傾向が、本書の提示する「結びつきのアプローチ」で相乗効果を生み出すのを困難にさせている。たとえば、パートナーとなるべき相手、すなわち取引先などとのあいだに「対等な関係」を築けているだろうか。特にＩＴ関係のパートナーを「ベンダー」「業者」といったかたちで格下に見ているようなら、相乗効果は生まれないだろう。これでは、新たなデジタル能力の実装もおぼつかない。

また、タテ構造は組織内にもある。たとえば、20代や30代の中堅若手層でさえ、終身雇用制度のもとで生じる「年次差」を強く意識している。たった3～4年というわずかな年次差がオープンな議論を阻んでいる状況を見たことがないだろうか。年功序列によって生まれたタテ構造の意識が、組織末端まで染みこんでいるのだ。しかし、長幼の序を大切にしながらも、年次を超えて忌憚のない意見交換ができる場や、挑戦を促す環境はつくれるはずだ。大企業では特にそうした場をつくるための工夫が欠かせない。

本書では、デジタル時代に成功しているアジャイルなリーダーと、非デジタル時代に成功しているリーダーとの違いを「ＨＡＶＥ」という4つの要素にまとめているが、組織のタテ構造は、こうした要素を持つリーダーの誕生を阻んでいる。ＨＡＶＥとは、知ったかぶりしない、すなわち、他者のほうが自分よりも知識があると認めてフィードバックを受け入れる「謙虚さ(Humble)」と、新たな情報にもとづいて自分のマインドを変えることは弱さではなく強さだと受け入れる「順応性（Adaptable)」、長期の方向性に明確な意識を持つ「ビジョナリー

(Visionary)」、変革における戦略的・財務的な論拠を多様な利害関係者たちと共有するための「積極的な関与(Engagement)」である。

2 組織人のメンタリティー

日本の既存組織に特有な「もつれ」の2つ目は、組織の枠組みから抜け出せないメンタリティーである。組織人の発想から抜け出せない状態といってもいいだろう。たとえば、自分が担当する部門のことしか考えられない、「事業」や「社会」といった視点で物事を見られない場合がこれにあたる。こうした視点では、上述したDBS銀行のような展開はのぞめない。

本来なら社外の市場や顧客に向けて張りめぐらさなければいけないアンテナを、社内だけに、しかも「上司」と「目の前にある仕事」だけに向けている人を特に大企業でよく見かけるが、これでは戦えない。さらには、それが原因で、組織人としての立場や役割が、社会人あるいは一個人としてのそれを凌駕してしまっている場合さえある。ミドルなら、「デジタル・ネイティブではない自分が、AIなどのデジタル技術についてすべて自分で判断したりキャッチアップしたりしていくのはムリ。だから自分の仕事は、そうした技術を非常によくわかっていて、かつビジネスセンスのある者を見出し、その人に任せることだ」くらいの覚悟が必要だろう。

とはいえ、権限を移譲する際には注意が必要である。権限移譲の前提条件として、能力のある人を集めておく必要があるからだ。ABBのピーター・ボーザー会長兼CEOはIMDとのインタビューのなかで、「チームづくりには、信頼の構築が不可欠だ。メンバーのプロフェッショナルな能力に疑問を感じるようでは、信頼を醸成することができない」と述べている。

となると、人事部が人材を集めて振り分けているような状況では、なかなか実現しにくいだろう。求められるのは、事業部が必要とする人材を自ら採用する、あるいは他部門から引っ張ってくるといった機動性である。しかし、本書で述べる「変革ネットワーク」なら、そうしたフレキシブルな対応も可能だろう。

3　ソフトウェアの価値に対する理解

3つ目は、ソフトウェアの価値に対する理解度が低いことである。たとえば、いまや、ソフトウェア能力でクルマが選ばれる時代になりつつある。消費者は、エンジンやボディーなどのハードウェアが優れているかどうかよりも、（それらについては一定の水準を満たしているという前提のもとで）ナビゲーションやインターフェースなどの機能性、すなわちソフトウェアの使いやすさを重視している。テスラがすごいのは、同社のクルマが、まさに優れたソフトウェアのかたまりだからである。

にもかかわらず、日本企業でソフトウェアの価値に対する理解度が低いのは、なぜか。その理由は、そもそも経営層がこれまでＩＴにあまり興味を持ってこなかったからである。多くの場合、日本企業ではシステム子会社に丸投げしてきた（だから日本企業のＩＴ部門は欧米企業に比べて極端に小さく、経営者から遠い位置にある）。欧米企業の経営者は、ＩＴやデジタルの価値をよく理解しているか、理解していなくても学ばなければいけないという意識が強い。このことは、日本企業が今後ＤＸを推進するにあたって致命傷となる恐れがある。

成果が生まれるまでしつこく追いかける

いずれの問題も、個人の責任というより、日本の会社の成り立ちの問題だろう。しかし、これをどう変えていくかは、経営の問題である。世界中の既存企業が「組織のもつれ」と向き合い、DXを実現するという困難な取り組みに挑みはじめている。スイスの大手銀行などでは、数年前から毎年「数百人単位」の研修をおこない、ミドルなどの動かない層にも刺激を与えている。

ただし、その際には、「学習インパクト」と「事業インパクト」が乖離しないよう注意する必要がある。学習インパクトだけを求めていると、学習したことだけで満足して「たいへん参考になりました」で終わってしまうからだ。それでは事業インパクトは生まれない。そこで終わりにするのではなく、成果と結びつくまで、しつこく追いかけていかなければならない。単に研修をおこなうだけでなく、その成果を事業インパクトと結びつけるための仕組みまでつくるのだ。

そのためにも、本書が提唱する「結びつきのアプローチ」は有効である。世界中探してみたが、このステップを踏んでいる企業はなかった。だからこそ本書では、バイクコーという架空の会社をつくらないと説明できなかったわけだが、既存企業にとってDXは避けて通れない挑戦である。

まずは、何が起きているのかをしっかりと「認知」し、そこから素直に「学習」する必要がある。経営陣がリーダーシップを発揮してDXを推進しなければ、この歴史の大きな転換点に生き残ることはできないだろう。未来をつかめるのは、未来を創造することができる人や組織だけだ。

（注5）Interview with Baron Concors, Global Chief Digital Officer, Pizza Hut, PwC, 2015, https://www.pwc.com/gx/en/advisory-services/digital-iq-survey-2015/campaign-site/baron-concors-digital-iq-interviews.pdf

（注6）Olivier Gorter, Richard Hudson, and Jesse Scott, "The Role of the Chief Transformation Officer," McKinsey&Company, November 2016, https://www.mckinsey.com/business-functions/rts/our-insights/the-role-of-the-chief-transformation-officer

（注7）IT Glossary, Gartner, 2018, https://www.gartner.com/it-glossary/bimodal

（注8）Charles A. O'Reilly III and Michael L. Tushman, "The Ambidextrous Organization," April 2004, https://hbr.org/2004/04/the-ambidextrous-organization

（注9）Clint Boulton, "Why Digital Disruption Leaves No Room for Bimodal IT," CIO.com, May 11, 2017, https://www.cio.com/article/3196037/it-industry/why-digital-disruption-leaves-little-no-room-for-bimodal-it.html

終章

（注1）"Guru: Herbert Simon," The Economist, March 20, 2009, https://www.economist.com/node/13350892

（注2）Herbert Simon, *Administrative Behavior, 4th Edition*, New York: Free Press, 1997, pp. 118-119.（ハーバート・サイモン『新版　経営行動』ダイヤモンド社）

（注3）"Orchestration and Automation Solutions," Cisco, 2018, https://www.cisco.com/c/en/us/solutions/service-provider/virtualization-automation.html#~stickynav=1

what-and-why
（注６）Kent Beck, Mike Beedle, Arie van Bennekum, Alistair Cockburn, Ward Cunningham, Martin Fowler, James Grenning, Jim Highsmith, Andrew Hunt, Ron Jeffries, Jon Kern, Brian Marick, Robert C. Martin, Steve Mellor, Ken Schwaber, Jeff Sutherland, and Dave Thomas, "Manifesto for Agile Software Development," 2001, https://agilemanifesto.org/
（注７）"ING Strategy Update: Accelerating Think Forward," ING, October 3, 2016, https://www.ing.com/Newsroom/All-news/Press-releases/ING-strategy-update-Accelerating-Think-Forward.htm
（注８）Stéphane J.G. Girod, "ING: An Agile Organization in a Disruptive Environment," Case Study, IMD, https://www.imd.org/research-knowledge/for-educators/ing-an-agile-organization-in-a-disruptive-environment/
（注９）Tom Schotkamp and martin Danoesastro, "HR's Pioneering Role in Agile at ING," BCG, June 1, 2018, https://www.bcg.com/en-us/publications/2018/human-resources-pioneering-role-agile-ing.aspx
（注10）Girodを参照。
（注11）"ING Sets Up Transformation 'War Room'," Finextra, February 16, 2017, https://www.finextra.com/newsarticle/30148/ing-sets-up-transformation-war-room
（注12）デジタルビジネス・アジリティの詳細については、前著『対デジタル・ディスラプター戦略』の第５章から第８章を参照のこと。

第６章

（注１）Richard Feloni, "Google's Eric Schmidt Explains the 2 Most Important Traits a Job Candidate Can Have," Business Insider, June 10, 2017, http://www.businessinsider.com/google-eric-schmidt-most-important-traits-job-candidate-2017-6
（注２）Edward Qualtrough, "Chief Digital Officer Salary and Job Description—What's the CDO Role and How Much Does a Chief Digital Officer Get Paid?" CIO.com, January 15, 2018, https://www.cio.co.uk/cio-career/chief-digital-officer-salary-job-description-cdo-role-3627790/
（注３）Joseph Bradley, Jeff Loucks, James Macaulay, Kathy O'Connell, and Erica Schroeder, "Fast IT: Accelerating Innovation in the Internet of Everything Era," Cisco, 2014, https://www.cisco.com/c/dam/assets/sol/exec_persp/futureofit/fast-it-social-paper/pdf/Fast_IT_Full_Study_Findings_081414FINAL.pdf
（注４）Matthew Guarini, "Predictions 2018: CIOs Will Lead Organizations To Say Farewell to the Chief Digital Officer," Forrester, November 6, 2017, https://go.forrester.com/blogs/predictions-2018-cios-will-lead-organizations-to-say-farewell-to-the-chief-digital-officer/

view/2418752/splicing-digital-into-bayer-s-dna-an-interview-with-cdo-jessica-federer

（注4）Mark Granovetter, "The Strength of Weak Ties," The American Journal of Sociology, 1973（マーク・グラノヴェター「弱い紐帯の強さ」、野沢慎司編『リーディングス ネットワーク論』所収、勁草書房）

（注5）グラノヴェターは自説のなかで「紐帯の強さとは、ともに過ごす時間量や、情動的な強度（秘密を打ち明け合うこと）、助け合いの程度を組み合わせたものである。これらの構成要素は、明らかに相互に高い相関がある」と述べている。

（注6）David Krackhardt, "The Strength of Strong Ties: The Importance of Philos in Organizations," 1992, in N. Nohria & R. Eccles (eds.), *Networks and Organizations: Structure, Form, and Action*, Boston: Harvard Business School Press, pp. 216–239. 1992

第5章

（注1）Joseph Bradley, James Macaulay, Kathy O'Connell, Kevin Delaney, and Anabelle Pinto, "The Hyper-Relevant Retailer: Around the World, Insight Is Currency, Context Is King," Cisco, July 2015, https://www.cisco.com/c/dam/en/us/solutions/collateral/executive-perspectives/global-retail-wp.pdf

（注2）Horst W. J. Rittel and Melvin M. Webber, "Dilemmas in a General Theory of Planning," Elsevier Scientific Publishing Company, Amsterdam, December 1969 https://web.archive.org/web/20070930021510/http://www.uctc.net/mwebber/Rittel+Webber+Dilemmas+General_Theory_of_Planning.pdf

（注3）http://pubs.opengroup.org/architecture/togaf91-doc/arch/chap03.html

（注4）組織のアーキテクチャを取り巻く「標準規格」をつくろうとする、さまざまな略語の構想がある。たとえば、TOGAF（オープン・グループ・アーキテクチャ・フレームワーク）や、APQC（米国生産性品質センター）のPCF（プロセス・クラシフィケーション・フレームワーク）、SCOR（サプライチェーン・オペレーションズ・リファレンス）、ITIL（ＩＴインフラストラクチャ・ライブラリ）など。この他にも、ビジネスアーキテクチャとエンタープライズアーキテクチャの範囲の区切り方や、組織をプロセス中心に見るべきか情報中心に見るべきかといった点についてさまざまな考え方がある。が、いずれも大したことではない。シンプルに言えば、必要なのは、企業のノードとリンク（組織リソースとその関係性）のマップを作成することである。これを「ビジネスアーキテクチャ」と総称する。

（注5）Haley Carroll, "How Cisco Is Rewriting the Rules on Performance Management," APQC Blog, April 6, 2016, https://www.apqc.org/blog/how-cisco-rewriting-rules-performance-management　シスコでの動的なチームづくりについての詳細は以下を参照。Guillermo Diaz Jr., "Future IT: The Who, How, What, and Why," Cisco Blogs, February 12, 2018, https://blogs.cisco.com/news/future-it-the-who-howblog/intuit-embraces-its-digital-strategy#.WcthL49OKts

（注8） Robert Ajemian, "Where Is the Real George Bush?" *TIME*, January 26, 1987, http://content.time.com/time/magazine/article/0,9171,963342-2,00.html

（注9） Cisco Investor Relations, https://investor.cisco.com/investor-relations/resources/faq/default.aspx

（注10） これは、拠点戦略が大きな成功を収めた例だ。デフナーがＣＥＯの座に就いた当時、オンラインメディアや通信業者といった破壊的なライバル企業が新聞・雑誌市場で権勢を振るっていた。ディスラプションがあまりに深いところで発生していたため、その影響を受けない事業はなかった。すべての資産が脅威にさらされていたため、アクセル・シュプリンガーは全社的な拠点戦略に打って出た（この種の大がかりな方針転換は、デジタル化とディスラプションが最も苛烈なデジタル・ボルテックスの中心にかなり近い業界で発生することが多い）。

（注11） Nicola Clark, "An Old-Media Empire, Axel Springer Reboots for the Digital Age," *The New York Times*, December 20, 2015, https://www.nytimes.com/2015/12/21/business/media/an-old-media-empireaxel-springer-reboots-for-the-digital-age.html

（注12） Gerard Richter and Dominik Wee, "Steering IT into the Digital Manufacturing Era," McKinsey&Company, October 2016, https://www.mckinsey.com/business-functions/digital-mckinsey/our-insights/steering-it-into-the-digital-manufacturing-era

（注13） Michael Fitzgerald, "Inside Renault's Digital Factory," *MIT Sloan Management Review*, January 10, 2014, https://sloanreview.mit.edu/article/inside-renaults-digital-factory/

第4章

（注1） このフレームワークで示される「楽譜」は、変革理念ではなく、変革目標だけを表していることに注意してほしい。オーケストレーションは、事業分野レベルで「指揮」されるべきだからだ。変革理念は、よりスケールの大きなもので、すべての事業にまたがる全社的な実行の足並みをそろえるための基準となる。反対に、変革目標は、組織をつなぎ合わせることに主眼を置き、特定の機会や脅威に事業を適応させるための課題を明らかにする。複雑化を防ぐため、価値を創出・供給・実現するためにどのビジネスモデルを用いるかは、楽譜には示されない。すでに説明したとおり、ビジネスモデルは、コストバリューやエクスペリエンスバリュー、プラットフォームバリューを事業化するためのものであり、このフレームワークのなかに暗示的に含まれている。

（注2） TomTom Traffic Index, TomTom International BV, https://www.tomtom.com/en_gb/trafficindex/list?citySize=LARGE&continent=ALL&country=ALL

（注3） Danny Palmer, "Splicing Digital into Bayer's DNA: an Interview with CDO Jessica Federer," Computing, July 22, 2015, https://www.computing.co.uk/ctg/inter-

（注 39）Hollie Shaw, "Sleep Country Goes After the Mattress-in-a-Box Business Made Popular by Online Rivals," *Financial Post*, May 9, 2017, https://business.financialpost.com/news/retail-marketing/sleep-country-goes-after-the-mattress-in-a-box-business-made-popular-by-online-rivals

（注 40）"1 Top Canadian Retailer that's Disrupting Its Disruptors!" Yahoo Finance Canada, June 2018, https://ca.finance.yahoo.com/news/1-top-canadian-retailer-disrupting-130457578.html

（注 41）Multiple sources: Jeromy Lloyd, "Sleep Country's Slow-and-Steady Digital Approach," Strategy, May 16, 2017, http://strategyonline.ca/2017/05/16/sleep-countrys-slow-and-steady-digital-approach/ 以下も参照。Linda Nguyen, "Sleep Country Hopes to Appeal to Tech-savvy," The Canadian Press/The Record.com, https://www.therecord.com/news-story/7310656-sleep-country-hopes-to-appeal-to-tech-savvy/

（注 42）Craig Patterson, "Mattress-in-a-Box Retail Competition Heats Up in Canada," Retail Insider, June 3, 2018, https://www.retail-insider.com/retail-insider/2018/6/mattress-in-a-box-retail-competition-heats-up-in-canada

第3章

（注1）"Our Mission Is Powering Prosperity Around the World," Intuit, September 2018, https://www.intuit.com/company/

（注2）Zack Whittaker, "So Many Ideas, So Little Time? No, We'll Make Time, Says Intuit CTO," ZDNet, October 11, 2013, http://www.zdnet.com/article/so-many-ideas-so-little-time-no-well-make-time-says-intuit-cto/

（注3）"Introducing Salesforce for QuickBooks," Intuit, 2018, https://quickbooks.intuit.com/r/inner-circle/introducing-salesforce-for-quickbooks/

（注4）"Cumulative Total Addressable Market Opportunity, Intuit Investor Overview, 2016-2017," Intuit

（注5）Tim Cochrane, Sachin Shah, Justin Murphy, Jonny Holliday, July 9, 2014.

（注6）Ina Fried, "Microsoft to Discontinue MS Money," CNET, June 10, 2009, https://www.cnet.com/news/microsoft-to-discontinue-ms-money/

（注7）Vindu Goel, "Intuit Sheds Its PC Roots and Rises as a Cloud Software Company," *The New York Times*, April 10, 2016, https://www.nytimes.com/2016/04/11/technology/intuit-sheds-its-pc-roots-and-rises-as-a-cloud-software-company.html?mcubz=1 ; Larry Dignan, "Intuit CTO Stansbury on Bringing AI, Machine Learning to Businesses," ZDNet, April 3, 2017, http://www.zdnet.com/article/intuit-cto-stanbury-on-bringing-ai-machine-learning-to-businesses/ ; "Intuit Embraces Its Digital Strategy," MIT Sloan Executive Education innovation@work Blog, https://executive.mit.edu/

rupt $15B Mattress Industry," Crunchbase News, July 6, 2018, https://news.crunchbase.com/news/startups-aim-to-disrupt-15b-mattress-industry/

(注 26) Carrie Hojinicki, "How Casper Disrupted the Mattress Industry," *Architectural Digest*, March 21, 2017, https://www.architecturaldigest.com/story/how-startup-casper-disrupted-the-mattress-industry

(注 27) Hojinicki を参照。

(注 28) "Endy Snapchat 3D World Lens," Endy.com, https://ca.endy.com/pages/endy-snapchat-3d-world-lens

(注 29) Casper blog, October 2016, http://blog.casper.com/why-is-casper-winning-so-many-awards/

(注 30) Sarah Buhr, "Target Just Gave Casper $75 Million," TechCrunch, May 2017, https://techcrunch.com/2017/05/25/target-just-gave-casper-75-million/

(注 31) Daphne Howland, "Casper Turns to Nordstrom in Latest Pop-Up Effort," Retail Dive, July 17, 2018, https://www.retaildive.com/news/casper-turns-to-nordstrom-in-latest-pop-up-effort/527946/

(注 32) Daphne Howland, "Casper Aims to Put New Yorkers to Sleep for a Change," Retail Dive, July 12, 2018, https://www.retaildive.com/news/casper-aims-to-put-new-yorkers-to-sleep-for-a-change/527629/

(注 33) Nathan Bomey, "With Mattress Firm Reeling, Serta Simmons Merges with Bed-in-a-Box Company Tuft & Needle," *USA Today*, August 21, 2018, https://www.usatoday.com/story/money/2018/08/21/serta-simmons-bedding-tuft-and-needle-mattress-firm/1050450002/

(注 34) Jordan Valinsky, "Mattress Firm Files for Bankruptcy and Will Close up to 700 Stores," CNN Business, October 5, 2018, https://www.cnn.com/2018/10/05/business/mattress-firm-bankruptcy/index.html

(注 35) Sleep Country Canada Holdings, Inc. Investor Relations, March 2018, "Sleep Country Canada Reports Strong Performance for Fourth Quarter of 2017," https://www.newswire.ca/news-releases/sleep-country-canada-reports-strong-performance-for-fourth-quarter-of-2017-675589013.html

(注 36) "Sleep Country Canada Achieves 20th Consecutive Quarter odf Stong Same Store Sales Growth," Cision, August 2, 2018, https://www.newswire.ca/news-releases/sleep-country-canada-achieves-20th-consecutive-quarter-of-strong-same-store-sales-growth-689918951.html

(注 37) "Under Attack from Endy and Casper, Sleep Country Canada Fights Back," The Globe and Mail, August 28, 2018, https://www.theglobeandmail.com/business/rob-magazine/article-disrupting-the-disruptor-can-sleep-country-canada-survive-the/

(注 38) "Sleep Country Canada Takes on Casper," Retail Insider, May 9, 2017, https://www.retail-insider.com/retail-insider/2017/5/sleep-country-casper

ing Alpha, August 1, 2018, https://seekingalpha.com/article/4193002-avon-products-inc-finally-adapting-21st-century?page=2

(注 12) *Financial Times*, https://www.ft.com/content/ba296272-78a4-11e7-90c0-90a9d1bc9691

(注 13) "The Last Kodak Moment?" *The Economist*, January 14, 2012, https://www.economist.com/business/2012/01/14/the-last-kodak-moment

(注 14) Desmond Ng, "How Fujifilm Survived the Digital Age with an Unexpected Makeover," Channel NewsAsia, February 18, 2017, https://www.channelnewsasia.com/news/business/how-fujifilm-survived-the-digital-age-with-an-unexpected-makeove-7626418

(注 15) "Advanced Skincare Products that Only Fujifilm Could Create," Fujifilm, August 2018, http://www.fujifilm.com/innovation/achievements/skincare/

(注 16) Ngを参照。

(注 17) Ngを参照。

(注 18) "Disruptive Innovation Explained -How Will Your Industry Change?" Supply Chain Today, http://www.supplychaintoday.com/disruptive-innovation/

(注 19) Cara Salpini, "Has Casper Put Traditional Mattress Sellers to Sleep?" Retail Dive, July 24, 2018, https://www.retaildive.com/news/has-casper-put-traditional-mattress-sellers-to-sleep/528405/

(注 20) Endy, March 2018, https://www.benzinga.com/pressreleases/18/03/n11336227/endy-first-canadian-brand-to-roll-out-sponsored-3d-world-lens-through-

(注 21) "Mattress and Mattress Component Market to Be Worth US $83.6 Billion & US $30.2 Billion, Respectively, by 2026: TMR," Cision PR Newswire, https://www.prnewswire.com/news-releases/mattress-and-mattress-component-market-to-be-worth-us-836-bn--us-302-bn-respectively-by-2026-tmr-679974073.html

(注 22) "US Mattress Market by Product," Prescient & Strategic Intelligence, https://www.psmarketresearch.com/market-analysis/us-mattress-market

(注 23) "Global Organic Mattress Market 2015-2019, Technavio, July 2015, https://www.technavio.com/report/global-organic-mattress-market-2015-2019?utm_source=T2&utm_campaign=Media&utm_medium=BW

(注 24) Jeff Andrews, "Why There Are So Many Online Mattress-in-a-Box Companies," Curbed, March 28, 2018, https://www.curbed.com/2018/3/28/17164898/bed-in-a-box-online-mattress-brands-why-so-many

(注 25) これには複数のソースがある。"Top Online Players Continue to See Rapid Growth," Furniture Today, October 2017, http://www.furnituretoday.com/article/547212-top-online-players-continue-see-rapid-growth/; "The Future of Mattress Industry in 2018; Recap of 2017 Highlights," Honest Mattress Reviews, https://www.honestmattressreviews.com/mattress-industry-2018/; "Startups Aim to Dis-

（注 17）“Creating the Supply Chain of the Future: Annual Report 2017,” Li & Fung Limited, https://www.lifung.com/wp-content/uploads/2017/03/ar2017.pdf

（注 18）LEGO IDEAS, 2018, https://ideas.lego.com/#all

第2章

（注1）N. Anand and Jean-Louis Barsoux, “What Everyone Gets Wrong About Change Management,” *Harvard Business Review*, https://hbr.org/2017/11/what-everyone-gets-wrong-about-change-management

（注2）“Porter's Generic Competitive Strategies (Ways of Competing),” University of Cambridge, Management, Technology, Policy, https://www.ifm.eng.cam.ac.uk/research/dstools/porters-generic-competitive-strategies/

（注3）Alexander Osterwalder and Yves Pigneur, *Business Model Generation* (Wiley, 2010)（アレックス・オスターワルダー、イヴ・ピニュール『ビジネスモデル・ジェネレーション』翔泳社）

（注4）こうした理由から、ビジネスモデルを変革目標におけるひとつの要素として考えることは、公営企業や非営利団体でも同様に重要である。政府や大学、非政府組織はいずれも顧客を抱えており、顧客のために価値を創出しなければならないからだ。本書で提示するフレームワークは、公的な分野で運営されている組織にも当てはまる。

（注5）スペースの都合上、ここでは 15 種類のビジネスモデルについて説明しない。くわしく知りたい場合は、前著『対デジタル・ディスラプター戦略』の第 2 章を参照してほしい。これらのビジネスモデルが重要なのは、既存企業にとって脅威となるだけでなく、ディスラプションを利用して自らの競争優位を得るためのツールにもなるからだ。

（注6）Avon Products, Inc., www.avonproducts.com

（注7）Phil Wahba, “How Ulta Outruns Bigger Retailers in the Beauty-Products Race,” *Fortune*, August 2015, http://fortune.com/2015/08/19/ulta-beauty-fastest-growing/

（注8）Financials for Avon Products, Inc. (AVP) Amigobulls.com, August 2018, https://amigobulls.com/stocks/AVP/income-statement/annual　2018 年の収益は、2018 年 6 月 30 日までの 12 カ月間をもとに算出されている。

（注9）北米でエイボン・ブランドを展開しているニュー・エイボン（New Avon LLC）についても、収益は同じように低下してきている。“Here Are 5 Reasons Avon Fell Apart in the U.S.,” *Fortune*, December 2015 を参照。http://fortune.com/2015/12/17/avon-us-decline/

（注 10）Stuart Lauchlan, “Ding Dong, Digital Calling! Why the Avon Lady Badly Needs a Modernizing Makeover,” Diginomica, February 16, 2018, https://diginomica.com/2018/02/16/ding-dong-digital-calling-avon-lady-badly-needs-modernizing-makeover/

（注 11）Thomas Guth, “Avon Products Inc. Is Finally Adapting to the 21st Century,” Seek-

（注3）Roger Schwarz, "Is Your Team Coordinating Too Much, or Not Enough?" *Harvard Business Review*, March 23, 2017, https://hbr.org/2017/03/is-your-team-coordinating-too-much-or-not-enough

（注4）John P. Kotter, *Leading Change* (Harvard Business Review Press, 2012), pg 141（ジョン・P・コッター『企業変革力』日経BP社）

（注5）John Muir, *My First Summer in the Sierra* (1911), pg 110（ジョン・ミューア『はじめてのシエラの夏』JICC出版局）

（注6）この現象はしばしば「バタフライ・エフェクト」と呼称される。これは、動的なシステムを研究する数学の一分野、カオス理論の有名な概念モデルだ。「複雑な順応システム」が組織変革に与える影響についてくわしく知りたければ、Roger Sweetman and Kieran Conboy, "Managing Change in Dynamic Environments: Unlocking the Power of Complex Adaptive Systems," *Cutter Business Technology Journal*, Vol. 30, No. 12, December 2017, pp. 12-17を参照すること。

（注7）*How Wolves Change Rivers*, Sustainable Human, 2014, https://www.youtube.com/watch?v=ysa5OBhXz-Q

（注8）*How Wolves Change Rivers*, Sustainable Human, 2014

（注9）Ashkenasを参照。

（注10）Jay R. Galbraith, "The Future of Organization Design," 2012.

（注11）Galbraithを参照。

（注12）John P. Kotter, "8-Step Process," Kotter, https://www.kotterinc.com/8-steps-process-for-leading-change/ コッターの著書『実行する組織』（ダイヤモンド社）の冒頭では、組織がよりネットワーク化された組織モデルに向かって動く様子が描かれる。「ほとんどの企業にとって、その中心にあるのはヒエラルキーというシステムだけだ。しかし実際には、このシステムは変革が常態化した環境には不向きだ。そこで著者は第2の、より敏捷でネットワーク化された新たなシステムを提唱する。ヒエラルキーと足並みをそろえたこの"デュアル・システム"を構築すれば、次々とやってくる戦略的難題を自社の有利になるように利用しつつ、目標の数字を達成できる」https://www.kotterinc.com/book/accelerate/

（注13）"What Is the ADKAR Model?" Prosci, https://www.prosci.com/adkar/adkar-model

（注14）Baculard, Colombani, Flam, Lancry, and Spauldingを参照。

（注15）Yoram (Jerry) Wind, Victor Fung, and William Fung, *The Network Challenge* (Wharton Digital Press), Chapter 17: "Network Orchestration: Creating and Managing Global Supply Chains Without Owning Them," https://faculty.wharton.upenn.edu/wp-content/uploads/2012/04/0904_Network_Orchestration_Creating_and_Managing.pdf

（注16）"A Hundred Years of Li & Fung: Supply Network Orchestrator for Asia and Beyond," https://www.amazon.com/Hundred-Years-Li-Fung-Orchestrator/dp/9814392197

原注

序章

（注1）Emma Court, "Amazon Acquisition of Online Pharmacy Startup PillPack Sends Health-Care Stocks into a Nose Dive," MarketWatch, July 1, 2018, https://www.marketwatch.com/story/amazon-acquisition-of-online-pharmacy-startup-pillpack-sends-health-care-stocks-into-a-nosedive-2018-06-28

（注2）PwC MoneyTree, US MoneyTree Report, PwC, 2017-2019, https://www.pwc.com/us/en/industries/technology/moneytree.html

（注3）たとえばScott Galloway, *The Four: The Hidden DNA of Amazon, Apple, Facebook and Google*（Random House, 2017）を参照。（スコット・ギャロウェイ『the four GAFA　四騎士が創り変えた世界』東洋経済新報社）

（注4）Nicholas Thompson and Fred Vogelstein, "Inside the Two Years that Shook Facebook -and the World," *Wired*, February 12, 2018, https://www.wired.com/story/inside-facebook-mark-zuckerberg-2-years-of-hell/

（注5）Phil Rosenzweig, "The Halo Effect, and Other Managerial Delusions," McKinsey&Company, February 2007, https://www.mckinsey.com/business-functions/strategy-and-corporate-finance/our-insights/the-halo-effect-and-other-managerial-delusions

（注6）Gallowayを参照。

（注7）Nick Tasler, "Stop Using the Excuse 'Organizational Change Is Hard,'" *Harvard Business Review*, July 19, 2017, https://hbr.org/2017/07/stop-using-the-excuse-organizational-change-is-hard

（注8）McKinsey Quarterly FIVE FIFTY, https://www.mckinsey.com/business-functions/organization/our-insights/five-fifty-the-t-word?cid=fivefifty-eml-alt-mkq-mck-oth-1803&hlkid=801add672349477cbd09edc6f5a9f0b4&hctky=2735189&hdpid=ccc5e256-0f2f-431b-aebb-2d5a516b2426

第1章

（注1）Ron Ashkenas, "Change Management Needs to Change," *Harvard Business Review*, April 16, 2013, https://hbr.org/2013/04/change-management-needs-to-cha

（注2）Laurent-Pierre Baculard, Laurent Colombani, Virginie Flam, Ouriel Lancry, and Elizabeth Spaulding, "Orchestrating a Successful Digital Transformation," Bain & Company, November 22, 2017, http://www.bain.com/publications/articles/orchestrating-a-successful-digital-transformation.aspx

マ行

ヤ行

ラ行

ワ行

ナ行

ハ行

サ行

タ行

カ行

索引

ジョエル・バービア（Joel Barbier）

シスコ、デジタイゼーションオフィスのディレクター。DBTセンター客員研究員。デジタル・ソートリーダーシップ・チームに加わるまえは、グローバル企業向けビジネス戦略やテクノロジー戦略を考案、デジタル経済における価値機会の定量化に貢献してきた。フランスガス公社のアナリスト、ロレアル子会社メイベリンの監査役を経てシスコに。ドイツのケルン大学でファイナンスのMBAを、パリのHECグラジュエイト・スクール・オブ・マネジメントで科学修士の学位を取得。カリフォルニア州パロ・アルト在住。

■訳者紹介

根来龍之（ねごろ・たつゆき）

早稲田大学ビジネススクール教授。京都大学文学部卒業（哲学科）、慶應義塾大学大学院経営管理研究科修了（MBA）。鉄鋼メーカー、英ハル大学客員研究員、文教大学などを経て 2001 年より現職。早稲田大学IT戦略研究所所長、早稲田大学大学院経営管理研究科長、経営情報学会会長、国際CIO学会副会長、CRM協議会副理事長などを歴任。著訳書に『集中講義 デジタル戦略』『ビジネス思考実験』『事業創造のロジック』『プラットフォームの教科書』（いずれも日経BP社）、『代替品の戦略』（東洋経済新報社）、『対デジタル・ディスラプター戦略』『プラットフォーマー　勝者の法則』（いずれも監訳、日本経済新聞出版社）など。

武藤陽生（むとう・ようせい）

翻訳家。早稲田大学法学部卒業。英米文学、ノンフィクション、ゲーム翻訳などを手がける。訳書に『対デジタル・ディスラプター戦略』（日本経済新聞出版社）、『暴露：スノーデンが私に託したファイル』（共訳、新潮社）、『スーパーベターになろう！』（共訳、早川書房）、『戦力「内」通告』（ハーパーコリンズ・ジャパン）など。

デジタルビジネス・イノベーションセンター（DBIC）

特定非営利活動法人CeFILが 2016 年 5 月に設立した国内大手企業が参加するイノベーション開発拠点。製造業やサービス業、金融業、IT企業など 30 数社が参加。IMDやデンマークデザインセンターなどと連携して開発した研修をはじめ、シンガポールから専門家を招いたデザインシンキング・ワークショップなど、各種の経営層向け、戦略スタッフ育成プログラムを実施。人財育成のみならず、ソシアルイノベーション・バイ・デザインのエコシステム構築を推進している。www.dbic.jp/

■著者紹介

グローバルセンター・フォー・デジタルビジネス・トランスフォーメーション（DBTセンター）

経営幹部教育で世界的名声を誇るスイスのビジネススクールIMDと、ネットワーキング分野の世界的リーダーであるシスコが2015年に設立。デジタルビジネス・トランスフォーメーション（DX）の最先端研究拠点として、スタートアップや既存企業を含む広範な組織の多様な視点を取り入れ、新しいアイデアやベストプラクティス、破壊的思考をもたらすことを目指している。スイス、ローザンヌにあるIMDキャンパス内に設置されたオフィスでは、市場の変化から生じた難問を解決しようと企業幹部と研究者らが日々議論を重ねている。

imd.org/dbtcenter　dbtcenter@imd.org　@DBT_Center

マイケル・ウェイド（Michael Wade）

IMD教授。DBTセンター所長。エグゼクティブ向けプログラム「Leading Digital Business Transformation」「Digital Execution」「Digital Transformation for Boards」のディレクションをおこなう他、クレディ・スイスやボーダフォン、マースク、ガスプロム、PSAプジョーシトロエン、カルティエなどにカスタマイズした独自プログラムを、IBMやLVMH、ネスレ、グーグル、ノバルティスなどにコンサルティングやエグゼクティブ教育を提供。2016-17年にはスイスの新聞社からデジタルのソートリーダーと評される。カナダのウェスタンオンタリオ大学リチャードアイビー・スクール・オブ・ビジネスで学位、MBA、博士号を取得。スイス在住。

ジェイムズ・マコーレー（James Macaulay）

シスコ、デジタイゼーションオフィスのシニアディレクター。DBTセンター客員研究員。20年以上にわたるハイテク業界での経験をもとに、デジタルマーケットの変遷とそれが組織に及ぼす影響を見定めている。世界中の企業と協働し、DXに向けたロードマップを設計。ハイテク市場のリサーチや戦略に特化したコンサルタント会社の起業を経てシスコに。ダルハウジー大学で政治学の学位を、トロント大学で政治学の修士号を取得。カナダ、ブリティッシュコロンビア州在住。

アンディ・ノロニャ（Andy Noronha）

シスコ、オフィス・オブ・インクルージョン・アンド・コラボレーションのディレクター。DBTセンター客員研究員。デジタル・ディスラプションの時代に競争力を維持したいと考えているエグゼクティブらと協働。彼らをデジタル化の未来へ導くために日々研究し、洞察を深めている。ガートナーのアナリスト、テクノロジーベンダーのためのコンサルティング会社の共同設立を経てシスコに。カリフォルニア大学バークレー校で生物工学の学位を取得。南カリフォルニア在住。

DX実行戦略
デジタルで稼ぐ組織をつくる

2019年8月22日　1版1刷

著　者　マイケル・ウェイド、ジェイムズ・マコーレー、
アンディ・ノロニャ、ジョエル・バービア
監訳者　根来龍之
訳　者　武藤陽生、
デジタルビジネス・イノベーションセンター
発行者　金子 豊

発行所　日本経済新聞出版社
https://www.nikkeibook.com/
東京都千代田区大手町1-3-7　〒100-8066
電話　03-3270-0251（代）

DTP　タクトシステム
印刷・製本　中央精版印刷
ISBN978-4-532-32292-2　Printed in Japan